HANSJÖRG HEMMINGER

evan/ge/li/k<u>a</u>l

Von Gotteskindern und Rechthabern

BRUNNEN
Verlag GmbH · Giessen

© 2016 Brunnen Verlag Gießen
Umschlagillustrationen: shutterstock
Umschlaggestaltung: Jonathan Maul
Satz: Uhl + Massopust, Aalen
Druck: Hubert & Co., Göttingen
ISBN Buch 978-3-7655-2049-5
ISBN E-Book 978-3-7655-7443-6

www.brunnen-verlag.de

Inhalt

Vorwort

Dieses Buch über die evangelikale Bewegung in Deutschland ist aus meiner Tätigkeit in der Weltanschauungsarbeit der Evangelischen Kirche erwachsen. Zu ihr gehört die Erfahrung, dass „die Evangelikalen" häufig von außen missverstanden werden und dass sie sich selbst oft nicht allzu gut verstehen. Mein Ziel ist, mit diesem Buch zum vertieften Nachdenken beizutragen. Allerdings habe ich dafür kein Fachbuch verfasst. Fachlich ausgerichtete Literatur zur evangelikalen Bewegung gibt es bereits, wenn auch auf Deutsch nur spärlich. Ich habe persönlich geschrieben, die Sachinformationen werden von eigenen Eindrücken und Meinungen begleitet. Berichte und Kommentare sind also nicht säuberlich getrennt, aber hoffentlich jeweils von mir kenntlich gemacht worden. Ich habe mir sogar die Eskapade geleistet, einen fiktiven Wissenschaftler einzuführen, der nichts von den Evangelikalen weiß, aber den Ehrgeiz hat, die Bewegung zu erforschen. Er kommentiert die drei Teile des Buchs aus seiner Sicht und bekommt das Schlusswort.

Quellenangaben wurden auf das unbedingt nötige Minimum beschränkt. Man sollte zwar als Autor deutlich machen, woher man die Informationen hat, die man weitergibt. Auf der anderen Seite machen diese Angaben den Text schwer leserlich, deswegen finden sich Quellenangaben, fachliche Erläuterungen, Dokumente und Ähnliches am Schluss des Buchs. Die historische Entwicklung der Bewegung wird zwar im Überblick geschildert, aber im Mittelpunkt des Nachdenkens steht die gegenwärtige Situation der Evangelikalen und damit indirekt die Situation der Protestanten in Deutschland.

Eine Warnung vorab: Wer einen kritischen Rundumschlag gegen „die Evangelikalen" haben möchte, sollte dieses Buch nicht lesen. Es gibt vieles in der evangelikalen Bewegung, worüber man sich als evangelischer Christ freuen kann. Für eine Warnung vor dem Vormarsch der christlichen Fundamentalisten in Deutschland sehe ich keinen Anlass. Texte, die einen solchen Ton anschlagen, kann man im Internet und im Handel finden, aber nicht in der Literaturliste dieses Buchs. Wer eine unkritisch positive Darstellung „der Evangelikalen" haben möchte, sollte dieses Buch ebenfalls nicht lesen. Es gibt vieles in der evangelikalen Bewegung, worüber man sich als evangelischer Christ ärgern kann. Ich sehe keinen Anlass, die evangelikale Bewegung mit dem wahren und richtigen Christentum gleichzusetzen. Texte, die dies tun, kann man in Form von evangelikalen Selbstdarstellungen beziehen. In diesem Buch werden die inneren und äußeren Probleme der evangelikalen Bewegung dagegen angesprochen, auch dann, wenn viele von ihnen nicht die ganze Bewegung, sondern Minderheiten in ihr betreffen. Denn die Evangelikalen sind in sich vielfältig. Von außen wird diese Vielfalt meist nicht wahrgenommen, im Innern der Bewegung oft ebenfalls nicht. Wenn dieses Buch dazu beiträgt, dass Außenstehende die Evangelikalen genauer und differenzierter sehen und die Evangelikalen ihre innere Vielfalt als Herausforderung und Aufgabe erkennen, hat es ein wichtiges Ziel erreicht.

Hinter meiner Skepsis gegen allzu viel Lob und Tadel steht die reformatorische Grundbestimmung des Christen als „simul justus et peccator". Ein Christ ist von seinem innersten Wesen her gleichzeitig vor Gott gerechtfertigt und Sünder. Und da die Kirche aus solchen gerechtfertigten Sündern besteht, ist sie grundsätzlich ein „corpus permixtum", ein gemischter Haufen aus Gotteskindern und Rechthabern, Liebenden und Egoisten. Man kann diesen gemischten Haufen nicht auseinandersortieren in die Reinen und die Unreinen, denn die Rollen wechseln: Alle haben Anteil am Glauben und am Unglauben, an dem, was dem Reich Gottes dient, und an dem, was ihm im Weg steht. Gott wirkt immer, in jeder Kirche und in jeder christlichen Bewegung, durch die Schwächen und Irrtümer seiner Kinder hindurch. Wo die evangelikale Bewegung Gottes Willen tut, ist es nicht ihr Verdienst, wo sie dem Willen Gottes widerstrebt, setzt sie dennoch Gottes Wirken nicht außer Kraft. Daraus folgt die reformatorische Lehre von der unsichtbaren Kirche: Die heilige, christliche Kirche ohne Makel und Schuld ist unsichtbar, sie wird weder in der evangelikalen Bewegung noch sonst irgendwo bruchlos sichtbar, sie wird im Glauben erkannt.

Damit habe ich meine eigene theologische Position bereits verraten: Ich orientiere mich an den Grundsätzen der Reformation und bin ein großer (manchmal ein wenig kritischer) Fan Martin Luthers. Darum will ich mich, bevor ich mich daran mache, die evangelikale Bewegung zu analysieren, von ihm warnen lassen, bei diesem Unternehmen nicht zum Narren zu werden:

Es ist dies Stück (Ich gläube eine heilige christliche Kirche) ebenso wohl ein Artikel des Glaubens als die anderen. Darum kann sie keine Vernunft, wenn sie gleich alle Brillen aufsetzt, erkennen, der Teufel kann sie wohl zudecken mit Ärgernissen und Rotten, dass du dich müssest dran ärgern; so kann Gott sie auch mit Gebrechen und allerlei Mangel verbergen, dass du musst drüber zum Narren werden und ein falsch Urteil über sie fassen.
(WA DB 7, 418).

Baiersbronn, März 2016
Hansjörg Hemminger

Ein Wissenschaftler besucht den Stamm der Evangelikalen

Ein Wissenschaftler reist aus einem fernen Land nach Deutschland, um den religiösen Stamm der Evangelikalen zu erforschen. Gleich zu Anfang muss er feststellen, dass der Stamm kein geschlossenes Siedlungsgebiet hat, sondern dass in Deutschland Dutzende von religiösen und unreligiösen Stämmen durcheinander wohnen. Die evangelikalen Clans siedeln zwar vorwiegend im Süden und Westen des Landes, aber auch im Osten gibt es einige Reservate. Außerdem tragen die Evangelikalen keine Tracht, keine Tätowierungen oder Schmuckstücke, an denen man sie erkennen könnte. Dennoch sammelt der fleißige Wissenschaftler einige Daten.

Bei den Evangelikalen gibt es mehr Kinder und weniger Scheidungen als bei anderen Stämmen, sie heiraten auch früher. Politisch sind sie meist regierungstreu und konservativ. Ihre Religion spielt für die Clans eine große Rolle, die meisten besuchen regelmäßig die religiösen Zeremonien. Die Priester zitieren dabei ständig aus einem Heiligen Buch, auch die übrigen Stammesangehörigen haben das Buch dabei. Sie blättern während der Zeremonie darin; warum sie das tun, ist unklar. Vielleicht misstrauen sie ihren Priestern und prüfen nach, ob diese das Heilige Buch richtig zitieren. Viele Evangelikale suchen andere Stämme auf, um ihnen von ihrer Religion zu erzählen. Das stört diese meist nicht weiter, aber manchmal gibt es deswegen Ärger.

Evangelikale lieben Musik, es wird ständig gesungen und musiziert. Einen einheitlichen Musikstil kann der Wissenschaftler aber nicht finden; jeder Clan scheint andere Vorlieben zu haben. Zeremonielle Tänze, wie sie viele Stämme pflegen, gibt es bei den Evangelikalen kaum. Bei den Treffen wird viel musiziert und gemeinsam gegessen, aber wenig Alkohol konsumiert. Stattdessen nehmen die Stammesangehörigen große Mengen eines milden Stimulans namens Kaffee zu sich.

So weit läuft das Forschungsprogramm gut, aber dann stößt der Wissenschaftler auf verwirrende Widersprüche. Einige evangelikale Clans sind friedlich und bei anderen Stämmen angesehen, andere liegen ihrer Religion wegen mit der Umwelt im Streit. Die friedlichen Clans sind größer und stabiler als die streitsüchtigen, Letztere spalten sich häufig. Einige Clans haben bedeutende Wissenschaftler in ihren Reihen, andere bekämpfen die Wissenschaft. Viele Clans sind diskussionsfreudig und die Mitglieder vertreten in Glaubensfragen verschiedene Meinungen. Die Häuptlinge haben bei ihnen nur eine begrenzte Autorität. Bei anderen Clans haben die Häuptlinge viel Macht und die Meinungen sind auffällig gleichartig. Einige Clans geraten während ihrer religiösen Zeremonien in Ekstase, pflegen die Zungenrede und manche fallen in eine rituelle Ohnmacht. Andere Clans lehnen ekstatische Zustände scharf ab und bestehen auf gesammeltem Ernst während der Zeremonie. Einige wenige gehen so weit, im Alltag auf Lachen und Frohsinn zu verzichten. Wie soll man diese vielen Widersprüche als Wissenschaftler erklären?

Noch verwirrender für den Forscher ist der Umgang mit dem Heiligen Buch. Einige kleine Clans behaupten, dass das Buch ihnen befehle, ihre Kinder zu schlagen. Die großen Clans halten das für falsch. Andere Clans lesen in dem Heiligen Buch, dass der Mann das Oberhaupt der Frau sei, während wieder andere darin lesen, dass Frau und Mann gleiche Rechte haben. Viele Clans sagen, dass die Welt vor 6000 Jahren entstanden sei, so stünde es im Heiligen Buch. Viele andere bestreiten, dass so etwas in dem Buch steht. Der Forscher findet noch viele andere Widersprüche dieser Art. Die einfachste Erklärung dafür ist, dass die Clans verschiedene Heilige Bücher verwenden. Doch das kann der Forscher durch sorgfältige Vergleiche widerlegen, alle Heiligen Bücher stimmen bis auf sprachliche Details miteinander überein. Er fragt sich, wie unter diesen Umständen die Einheit des Stamms aufrechterhalten wird, trotz der gegensätzlichen Sitten und Gebräuche? Er beschließt, sich zuerst mit der Geschichte des Stammes zu beschäftigen.

Teil I

Die Evangelikalen:
Woher kommen sie?
Was wollen sie?

1. Was bedeutet „evangelikal" und welche Evangelikalen gibt es?

Sollte dem Wissenschaftler aus einem fernen Land dieses Buch in die Hände kommen, würde er einige Antworten auf seine Fragen darin finden. Zum Beispiel könnte er erfahren, wie der Begriff „evangelikal" entstand. In der deutschen Sprache ist das Wort eine Neubildung, die sich erst nach 1960 nachweisen lässt, nicht so im Englischen. Dort bezeichnete „evangelical" ursprünglich die Anhängerschaft der Reformation innerhalb der anglikanischen Staatskirche, man konnte das Wort mit „evangelisch" übersetzen. Im 18. Jahrhundert wurde die methodistische Bewegung „evangelical party" genannt. Später weitete sich der Begriff auf andere sogenannte „dissenter" (wörtlich so etwas wie „Andersdenkende") aus, die sich der englischen Staatskirche verweigerten. Bis heute wird in England die protestantisch geprägte „low church" im Unterschied zur eher katholisch geprägten „high church" als „evangelical" bezeichnet. Ansonsten setzte sich im Englischen für die Kirchen der Reformation der Begriff „protestant" durch. Auch in den USA war „evangelical" noch Anfang des 19. Jahrhunderts ungefähr gleichbedeutend mit „evangelisch", also eine Sammelbezeichnung für Kirchen in der reformatorischen Tradition. Erst als später die Auseinandersetzung um die liberale Theologie die USA erreichte, wurde „evangelical" zur Bezeichnung einer bestimmten Richtung innerhalb des Protestantismus.

Die Evangelische Allianz

Mit der Gründung der Evangelischen Allianz in London 1846 erhielt der Begriff im Englischen diejenige Bedeutung, die sich bis heute hält. Damals versammelten sich 921 Vertreter von über fünfzig Kirchen in London, um einen Bund von Einzelpersonen (also keinen Kirchenbund) zu gründen, der dem Liberalismus in den großen Kirchen ein Zeugnis des unverfälschten Glaubens entgegensetzen sollte. Die Gründer der Allianz kamen überwiegend aus dem Methodismus und Pietismus sowie aus den Erweckungs- und Missionsbewegungen, die sich in der ersten Hälfte des 19. Jahrhunderts in Europa und den USA gebildet hatten. Sie hatten den älteren Pietismus zum Teil aufgenommen, zum Teil neu geprägt. (Man unterscheidet deshalb auch oft alt- und neupietistische Gemeinschaften.) Man wählte für die neue Gesellschaft den Namen „Evangelical Alliance", also nicht „Protestant Alliance". Als das Wort schließlich ins Deutsche übernommen wurde, nämlich während des „Streits um die Bibel" in den 1960er-Jahren, kam es zu der Neubildung „evangelikal" für die sogenannte bibeltreue Seite in dem Konflikt. Genau genommen kann man also erst seit einem halben Jahrhundert von einer evangelikalen Bewegung in Deutschland sprechen. Dennoch werde ich den Begriff auch auf diejenigen älteren Bewegungen anwenden, die zwar nicht so genannt wurden, aber zum heutigen Evangelikalismus führten.

Aber was ist heute evangelikal? Die Antwort ist nicht einfach, denn „die Evangelikalen" sind keine Organisation, sie sind eine Bewegung oder Strömung des Protestantismus mit unscharfen Grenzen. Sie sind durch gemeinsame Überzeugungen verbunden und es gibt einen gewissen Sinn für Zugehörigkeit. Es gibt in der Bewegung aber auch große innere Unterschiede und insgesamt ist ihre Bindungskraft gering. Viele Menschen aus Freikirchen, aus dem Pietismus oder der Pfingstbewegung teilen gewisse „evangelikale" Überzeugungen, benutzen das Wort aber nicht (oder selten) als Selbstbezeichnung. Das Wort ist für sie nicht negativ besetzt, aber es signalisiert auch nicht das, was ihre Identität ausmacht. Sie benutzen es zur Abgrenzung von Richtungen des Protestantismus, die sie ablehnen. Was die Gründe für die Ablehnung sind und wie stark sie ist, bleibt erst einmal offen. Dadurch wird „evangelikal" zu einem Containerbegriff mit vielfältigem Inhalt. Von außen wird dagegen oft so gesprochen, als seien „die Evangelikalen" ein theologischer oder religiöser oder sogar politischer Block, den man klar definieren könne. Bei näherem Hinsehen wird der Begriff aber auch hier als Containerbegriff verwendet, nur wird der Container etwas anders gefüllt. Man packt von außen nämlich alles hinein, was protestantisch und konservativ ist und was besonders fromm erscheint. Diese Unklarheit legt es nahe, nicht mit einer Definition von „evangelikal" zu beginnen, sondern zu fragen, ob es so etwas wie ein praktisches Zentrum der Bewegung gibt. Das gibt es tatsächlich, nämlich die bereits erwähnte Evangelische Allianz. Sie ist bis heute mit ihrem Zentrum in Bad Blankenburg in Thüringen die einzige Organisation, die in Deutschland eine Art Dachverband der evangelikalen Bewegung darstellt. Sie tritt vor allem durch ihren rund 70 Personen umfassenden Hauptvorstand und den langjährigen Generalsekretär Hartmut Steeb (Stuttgart) öffentlich in Erscheinung. Der Hauptvorstand wird nicht gewählt und ist nicht durch eine Basis legitimiert, sondern beruft seine eigenen Mitglieder auf jeweils sechs Jahre. Mit dem Gnadauer Gemeinschaftsverband, der Dachorganisation des deutschen Pietismus, ist die Evangelische Allianz eng verbunden. Daneben hat die aus ihr hervorgegangene, aber inzwischen selbstständige Nachrichtenagentur idea mit der Zeitschrift „idea spektrum" eine große Bedeutung für die Identität der Bewegung. Auch der ebenfalls durch die Allianz entstandene Sender „Evangeliumsrundfunk" (ERF) gehört zu den Medien, die in der Bewegung weithin genutzt werden. Allerdings spielen die lokalen Allianzen, in denen sich vor Ort evangelikale Christen zusammenfinden, vermutlich für die evangelikale Bewegung eine wichtigere Rolle als die Dachorganisation. Sie sind eine Art evangelikale Ökumene, die sich von der Basis her selbst organisiert und in der auch die landeskirchlichen Gemeinden oft mit vertreten sind. Von daher repräsentieren die lokalen Allianzen am ehesten die evangelikale Bewegung in ihrer Vielfalt. Die jährlich zum Jahresanfang stattfindende Allianz-Gebetswoche ist Ausdruck dieser Vielfalt, sie wird von einer breiten Basis getragen. Überregional lebt die Bewegung von einer großen Zahl evangelikaler Werke, nämlich privater Fernsehsender und Internetauftritte, Print-Verlage, Ausbildungsstätten (Bibelschulen und theologische Hochschulen), Missionsgesellschaften usw., die entweder direkt mit der Allianz verbunden sind oder sich auf die „Allianzbasis" berufen, um ihre theologische Position zu definieren. Dieses Glaubensbekenntnis ist das einzige

Dokument, das man als eine Grundschrift der evangelikalen Bewegung ansehen kann. Allerdings sind die gegenwärtig benutzten Formulierungen mit denen von 1846 nicht mehr deckungsgleich. In der Fassung der Deutschen Evangelischen Allianz e.V. hat die Allianzbasis heute folgenden Wortlaut:[1]

> *„Als Evangelische Allianz bekennen wir uns zur Offenbarung Gottes in den Schriften des Alten und Neuen Testaments. Wir heben folgende biblische Leitsätze hervor, die wir als grundlegend für den christlichen Glauben ansehen und uns als Christen eine Hilfe sein sollen zu gegenseitiger Liebe, zu diakonischem Dienst und evangelistischem Einsatz. Wir bekennen uns*
>
> - *zur Allmacht und Gnade Gottes, des Vaters, des Sohnes und des Heiligen Geistes in Schöpfung, Offenbarung, Erlösung, Endgericht und Vollendung;*
> - *zur göttlichen Inspiration der Heiligen Schrift, ihrer völligen Zuverlässigkeit und höchsten Autorität in allen Fragen des Glaubens und der Lebensführung;*
> - *zur völligen Sündhaftigkeit und Schuld des gefallenen Menschen, die ihn Gottes Zorn und Verdammnis aussetzen;*
> - *zum stellvertretenden Opfer des menschgewordenen Gottessohnes als einziger und allgenugsamer Grundlage der Erlösung von der Schuld und Macht der Sünde und ihren Folgen;*
> - *zur Rechtfertigung des Sünders allein durch die Gnade Gottes aufgrund des Glaubens an Jesus Christus, der gekreuzigt wurde und von den Toten auferstanden ist;*
> - *zum Werk des Heiligen Geistes, welcher Bekehrung und Wiedergeburt des Menschen bewirkt, im Gläubigen wohnt und ihn zur Heiligung befähigt;*
> - *zum Priestertum aller Gläubigen, die die weltweite Gemeinde bilden, den Leib, dessen Haupt Christus ist, und die durch seinen Befehl zur Verkündigung des Evangeliums in aller Welt verpflichtet ist;*
> - *zur Erwartung der persönlichen, sichtbaren Wiederkunft des Herrn Jesus Christus in Macht und Herrlichkeit; zum Fortleben der von Gott gegebe-*

nen Personalität des Menschen; zur Auferstehung des Leibes zum Gericht und zum ewigen Leben der Erlösten in Herrlichkeit.

Glaubensbasis der Evangelischen Allianz
vom 2. September 1846, sprachlich überarbeitet 1972"

In vieler Hinsicht folgt dieses Glaubensbekenntnis den altkirchlichen Bekenntnissen, also dem Apostolischen Glaubensbekenntnis und dem sogenannten Nicaenum, die fast allen Kirchen gemeinsam sind. Weitere Punkte stammen aus der Tradition der Reformatoren, nämlich das Bekenntnis zu einem Priestertum aller Gläubigen und zu einer weltweiten Gemeinde, die (obwohl das Wort nicht auftaucht) als „unsichtbare Kirche" verstanden wird. Reformatorisch sind auch die Bekräftigungen für die Grundsätze „sola gratia" und „sola fide", also dass allein die Gnade und allein der Glaube zum Heil führen. Diese Bezüge zur allgemein christlichen und reformatorischen Tradition sind beabsichtigt: Die Gründer der Evangelischen Allianz verstanden sich als Verteidiger des christlichen Glaubens in seiner Vollgestalt so, wie ihn die Reformation formuliert hatte. Das Ziel war wie in der Reformation ein „zurück zu den Quellen", ein Ruf zur Besinnung auf das, was christlichen Glauben ausmacht.

Traditionell und modern

Wäre dieses Selbstbild hinreichend, könnte man das Glaubensbekenntnis der Allianz als theologischen Traditionalismus charakterisieren, und zwar in einem positiven Sinn. Bei genauem Hinsehen formuliert die Allianzbasis jedoch nicht nur altkirchliche und reformatorische Grundsätze. Sie setzt der modernen Kirche und ihrer säkularen Umwelt eine Theologie entgegen, die in manchen Zügen selbst modern ist und mit der die christliche Tradition verändert wird. Das trifft vor allem auf das Bekenntnis zur Autorität der Bibel zu, nämlich

... zur göttlichen Inspiration der Heiligen Schrift, ihrer völligen Zuverlässig-keit und höchsten Autorität in allen Fragen des Glaubens und der Lebensfüh-rung.

Eine solche Aussage gibt es in den altkirchlichen Bekenntnissen nicht, dort wird die Bibel nicht erwähnt. Auch das Bibelverständnis der Reformatoren wird damit verändert. Schon die Einleitung verschiebt in Bezug auf die Bibel die Gewichte, wenn die Evangelische Allianz sich

... zur Offenbarung Gottes in den Schriften des Alten und Neuen Testaments bekennt. Das ist zwar für sich genommen eine traditionelle Formulierung. Dass sich Gott im Buch der Bibel offenbart, gehört zum Protestantismus. Allerdings ist die eigentliche Offenbarung Gottes (in der alten evangelischen Theologie die „revelatio specialis et supernaturalis") eine Person, nämlich Jesus Christus. Er ist das eine, lebendige Wort Gottes. Die knappe Einleitung eines christlichen Bekenntnisses müsste damit beginnen. Das geschriebene Wort Gottes, die Bibel, berichtet von Christus und von dem zu ihm hinführenden Heilshandeln Gottes und ist insofern Offenbarung. Da in der deutschsprachigen Allianz-Erklärung nicht von der Offenbarung Gottes in Jesus Christus die Rede ist und von der Menschwerdung Gottes nur mit einem Adjektiv, erhält das Bekenntnis zur biblischen Offenbarung ein problematisches Übergewicht. Der zweite, allerdings weniger zentrale Unterschied zur christlichen Tradition ist an herausgehobener Stelle das Bekenntnis

... zur völligen Sündhaftigkeit und Schuld des gefallenen Menschen, die ihn Gottes Zorn und Verdammnis aussetzen.

Dass diese schwierige Formulierung in den Rang eines Bekenntnisses erhoben wurde, ist heute kaum mehr verständlich. Der Hintergrund dafür wird uns in Kapitel 5 beschäftigen. Auch der Missionsbefehl Jesu hat traditionell in einem kurzen Bekenntnis nichts zu suchen, obwohl es unter Christen weitgehend unstrittig ist, dass die Kirche

„…durch seinen Befehl zur Verkündigung des Evangeliums in aller Welt verpflichtet ist…"
Es handelt sich um eine praktische Verpflichtung, wie die Verpflichtung zur tätigen Nächstenliebe, nicht um einen Glaubenssatz. Warum die Mission von der Evangelischen Allianz Bekenntnisrang erhielt, nicht aber die Diakonie, wird ebenfalls noch zu überlegen sein.

Wer sind die Evangelikalen?

Bevor wir mit der Analyse der evangelikalen Identität fortfahren, sollten wir uns einen Überblick verschaffen, welche Gruppierungen und Strömungen die evangelikale Bewegung im deutschen Sprachraum heute ausmachen. Meist unterscheidet man in Deutschland drei Typen von Evangelikalen:

- Die pietistisch und methodistisch bzw. reformiert geprägten „Allianz-Evangelikalen" sind hauptsächlich in den etablierten Freikirchen und im landeskirchlichen Pietismus zu Hause. Die meisten pietistischen und neupietistischen Gemeinschaften gehören zum Evangelischen Gnadauer Gemeinschaftsverband mit Sitz in Kassel, viele bilden in den Landeskirchen eigenständige Gemeinden und Werke. Nicht alle würden sich allerdings selbst als „evangelikal" bezeichnen. Daneben verstehen sich viele, aber wieder nicht alle, Mitglieder der klassischen Freikirchen im deutschen Sprachraum als evangelikal. Am ehesten evangelikal ist vermutlich der Bund Freier evangelischer Gemeinden (FeG), etwas weniger die Evangelisch-Freikirchlichen Gemeinden (EFG, Baptisten und Brüdergemeinden) und am wenigsten die Evangelisch-methodistische Kirche. Das gilt ähnlich für die Mennoniten, bei denen es eher evangelikale und eher liberale Gemeinden gibt. Durchweg evangelikal sind die Siebenten-Tags-Adventisten und die verschiedenen Richtungen der Brüderbewegung (Darbysmus). Dazu kommen kleine Gruppierungen wie zum Beispiel die Herrnhuter Brüdergemeine, die Kirche des Nazareners, die Gemeinde Gottes (Anderson) und die Heilsarmee. Wegen ihrer inneren Vielfalt sehen sich nicht alle Freikirchen, und vor allem nicht die zahlreichen unabhängigen Gemeinden, durch die Evangelische Allianz repräsentiert. Da es keine andere übergreifende Organisation gibt, ist es dennoch sachgerecht, von „Allianz-Evangelikalen" zu sprechen. Die Allianz weitet sich zunehmend auch auf die zweite Gruppe aus, auf die „charismatischen Evangelikalen".

- Die charismatischen Evangelikalen (nach Friedhelm Jung[2] die Pfingst-Evangelikalen) haben ihren zahlenmäßigen Schwerpunkt heute bei den klassischen Pfingstkirchen und den sogenannten neocharismatischen Kirchen und Gemeinden. Die meisten klassischen Pfingstkirchen (nicht alle) sind im Bund freikirchlicher Pfingstgemeinden (BFP) organisiert. Theologisch sind sie fast alle evangelikal. Die Bezeichnung spielt für sie aber keine wichtige Rolle, sie wird wenig benutzt. Dazu kommt die kleine charismatische Bewegung innerhalb der Landeskirchen, die sogenannte „zweite Welle" des pfingstlich-charismatischen Aufbruchs. Sie kann man nur eingeschränkt als evangelikal bezeichnen. Die neocharismatische Bewegung (auch bekannt als „dritte Welle) wollte dagegen von Anfang an ausdrücklich evangelikal sein. Sie besteht heute vor allem aus unabhängigen Gemeinden ohne überregionale Organisation. Neocharismatisch ist aber auch z. B. die kleine Anskar-Kirche. Die zahlreichen unabhängigen Gemeinden haben zusammen vermutlich inzwischen mehr Mitglieder als die BFP-Kirchen. Alle „charismatischen Evangelikalen" wurden lange Zeit vom Pietismus in Deutschland kritisch gesehen. Diese Spannung hat seit den 1990er-Jahren abgenommen, sodass pfingstliche und charismatische Gruppen immer mehr in evangelikale Dachverbände integriert werden, besonders in die Evangelische Allianz.

- Die sogenannten Bekenntnis-Evangelikalen orientieren sich an den reformatorischen Bekenntnissen und sind zum größten Teil nicht nur theologisch, sondern auch politisch konservativ. Sie bildeten im „Streit um die Bibel" in den 1960er-Jahren eigenständige Organisationen und repräsentieren einen Teil (aber nur einen Teil) des konservativen Flügels der evangelischen Landeskirchen. Vertreten werden sie großenteils von der Konferenz Bekennender Gemeinschaften in der Evangelischen Kirche Deutschlands. Zu ihr gehören derzeit 17 Gruppierungen, vor allem die Kirchlichen Sammlungen in einigen evangelischen Landeskirchen, der Arbeitskreis Bekennender Christen in Bayern, die Evangelisch-Lutherische Gebetsgemeinschaft und der Gemeindehilfsbund. Gastmitglied ist die Selbständige Evangelisch-Lutherische Kirche (SELK).

Eine Reihe von evangelikalen Gruppierungen fügt sich nicht glatt in das Schema aus drei Typen ein, zum Beispiel die zahlreichen Aussiedler- und Migranten-Gemeinden. Deshalb führt Friedhelm Jung einen vierten Typ ein, die „unabhängigen Evangelikalen". Sie sind zum Teil pfingstlich-charismatisch geprägt, zum Teil eher bibelfundamentalistisch. Letztere sammeln sich zum Teil um die „Konferenz für Gemeindegründung" (KfG), die eine Zusammenarbeit sowohl mit der Evangelischen Allianz als auch mit den charismatischen Evangelikalen ablehnt. Über diese Gruppen wird später noch mehr zu sagen sein, wenn es um die Unterscheidung von pietistischem und fundamentalistischem Bibelverständnis geht (Kapitel 8).

Wie viele Evangelikale gibt es?

Wie sehen die Zahlenverhältnisse in der evangelikalen Bewegung aus? Wie viele Menschen sich dem Gnadauer Gemeinschaftsverband zugehörig fühlen, dem Dachverband der landeskirchlichen Pietisten, ist schwer zu sagen. Eine ungefähre Schätzung liegt bei gut 200 000 Personen, von denen ein großer Teil sich (falls man sie danach fragt) als evangelikal bezeichnen würde. Die Mitgliederentwicklung ist nicht bekannt, aber vermutlich geht die Zahl zurück. Zahlen für die Bekenntnisbewegungen sind noch schwerer zu schätzen, weil die Vereine selbst nicht allzu viele Mitglieder haben, aber für eine viel größere Zahl sympathisierender Kirchenmitglieder sprechen. Diese Gruppe überschneidet sich zudem mit der

Klientel des Gnadauer Verbands. Deshalb ist völlig unklar, wie viele konservative Protestanten in der EKD sich selbst als evangelikal bezeichnen würden. Es könnten neben dem Pietismus weitere 100 000 sein, es könnte auch ein Mehrfaches sein.

Besser zu erfassen sind die „freikirchlichen" Evangelikalen, die man zum Teil zu den Allianz-Evangelikalen rechnen muss, zum Teil zu den charismatischen Evangelikalen. Die Vereinigung Evangelischer Freikirchen (VEF) organisiert derzeit knapp 300 000 Menschen, grob geschätzt würde gut die Hälfte von ihnen sich selbst als evangelikal bezeichnen. Mit den unabhängigen Gemeinden (s. u.) gibt es in Deutschland geschätzte 500 000 „freikirchliche" Evangelikale. Auch sie nehmen tendenziell ab, allerdings gilt das nicht für alle gleichermaßen. Starke Verluste haben zum Beispiel die Evangelisch-methodistische Kirche, Baptisten, Brüdergemeinden, Mennoniten und Adventisten. Dieser Trend beruht ebenso wie bei den Volkskirchen nur zum Teil auf Austritten, zum anderen Teil auf der Bevölkerungsentwicklung. Die Mitglieder der etablierten Freikirchen gehören zu den gleichen bürgerlichen Milieus wie die Mitglieder der Landeskirchen und nehmen entsprechend durch ihre geringen Geburtenzahlen ab. Ein relatives Wachstum in Bezug zur Bevölkerungsentwicklung weist dagegen der Bund Freikirchlicher Pfingstgemeinden (BFP) auf, der ebenfalls zur VEF gehört, der nach den Gesamtzahlen zu urteilen jedoch so gut wie ausschließlich durch die Integration von Migranten wächst. Inzwischen haben ein Drittel der BFP-Gemeinden einen Migrationshintergrund. Als einzige ältere Freikirche wachsen die Freien evangelischen Gemeinden (FeG) durch Neueintritte in kleinem Maßstab von rund 3 % pro Jahr. Am auffälligsten wächst jedoch die Zahl unabhängiger Gemeinden, die zu keiner Kirche oder Dachverband gehören, durch Neugründungen und Abspaltungen, durch Aussiedler aus den GUS-Staaten, durch viele (allerdings oft kleine) Gemeinden von Migranten und deren Nachkommen sowie durch einige Gemeinden messianischer Juden. Nach Schätzungen gibt es ca. 200 000 „religiöse" Aussiedler, die sich teilweise zu den Lutheranern, Mennoniten oder Baptisten zählen. Einige haben Kontakt zur bereits erwähnten Konferenz für Gemeindegründung (KfG), viele vertreten deren fundamentalistische Linie. Ein anderer Teil der Aussiedlergemeinden pflegt pfingstliche Frömmigkeitsformen. Migrantengemeinden oder, in der Terminologie der EKD, Gemeinden anderer Sprache und Herkunft, gibt es nach Informationen der Evangelischen Allianz deutschlandweit rund 1100, mit einer unbekannten Mitgliederzahl.[3] Diese Gemeinden unterliegen derzeit noch nicht (oder noch nicht deutlich) der Abnahme durch geringe Geburtenraten, aber vermutlich wird sich dies im Lauf einer Generation ändern.

Früher nahm man an, dass Pietisten und landeskirchliche Konservative zusammen die Mehrheit der deutschen Evangelikalen stellen. Wahrscheinlich trifft das heute nicht mehr zu, der Schwerpunkt der Bewegung hat sich zu den Pfingstkirchen, den unabhängigen Gemeinden und Aussiedlergemeinden hin verschoben. Allerdings liegt das nicht an missionarischen Erfolgen dieser Gruppen. Ihre relativen Gewinne, und die relativen Verluste der etablierten Freikirchen sowie der Landeskirchen, gehen zum Teil, wie gesagt, auf Unterschiede in der Altersstruktur und der Geburtenrate zurück. Zum anderen Teil handelt es sich um das Ergebnis von Flüchtlingsbewegungen und Wanderungen, sowie von einem Mitgliederaustausch zwischen den Kirchen und Gemeinden. Fachlich gesprochen handelt es sich um Migrations- und Transferbewegungen. Das heißt, dass evangelikal geprägte Christen aus dem Ausland zuwandern, meist konservative Aussiedler aus Osteuropa sowie Menschen aus der weltweiten Pfingstbewegung, und dass evangelikale Christen ihre Kirchen und Gemeinden verlassen und sich anderen Kirchen zuwenden bzw. neue Gemeinden gründen (innerprotestantischer Transfer).

Wenn man also immer wieder liest, dass den großen Kirchen die Mitglieder weglaufen, während die „Evangelikalen" zunähmen, stimmt das so nicht. Statistisch gesehen unterliegen alle christlichen Strömungen dem Sog zunehmender Religions- und Kirchenferne. Der statistische Schwund wird lediglich durch Transfer- und Migrationsprozesse verschleiert, durch die einige Segmente zulegen (Aussiedler, Pfingstbewegung) und andere verlieren.[4] An der Summe der deutschen Evangelikalen scheint sich kurzfristig wenig zu ändern, langfristig nehmen sie ab. Es handelt sich um rund 1 bis 1,5 Millionen Menschen in Deutschland, das entspricht auch der Schätzung der Evangelischen Allianz. Die höchsten Schätzungen liegen bei 2 Millionen, dann wird von einer relativ hohen Zahl landeskirchlicher Konservativer in der Bewegung ausgegangen. Auf jeden Fall sind dies rund 2 % der Bevölkerung, keine winzige Minderheit, aber doch eine Minderheit.

Die geografische Verteilung ist ungleich: Im Norden und Osten sind die Zahlen niedrig, im Westen und Süden viel höher. Im Vergleich zu den weltweiten Zahlen ist das alles sehr wenig: Man schätzt die globale Zahl evangelikaler Christen auch ohne diejenigen aus der Pfingstbewegung auf über 300 Millionen, mit der Pfingstbewegung (was sachgerecht ist) auf das Doppelte bis Dreifache. Nach Werner Ustorf, einem evangelischen Theologen, machen die Evangelikalen einschließlich der pfingstlichen und charismatischen Kirchen rund 28 % der organisierten Christen weltweit aus.[5] Vor allem in Asien, Afrika und Südamerika weisen die evangelikalen bzw. pfingstlichen Kirchen ein starkes Wachstum auf, das zum Teil durch Missionserfolge zustande kommt, zum Teil (vor allem in Lateinamerika) aber auch durch Übertritte aus traditionellen Kirchen. In Europa und vor allem in Deutschland sind die Evangelikalen also, verglichen mit der globalen Christenheit, erstaunlich schwach. Sie stellen 3 bis 4 % der kirchlich organisierten Christen, kaum mehr als ein Zehntel ihrer weltweiten Stärke. Außerdem verlieren sie, wie alle christlichen Konfessionen, laufend an Mitgliedern. Warum das so ist, wird zu überlegen sein.

Zusammenfassung

Die evangelikale Bewegung entstand im 19. Jahrhundert als Reaktion auf aufgeklärte und liberale Strömungen in den Kirchen. Die 1846 in London gegründete Evangelische Allianz ist bis heute ein Dachverband für viele, aber nicht alle Evangelikale. Die Gründer der Allianz kamen überwiegend aus dem Methodismus und Pietismus sowie aus Erweckungs- und Missionsbewegungen. Ihr Bekenntnis, die Glaubensbasis der evangelischen

Allianz, ist die theologische Grundschrift der Bewegung. In Deutschland unterscheidet man drei Ausprägungen: die Allianz-Evangelikalen, die charismatischen Evangelikalen und die Bekenntnis-Evangelikalen. Ein Teil der Bewegung gehört entsprechend zum konservativen Spektrum der evangelischen Landeskirchen, ein anderer Teil besteht aus Freikirchen und unabhängigen Gemeinden. Im letzteren Teil spielen Pfingstkirchen und charismatische Gemeinden eine zunehmende Rolle. Die Evangelikalen stellen in Deutschland rund 2% der Bevölkerung und 3 bis 4% der kirchlich organisierten Christen. Im weltweiten Vergleich ist das sehr wenig. Insgesamt verliert die evangelikale Bewegung ebenso allmählich an Mitgliedern und an gesellschaftlichem Einfluss wie alle christlichen Kirchen und Konfessionen.

2. Gegen die Verächter des Glaubens

Die Gründer der „Evangelical Alliance" wandten sich gegen die aufgeklärte Theologie und gegen die Verweltlichung (Säkularisierung) der großen Kirchen. Deshalb kritisieren sie bis heute den historisch-kritischen Umgang mit der Bibel, die Offenheit der Landeskirchen bzw. der EKD gegenüber der religionsfernen Umwelt, vor allem die Aufweichung von moralischen Normen und herkömmlichen Lebensformen, die sie als biblisch begründet verstehen. Für die Analyse muss aber unterschieden werden zwischen den historischen Erfahrungen auf der einen Seite, die zur Entstehung der evangelikalen Bewegung führten, und den vielfältigen Reaktionen dieser Bewegung auf der anderen Seite. Die historische Erfahrung war und ist, dass die Geltung des christlichen Glaubens als Grundlage von Lebensordnung und Lebenssinn in der Neuzeit in Europa verloren ging. Der Prozess ist auch heute noch nicht abgeschlossen. Diese Erfahrung ist in gewisser Weise einfach und monumental; sie betrifft nicht nur die neuzeitlichen Erweckungsbewegungen, die Freikirchen, Pietisten usw. Sie betrifft alle Christen und die gesamte westliche Kultur. Die Reaktionen darauf, die sich in der evangelikalen Bewegung bündeln, sind eine andere Sache. Sie sind vielfältig und zum Teil gegensätzlich. Oft sind sie nachvollziehbar und fruchtbar, manchmal auch nicht. Einige Reaktionen sind ein Spiegelbild des gesellschaftlichen Wandels, sind also selbst weltlich und modern.

Kirche, Glaube und die Ringparabel

Wie kam es zum Geltungsverlust von Glaube und Kirche etwa seit der historischen Zäsur des Dreißigjährigen Kriegs? Es ist hier nicht möglich, diese vielschichtige Entwicklung über Jahrhunderte nachzuzeichnen, aber einige Grunddaten müssen angeführt werden. Im 18. und 19. Jahrhundert traten innerweltliche Sinngebungen in Konkurrenz mit dem Christentum, zuerst ein aufgeklärter Vernunftglaube, der zu einem Wissenschafts- und Fortschrittsglauben wurde und revolutionäre politische Bewegungen inspirierte, vor allem bei der Gründung der USA und in der Französischen Revolution. Dann entstanden säkulare Ideologien wie Nationalismus, Sozialismus, Kommunismus usw. In der Konkurrenz mit diesen innerweltlichen Sinngebungen lösten sich die heilsgeschichtlichen und die überweltlichen (transzendenten) Inhalte des Christentums für viele Menschen auf, und zwar anfangs vor allem in der gebildeten Schicht der Bevölkerung, unter den Eliten. Der entscheidende Punkt war, dass die menschliche Vernunft zum Maßstab dessen wurde, was als wirklich und wahr gelten konnte. Und da die Wissenschaft sich auf die Letztinstanz der „Vernunft" berief, setzte man das „wissenschaftliche Weltbild" mit der Wahrheit gleich. Die evangelische Theologie folgte zum Teil dieser Entwicklung. Ein früher Vertreter ihres Aufklärertums war Hermann Samuel Reimarus (1694 bis 1768); die Titel seiner Hauptwerke sprechen für sich: „Die vornehmsten Wahrheiten der natürlichen Religion" erschienen 1754, darauf folgte 1756 die „Vernunftlehre als eine Anweisung zum richtigen Gebrauch der Vernunft in der Erkenntnis der Wahrheit". Sein wichtigstes Werk erschien erst nach seinem Tod, nämlich die „Apologie oder Schutzschrift für die vernünftigen Verehrer Gottes". Diese religionskritische Schrift, die jede Form von Offenbarung als unvernünftig ablehnt, konnte er aus Furcht vor staatlichen und kirchlichen Repressionen nicht publizieren. Allerdings wurde Gotthold Ephraim Lessing (1729 bis 1781) stark von dieser Schrift beeinflusst, die er denn auch postum herausgab. Seine Ringparabel aus dem Drama „Nathan der Weise" (1779) ist vermutlich der bekannteste und wirksamste Ausdruck des aufgeklärten Vernunftglaubens in Sachen Religion:

Ein Mann besitzt einen Ring, der seinen Träger „vor Gott und den Menschen angenehm" macht. Da er drei Söhne hat und keinen von ihnen enttäuschen will, lässt er vor seinem Tod zwei Kopien des Rings machen und vererbt jedem Sohn einen Ring mit der Versicherung, er sei der echte. Die Söhne versuchen nach dem Tod des Vaters vor Gericht zu klären, wer den echten Ring bekommen hat. Der Richter weist sie ab mit der Begründung, dass der echte Ring den Träger anderen Menschen angenehm werden lässt. Wenn das bei keinem der drei Söhne der Fall sei, sei der echte Ring wohl schon lange verloren gegangen. Deswegen sollen alle drei Söhne glauben, ihr Ring sei der echte, und sich bemühen, seine gute Wirkung herbeizuführen.

Die Parabel zielt auf die drei damals bekannten großen Religionen Christentum, Judentum und Islam. Lessing erfand die Geschichte nicht, sie geht vermutlich auf das spanische Judentum zurück. Es ist klar, was Lessing seine Hauptfigur Nathan damit sagen lässt: Die Religionen sind nicht danach zu beurteilen, ob sie die Wahrheit über Gott und Welt sagen, sondern nach ihrer Fähigkeit, den Menschen zu verbessern. Entscheidend ist nicht die Erkenntnis Gottes, sondern „die Erziehung des Menschengeschlechts" – so lautet der Titel des philosophischen Hauptwerks Lessings (1780). Und dazu können, so Lessing, die drei großen Offenbarungsreligionen gleichermaßen dienen. Oft wird gesagt, die Ringparabel sei als eine Begründung für religiöse Toleranz zu verstehen. Das ist nur eingeschränkt richtig. Die Parabel relativiert religiöse Wahrheiten grundsätzlich und orientiert das menschliche Leben um: Ziel ist es nicht mehr, den Willen Gottes zu tun, sondern einen neuen, besseren Menschen zu erzeugen. Religion ist dann gut, wenn sie den Menschen veredelt. Diese Haltung führt zwar auch zu religiöser Toleranz; aber nur nebenbei. An sich lässt sich Toleranz anders begründen, nämlich zum Beispiel mit dem Gebot Gottes, der Frieden will. Aber in der Folge der Aufklärung setzte sich weitgehend der lessingsche Toleranzbegriff durch. Für die Mehrheit unserer Zeitgenossen bedeutet Toleranz deshalb nicht, einen Menschen anderer Religion um Gottes willen zu achten und mit ihm Frieden zu halten. Toleranz bedeutet, in religiösen Fragen nicht zwischen wahr und falsch zu unterscheiden.

Die aufgeklärte Religion der Gebildeten

Der berühmte Theologe Friedrich Daniel Schleiermacher (1768 bis 1834) geht in seiner bedeutendsten Schrift *„Über die Religion – Reden an die Gebildeten unter ihren Verächtern"* bereits 1799 davon aus, dass sich viele, wenn nicht die meisten gebildeten Zeitgenossen vom christlichen Glauben verabschiedet hatten. Ideologische Massenbewegungen wie in der Französischen Revolution, wie in Sozialismus und Nationalismus führten auch zu Kirchenfeindlichkeit in breiten Bevölkerungsschichten. Demgegenüber hielt die staatliche und kirchliche Obrigkeit an der Geltung von Kirche und Glauben zumindest äußerlich fest. Aber die „natürliche Religion" bzw. die „vernünftige Verehrung Gottes" wurde im gebildeten Bürgertum vorherrschend. Die evangelischen Kirchenleitungen (die damals Staatsorgane waren) dachten und handelten oft ähnlich. Ein Beispiel ist Johann Joachim Spalding (1714 bis 1804), der in Berlin als Konsistorialrat großen Einfluss hatte. Sein Frühwerk „Betrachtung über die Bestimmung des Menschen" (1748) hatte das damals in der Theologie verbreitete Ziel, den christlichen Glauben von „widersinnigen Dogmen" zu befreien. Das Wesen des Christentums sei, so meinte er, durch Vernunft zu ermitteln. Und ganz im Sinn Lessings bestünde dieses Wesen darin, den Menschen besser zu machen. Für Spalding fallen deshalb Glaube und Moral mehr oder weniger zusammen.

Eine Generation später war es für Johann Wolfgang von Goethe (1748 bis 1832), dessen geistiger Einfluss auf die deutsche Kultur kaum überschätzt werden kann, bereits kein Problem mehr, sich öffentlich kritisch zum christlichen Glauben zu äußern. Er sei, so schrieb er dem Theologen Kaspar Lavater (1748 bis 1801) in Zürich, zwar weder ein Widerchrist noch ein Unchrist, aber ein eindeutiger Nichtchrist. Goethe konnte mit dem „widersinnigen Dogma" des Kreuzesgeschehens nichts anfangen und die Gottheit Jesu (Dreieinigkeitslehre) empfand er als Aberglauben. Daraus leitete er aber – wie die meisten seiner Zeitgenossen – keine Kirchenfeindlichkeit ab, sondern er hielt die Kirche für das Volksleben für unverzichtbar. Sie sollte allerdings vernünftige Wahrheiten über Gott und Mensch lehren und für moralische Maßstäbe eintreten. Ähnlich stand es in England und von dort kamen maßgebliche Impulse für die evangelikale Bewegung.

Die bürgerliche Lebensordnung setzte in England bis in das 20. Jahrhundert hinein die Mitgliedschaft in der Church of England und den Besuch des Gottesdiensts am Sonntag voraus. Glaube im christlichen Sinn, also eine Hoffnung auf Heil von Gott her und die Frage nach Gottes Willen für das eigene Leben, war damit nicht unbedingt verbunden. Dem stand eine Geschichte erwecklicher Bewegungen gegenüber, die mit den Puritanern des 17. Jahrhunderts beginnt, innerhalb der Staatskirche den Methodismus hervorbrachte und bis zu den Erweckungsbewegungen des 19. Jahrhunderts reicht. Um 1800 waren große Teile der englischen Kirche vom Methodismus geprägt; sie bildeten die „evangelical party" bzw. die „low church". Man muss sich die Spannung zwischen ihnen und einer konventionellen Kirchlichkeit vor Augen führen, die als staatstragend verstanden wurde, um die Entstehung der evangelikalen Bewegung richtig einzuordnen. (Es gab allerdings auch andere Hintergründe, über die noch zu reden sein wird.) Man darf den Einfluss der „evangelical party" auf die englischsprachigen Gesellschaften nicht unterschätzen. Er war durch die Puritaner und Methodisten weit größer als in Deutschland. Und da viele der „Dissenter" in die USA auswanderten, um der kirchlichen Obrigkeit zu entgehen und ihren Glauben selbstbestimmt zu leben, ist die christliche Landschaft in den USA bis heute stark von eben diesem erwecklichen Protestantismus geprägt. Auch aus dem deutschen radikalen Pietismus und aus den späteren erwecklichen Kreisen wanderten vom 17. bis zum 19. Jahrhundert viele Menschen in die USA und anderswohin aus. Was in Deutschland eine Minderheit des Protestantismus darstellt, ist in den USA deshalb eher der „Mainstream".

Es ist heute nicht mehr ganz einfach, sich in die Welt aus „Thron und Altar" auf der einen und erwecklicher Frömmigkeit auf der anderen Seite zu versetzen. Wer keine historischen Abhandlungen lesen will, kann einen Blick in die großartigen Gesellschaftsromane von Jane Austen (1775 bis

1817) werfen, deren Vater ein Pfarrer der Church of England war. Ihre bürgerlichen und adligen Akteure gehören selbstverständlich alle zur Kirche. Nicht wenige sind Geistliche und haben ein Pfarramt inne. In den Konversationen, die Jane Austen in ihre Romane reichlich einfügt, im Umgang mit Konflikten und Schicksalsschlägen, spielt der christliche Glaube aber keine Rolle, auch in den Pfarrhäusern nicht. Maßstab des richtigen Handelns ist die traditionelle Sittlichkeit und die aufgeklärte Vernunft. Gegenspieler des Guten sind Unbildung, Unmoral und irrationale Gefühle – nicht ein Mangel an Gottvertrauen oder eine fehlende Beziehung zu Christus. Die Erweckung in der Kirche von England, die Puritaner und die Methodisten existieren in Jane Austens Romanwelt nicht. Sie zeigt zwar nur einen Ausschnitt der kirchlichen Wirklichkeit am Beginn des 19. Jahrhunderts, aber was sie zeigt, ist die von den politischen Eliten praktizierte und mit dem Zeitgeist verträgliche Kirchlichkeit. Was aus dieser Kirchlichkeit später wurde, kann man zum Beispiel der Autobiografie von Charles Darwin (1809 bis 1882) entnehmen. Der geniale Naturwissenschaftler studierte in Cambridge Theologie und war lange Zeit Deist.[6] D. h. er akzeptierte, dass die Welt Schöpfung Gottes ist, und er hielt das christliche Sittengesetz hoch. Er betrachtete allerdings den Weltenlauf als von Naturgesetzen geregelt, in die Gott (nachdem er die Welt zu Anfang samt ihrer Gesetze vernünftig und planvoll geschaffen hatte) nicht mehr eingreift. Im Alter war es ihm aber nicht mehr möglich, die Natur als vernünftige Schöpfung Gottes zu verstehen. Er wandelte sich zum Agnostiker, d. h. er glaubte nicht mehr, dass der Mensch imstande ist, letzte Fragen nach Sinn und Ziel der Welt zu beantworten. Es ist nicht übertrieben zu sagen, dass ein großer Teil der abendländischen Kultur ihm auf diesem Weg folgte und sogar folgen musste. Denn die aufgeklärte Frömmigkeit, die auf einen gütigen Gott und auf eine vernünftige Weltordnung vertraut, trägt im Leben letztlich nicht, so viel Richtiges sie über den Menschen und die Welt sagen mag. Denn die Weltgeschichte ist voller schrecklicher Grausamkeit und jede menschliche Lebensgeschichte ist voller Dunkelheiten. Darwin war ein privilegiertes Mitglied der englischen Oberschicht. Dennoch quälten ihn Krankheiten und das Sterben seiner geliebten ältesten Tochter war ein tiefer Schmerz für ihn. Aus seinen biologischen Studien wusste er nur zu gut, dass die Natur einerseits „endless forms most beautiful" enthält. So heißt es im Schlusssatz seines Hauptwerks „Über den Ursprung der Arten". Auf der anderen Seite ist die Natur voller Gräuel, voller Leid und erfüllt mit dem Tod empfindsamer Geschöpfe. Darwins natürliche Theologie half ihm nicht, mit diesen Erfahrungen fertigzuwerden. Die Frage der Theodizee, der Rechtfertigung Gottes, wurde für ihn nicht nur unlösbar – das ist sie vielleicht immer –, sie wurde unerträglich. Darwin war sich bewusst, dass er mit seinem Agnostizismus in Spannung zu dem kirchlichen Rahmen der Gesellschaft geriet, der auch in der zweiten Hälfte des 19. Jahrhunderts noch bestand, besonders in der Schicht, der er selbst als Gentleman-Forscher angehörte. Er war alles andere als ein Revolutionär und Kirchengegner, sondern er suchte zu verhindern, dass seine Wissenschaft polemisch gegen die Religion ausgenutzt wurde. Zum Beispiel lehnte er es ab, ein Vorwort für „Das Kapital" von Karl Marx zu verfassen, als dieser ihn darum bat, unter anderem mit der Begründung, er sähe in Kirchenkritik keinen Sinn.

Ein Deismus, wie ihn Darwin in mittleren Jahren vertrat, war im protestantischen Europa des 19. Jahrhunderts unter Gebildeten verbreitet und stellte einen Kompromiss zwischen dem aufgeklärten Wissenschaftsglauben der Zeit und der kirchlichen Tradition dar, die man – wie gesagt – damals als Grundlage der Gesellschaft noch für unverzichtbar hielt. In Deutschland war die Situation der Kirchen im 19. Jahrhundert komplizierter als in England, da zwei große Konfessionen je nach Region prägend waren, einerseits der Protestantismus, andererseits die römisch-katholische Kirche. Das Bündnis von „Thron und Altar" gingen aber beide ein. In den protestantischen Ländern war die kirchliche Obrigkeit ähnlich liberal und aufgeklärt wie die Church of England, die evangelische Theologie an den Universitäten war es unter dem Einfluss der deutschen Aufklärung sogar noch stärker. Der vorherrschende theologische Rationalismus versuchte, den christlichen Glauben als eine vernünftige Religion zu interpretieren, und geriet damit in Widerspruch zu einer Theologie, die an der göttlichen

Offenbarung der Glaubenslehren festhielt. Sie wurde als Supranaturalismus bezeichnet.

Die historisch-kritische Methode

Unter dem Einfluss der Aufklärung wandte sich die evangelische Theologie auch von den traditionellen Methoden der Bibelauslegung ab. Man wollte im 18. und 19. Jahrhundert die Bibel wie andere historische Texte aus dem Zusammenhang ihrer Entstehung heraus verstehen. Das heißt, man ordnete dem biblischen Text eine Vorgeschichte zu und leitete die Gründe für seine Abfassung, seine literarische Form usw. aus der geschichtlichen Situation des Autors bzw. der Redakteure ab. Die vermutete Vorgeschichte konnte lang sein und vor der schriftlichen Fixierung Jahrhunderte mündlicher Überlieferung umfassen, wie im Fall der Urgeschichte des Alten Testaments. Sie konnte auch weniger als eine Generation umfassen, wie der Weg von denjenigen Zeugen, die Jesus direkt gehört hatten und davon erzählten, zu einer ersten (nicht mehr erhaltenen) schriftlichen Sammlung von Jesusworten und zum Markusevangelium. Neben den Texten selbst zog man wissenschaftliche Quellen hinzu, nämlich historisches und archäologisches Wissen, sprachwissenschaftliche Befunde vor allem in Bezug auf die hebräischen und griechischen Ursprachen der Bibel, später auch Psychologie und Soziologie, dazu literarische und religionsgeschichtliche Vergleiche mit anderen antiken Texten. Zum Beispiel wird die Schöpfungsgeschichte in 1. Mose 1 mit zeitlich nahestehenden babylonischen Ursprungsmythen verglichen usw.

Warum man die Methode historisch nennt, ist offensichtlich. Aber warum ist sie „kritisch"? Das Wort bezieht sich zum einen darauf, dass das Ergebnis (wie jedes wissenschaftliche Ergebnis) unabhängig vom Glauben des Wissenschaftlers aufgrund vernünftiger Argumente nachvollziehbar sein soll. Anders als die altkirchliche und mittelalterliche Auslegung der Bibel setzt sie den Glauben nicht voraus, sondern lässt nur vernünftige Gründe für ihre Ergebnisse zu. Zum anderen bezieht sich das Wort

„kritisch" darauf, dass bisherige Auslegungstraditionen einer kritischen Prüfung unterzogen und eventuell verworfen werden. Einmal wird die biblische Darstellung von historischen Ereignissen wie der Kreuzigung Jesu oder der Flucht des Volks Israel aus Ägypten auf ihren geschichtlichen Gehalt hin überprüft. Zum anderen wird kritisch geprüft, inwieweit der Text dem entspricht, was der ursprüngliche Verfasser schrieb, oder (im Fall einer langen mündlichen Überlieferung) inwieweit die Überlieferung durch Redaktion geformt und einem bestimmten Zweck unterworfen wurde. Drittens wird die vermutliche Absicht der Autoren bzw. der Redakteure kritisch dargestellt, das heißt, man untersucht die Frage, inwieweit diese Absichten zeitgebunden und für heutige Christen daher unerheblich sind, oder aber ob sie auch heute noch Bedeutung haben.

Dass viele glaubende Menschen mit der historisch-kritischen Methode der Bibelauslegung nicht einverstanden waren und sind, liegt auf der Hand. Allerdings sind die Gründe für ihre heutige, allgemeine Verbreitung nicht nur ideologischer Art, wie in der evangelikalen Bewegung oft pauschal behauptet wird. Vielmehr muss man berechtigte Fragestellungen und problematische Antworten unterscheiden. Die „Hilfswissenschaften" der Bibelauslegung, von der Geschichtswissenschaft bis zur Orientalistik, müssen selbstverständlich auf die in der Wissenschaft übliche Weise benutzt werden, wenn man überhaupt wissenschaftlich an Bibeltexten arbeiten will. Und das muss die evangelische Theologie wollen, denn wenn sie sich nicht selbst historisch, sprachwissenschaftlich usw. mit der Bibel beschäftigt, tun es andere. Sie muss die Fachkompetenz haben, das wissenschaftliche Spiel mitzuspielen. Das heißt, ein archäologischer Fund muss von christlichen und nicht christlichen Archäologen gleichermaßen nach den „Regeln der Kunst" behandelt werden, auch wenn es sich um einen Fund handelt, der einen Bezug zu biblischen Texten hat. Und die Textanalyse (in der Theologie Textkritik genannt) muss nach den Regeln erfolgen, die auch sonst in Literatur- und Sprachwissenschaft gelten. Für die evangelikalen Theologinnen und Theologen, die z.B. in der Arbeitsgemeinschaft für evangelikale Theologie (AfeT) zusammenarbeiten, ist diese Methode selbstverständlich, auch wenn sie den ideologisch vorbelasteten Begriff „historisch-kritisch" oft nicht benutzen. Allerdings ist mit dieser Methode notwendigerweise eine innere Distanzierung vom Bibeltext verbunden. Man kann die Bibel nicht gleichzeitig wissenschaftlich analysieren und sich von ihr als Gottes Wort spirituell ansprechen lassen. Allerdings kann ein glaubender Mensch beides tun, wenn auch nicht zur gleichen Zeit und mit den gleichen Zielen. Denn die historisch-kritische Methode selbst sagt uns nicht, welche Bedeutung für den christlichen Glauben ihre Ergebnisse haben. Diese Ergebnisse sind (wie alle wissenschaftlichen Ergebnisse) religiös und weltanschaulich deutungsoffen. Sie zu deuten ist Sache des Glaubens oder – wenn wir innerhalb der Theologie bleiben – der systematischen bzw. dogmatischen Theologie. Zum Beispiel berichtet das Alte Testament, dass Sanherib, der König der Assyrer, Jerusalem belagerte (2. Könige 19,35; 2. Chronik 32,20). Aber sein Heer wurde von einem Engel Gottes geschlagen und kam um; Jerusalem wurde gerettet. Herodot (ein griechischer Historiker) schreibt dagegen, dass Sanherib vor Jerusalem besiegt wurde, weil zahllose Mäuse die Sehnen der Bogen und andere Waffen zernagten. Seine Krieger starben danach nicht, sondern flohen in Panik. Der spätere jüdische Historiker Josephus Flavius meint aufgrund einer anderen Quelle, die Assyrer seien vor Jerusalem an der Beulenpest gestorben. Die historisch-kritische Methode kann diese verschiedenen Berichte und weitere Quellen zueinander in Beziehung setzen und versuchen, den historischen Ablauf zu erfassen. Allerdings hat dieses Unternehmen enge Grenzen. Es dürfte heute nicht mehr möglich sein, den Spuren von Pestbakterien, Mäusen und Engeln wissenschaftlich nachzugehen. Ob von einem Handeln Gottes an diesem Punkt der Weltgeschichte auszugehen ist oder nicht, kann uns die historisch-kritische Methode auf keinen Fall sagen. Das ist eine Frage des Glaubens und der philosophischen Formulierung dieses Glaubens in einer systematischen Theologie.

Allerdings wurde die Trennung von wissenschaftlichem Ergebnis und weltanschaulicher (philosophischer) Deutung in der modernen Theologie oft nicht beachtet. Man analysierte biblische Texte von vornherein mit dem Ziel, die eigene „natürliche" Theologie zu bestätigen, zum Beispiel

Wunderberichte als natürliches Geschehen zu erklären. Das geben die Quellen aber an sich nicht her. Die Entscheidung, ob Engel Gottes oder Pestbakterien (oder beide) Jerusalem retteten, lässt sich nicht aus den historischen Dokumenten entnehmen – außer man entscheidet von vornherein, dass die medizinische Erklärung die plausible und die „übernatürliche" Erklärung eine Erfindung ist. (Die nagenden Mäuse des Herodot dürften heute wenige Menschen plausibel finden. Aber das sind eben unsere modernen Vorurteile.) Solche weltanschaulichen Vorentscheidungen waren in der theologischen Exegese gang und gäbe, und sie wurden oft nicht methodisch sauber als solche ausgewiesen. Hinzu kommen praktische Schwierigkeiten, Textgeschichte und Textabsicht aus den vom Informationsgehalt her meist spärlichen Vorlagen und dem ebenso spärlichen Hilfswissen zu entnehmen. Zeitweise wurden neue Spekulationen auf alten Spekulationen aufgebaut mit einer Zuversicht, die man im Rückblick nur als Vernünftelei bezeichnen kann. Es war also nicht eigentlich die historisch-kritische Methode im wissenschaftlichen Sinn, sondern die Mischung aus aufgeklärter Dogmatik, naivem Spekulieren und mangelnder Einsicht in die Möglichkeiten und Grenzen der historischen Erkenntnis, die dazu führte, dass die evangelikale Bewegung die Bibel vor dem Zugriff dieser Theologie zu retten suchte. Wie sie das tat, war allerdings zum Teil ebenfalls problematisch. Wir werden darauf in Kapitel 8 zurückkommen.

Die erste Phase: Erweckungsbewegungen des 19. Jahrhunderts

Als sich die evangelikale Bewegung herausbildete, war die historisch-kritische Methode der Bibelauslegung schon fast 100 Jahre alt. Die kulturelle Entwicklung zugunsten eines aufgeklärten Fortschrittsdenkens und eines politischen Liberalismus war ebenfalls weit fortgeschritten. Dadurch wurde den erwecklichen Bewegungen[7] in der ersten Hälfte des 19. Jahrhunderts der Boden bereitet. Ihre Grundlage war in Deutschland der Pietismus, der allerdings neue theologische und praktische Züge annahm. Als literarische Vorbereiter können der Aufklärungskritiker Johann Georg Hamann (1730 bis 1788) und der Dichter Matthias Claudius (1740 bis 1815) gelten. Die größte Bedeutung hatte jedoch – was viele Evangelikale überraschen dürfte – der bereits erwähnte Theologe Friedrich Daniel Schleiermacher. Er wandte sich gegen den aufgeklärten Vernunftglauben der Gebildeten und betonte, dass das Wesen der Religion eine Erfahrung sei, sogar eine emotionale Erfahrung, nämlich, so sein berühmtes Wort, eine „schlechthinnige Abhängigkeit von Gott". Weder der Verstand noch die Moral stünden im Zentrum dieser Erfahrung, sondern das unmittelbare Erleben. Diese Theologie Schleiermachers ließ sich mit der pietistischen Frömmigkeit verbinden. Zum Beispiel nahm der norddeutsche Erweckungsprediger und lutherische Pfarrer Claus Harms (1778 bis 1855) Schleiermachers Impuls auf und betonte den Erfahrungscharakter der Gottesbeziehung und das konkrete Erlebnis von Bekehrung, Sündenvergebung und Wiedergeburt. Den theologischen Rationalismus verstand er als Dienst am „Götzen Vernunft". Allerdings nahmen die Erweckungsbewegungen bald darauf eine andere Richtung. Sie betonten neben der unmittelbaren Glaubenserfahrung, zum Teil sogar gegen die Erfahrung, die Autorität der Bibel und die reformatorische Lehre. Damit entfernten sie sich von Schleiermacher. Die Spannung zwischen pietistischer „romantischer" Erfahrungsfrömmigkeit und „rationalistischer" biblischer Dogmatik ist bis heute in der evangelikalen Bewegung präsent. Ihre einzelnen Strömungen neigten einmal mehr auf die eine, dann wieder auf die andere Seite. So ist der Pietismus in manchen Ausprägungen erfahrungsorientiert und sogar individualistisch, in anderen dogmatisch und „gesetzlich". Der weltweite Erfolg der Pfingstbewegung außerhalb Europas, über die noch mehr zu sagen sein wird, beruht vermutlich darauf, dass die charismatischen Evangelikalen beide Pole besser als andere zusammenbringen: eine ausgeprägte, manchmal schwärmerische Erlebnisfrömmigkeit und eine konservativ evangelikale oder sogar fundamentalistische Verkündigung.

Entsprechend der zersplitterten politischen Landschaft des damaligen Deutschlands hatten die erwecklichen Aufbrüche keinen einheitlichen Ursprung, sondern entstanden regional. Die ersten Impulse gab es am Niederrhein und in Holstein, verbunden mit den Namen Claus Harms und Johann Heinrich Jung-Stilling (1740 bis 1817). Beide wirkten weit über ihre Herkunftsregionen hinaus, zum Beispiel im Ravensberger Land (Westfalen) und in Baden durch den zuerst katholischen, später evangelischen Pfarrer Aloys Henhöfer (1789 bis 1862). Besonders prägend wurden die Erweckungsbewegungen im evangelischen Mittelfranken, mit Zentrum in Nürnberg und Erlangen, sowie in Württemberg. Dort übte der Pfarrer Ludwig Hofacker (1798 bis 1828) einen enormen Einfluss aus, obwohl er bereits jung starb. Daneben sind vor allem Johann Christoph Blumhardt (1805 bis 1880) und sein Sohn Christoph Blumhardt (1842 bis 1919) zu nennen. Letzterer war Sozialdemokrat und Mitglied des Landtags in Stuttgart, eine Ausnahmeerscheinung in der evangelikalen Bewegung. Bis heute ist die Evangelische Landeskirche in Württemberg die am stärksten evangelikal geprägte Landeskirche. Drittens gab es eine Erweckungsbewegung in der Mark Brandenburg und Pommern, die eng mit dem preußischen Landadel verbunden war. Sie war weniger missionarisch orientiert als die bisher genannten Bewegungen, sondern hatte das Ziel, das volle Bekenntnis der Reformation gegen den aufgeklärten Vernunftglauben zu verteidigen. Insgesamt waren jedoch die angloamerikanischen Erweckungsbewegungen gesellschaftlich und kirchlich stärker als die kontinentaleuropäischen. Daher hatten sie das Ziel, auf dem glaubensschwachen Kontinent missionarisch zu wirken. Entsprechend hatten die Erweckungsbewegungen in Deutschland, der Schweiz, in Skandinavien usw. durchweg enge Kontakte nach England und in die USA. Die methodistische Erweckung durch John Wesley (1703 bis 1791) wirkte dadurch nach Deutschland herüber. Später wurden die Erweckungspredigten des Baptisten Charles Haddon Spurgeon (1834 bis 1892) ins Deutsche übersetzt und weit verbreitet. Dadurch entstanden die klassischen Freikirchen. Der ältere Pietismus hatte sich mehrheitlich als innerkirchliche Bewegung verstanden, nur im radikalen Pietismus gab es separatistische und antikirchliche Tendenzen. Im 19. Jahrhundert kam es dagegen zu freikirchlichen Aufbrüchen. Die wurden vor allem von England und den USA her angestoßen und konnten sich, anders als ein Jahrhundert früher, etablieren ohne durch die staatliche Obrigkeit unterbunden zu werden. Das Religionsrecht wurde nach ca. 1830 immer mehr liberalisiert, in den 1870er-Jahren hingen die bürgerlichen Rechte fast überall nicht mehr von der Kirchenzugehörigkeit ab. Das Vereinsrecht wurde so gestaltet, dass es erlaubt war, religiöse Vereine zu gründen. 1834 entstand in Hamburg die erste baptistische Gemeinde als eingetragener Verein, 1854 in Wuppertal-Barmen die erste Freie evangelische Gemeinde. Die Brüderbewegung und der Methodismus breiteten sich ab Mitte des 19. Jahrhunderts in Deutschland aus. In dieser Zeit hatte es für die Herrschenden im Allgemeinen (mit großen Unterschieden in den einzelnen staatlichen Gebilden) immer weniger Bedeutung, was und wie die Bevölkerung glaubte, solange die staatliche und kirchliche Ordnung nicht angegriffen wurde. Damit war die gesellschaftliche und politische Rolle von Kirchen und Gemeinden in Deutschland allerdings, wie in England, keineswegs beendet. Im Gegenteil, weite Teile der Gesellschaft hielten gerade gegen die revolutionären Ideologien und gegen die Liberalisierung des Staats an der Kirche als bewahrendem Rahmen der Gesellschaftsordnung fest. So war die demokratische Bewegung von 1848 (Paulskirche) großenteils kirchen- und religionskritisch, während die monarchistische Obrigkeit die Kirchen protegierte und umgekehrt von den Kirchen gestützt wurde. Auch die Liberalisierung des Staatsbürgerrechts änderte zunächst wenig an der engen Verbindung von Kirche und staatlicher Obrigkeit. Die anders als in England antidemokratische Verbindung von „Thron und Altar" prägte den deutschen Protestantismus nachhaltig. Wir dürfen nicht vergessen, dass ein großer Teil der protestantischen Elite einschließlich der Pfarrerschaft vor und auch nach dem Ersten Weltkrieg deutschnational und zum Teil antisemitisch eingestellt war. Man sah im wilhelminischen Kaiserreich die gottgewollte Lebensordnung für das Volk und trug mit dieser Haltung nach der Katastrophe des Ersten Weltkriegs zum Scheitern der Demokratie und zum Aufstieg Hitlers bei.[8] Von diesen Kreisen wurden die Erweckungsbewegungen, wenn man sie positiv sah, als Mittel verstanden, den Republikanern und der Arbeiterbewegung das Wasser abzugraben. Die evangelikale Bewegung musste sich in diesem Spannungsfeld orientieren. Einerseits stand sie mit ihrem politischen und moralischen Konservativismus dem Obrigkeitsstaat nahe. Andererseits stand sie durch ihre Kirchenkritik und ihre volksmissionarische Ausrichtung auch in Spannung zur Obrigkeit.

Innerhalb der Landeskirchen entstand als Reaktion auf die Industrialisierung und die Verelendung weiter Teile der Arbeiterschaft vor allem aus dem Pietismus heraus die Innere Mission. Unter den Gründergestalten sind Friedrich von Bodelschwingh der Ältere (1831 bis 1910) und Johann Hinrich Wichern (1808 bis 1881) besonders wichtig. Sie vertraten eine erweckliche, bibelorientierte Theologie, sahen aber die besondere Herausforderung der Kirche in der Zuwendung zu sozial randständigen, behinderten und kranken Menschen. Besonders für Wichern fielen volksmissionarische und diakonische Arbeit zusammen. Praktisch die gesamte evangelische Diakonie geht auf den älteren Pietismus und auf die erwecklichen Impulse des 19. Jahrhunderts zurück. Nach der in Kapitel 1 erwähnten Gründung der „Evangelical Alliance" gründeten sich in Deutschland ab 1857 ebenfalls Evangelische Allianzen, und 1888 wurde der Gnadauer Gemeinschaftsverband gegründet. Mit ihrer Entstehung war die erste, historische Phase der evangelikalen Bewegung abgeschlossen. Es folgte eine zweite Phase, in der sich der US-amerikanische Bibelfundamentalismus herausbildete und in der die Pfingstbewegung entstand.

Die zweite Phase: Pfingstbewegung und Bibelfundamentalismus

Die Pfingstbewegung wurde unter anderem durch den Glaubensheiler Charles Fox Parham (1873 bis 1929) in Topeka (Kansas) angestoßen. In seiner Bibelschule traten 1901 enthusiastische Erlebnisse auf, die als Ausschüttung des Heiligen Geists verstanden wurden. Vor allem die Zungenrede (Glossolalie) war bedeutsam, da sie als Beweis für die Geisttaufe galt. Einer seiner Schüler war William J. Seymour (1870 bis 1922), ein afroamerikanischer Prediger. Unter seinem Einfluss entstand in Los Angeles 1906 die drei Jahre anhaltende Erweckung in der Azusa Street, die entgegen der damals in den USA herrschenden Rassentrennung Schwarze und Weiße erreichte. Das „Azusa Street Revival" gilt als Geburtsstunde der Pfingstbewegung. In ihr spielten zu Anfang Frauen eine wichtige Rolle, die sich durch die Geisttaufe dazu berechtigt sahen, weit über die damals übliche soziale Stellung der Frau hinaus Verantwortung als Pastorinnen, Bibellehrerinnen, Gemeindegründerinnen usw. zu übernehmen. Durch die gleichberechtigte Einbeziehung von Schwarzen und Frauen war die Pfingstbewegung nicht nur eine spirituelle, sondern auch eine soziale Aufbruchs- und Reformbewegung. Sie führte schnell zur Gründung eigener Kirchen, die mehrheitlich pazifistisch ausgerichtet waren, also die Ablehnung des Militärdiensts aus Gewissensgründen empfahlen. Diese Impulse einer gesellschaftlichen Reformbewegung waren jedoch nicht von Dauer. Bis ca. 1920 trennten sich die weißen und die afroamerikanischen Zweige der Pfingstkirchen in den USA unter dem Druck des Rassismus, der in den USA damals noch dominierte. Frauen spielten weiterhin eine größere Rolle als in der bürgerlichen Gesellschaft, aber in unauffälligerer Weise. Die heutigen Lebensformen der Pfingstbewegung in Europa und den USA haben mit diesen sozialreformerischen Anfängen kaum mehr etwas zu tun. Daher können sie auch keine solchen Impulse in die evangelikale Bewegung einbringen. In Lateinamerika, Afrika und Asien ist das anders, die Entwicklung der Pfingstbewegung dort ist ein eigenes, weites Feld.

In Europa entwickelte sich auch etwas, aber im Vergleich zu anderen Weltgegenden nicht viel. Ein Teil des deutschen Pietismus neigte kurzfristig der pfingstlichen Erweckung zu, aber ihr Einfluss war begrenzt. 1907 fand in Kassel eine weithin beachtete pfingstliche Versammlung statt, die derart ekstatische Formen annahm, dass die Polizei einschreiten musste. Damit war die Pfingstbewegung bei den meisten pietistischen Gemeinschaften und Freikirchen unglaubwürdig geworden. Es kam zur Trennung von Allianz-Evangelikalen und pfingstlichen (charismatischen) Evangelikalen. Die sogenannte Berliner Erklärung von 1909 stellte für den deutschen Pietismus fest, dass der Geist der Pfingstbewegung nicht von oben sei, sondern „von unten". Die pfingstbewegten Kreise mussten sich außerhalb der Freikirchen und Gemeinschaften organisieren und blieben entsprechend klein. Drei Generationen und zwei Weltkriege gingen vorbei, bis diese Spaltung allmählich überwunden wurde.

In den 1960er-Jahren kam es in den USA erneut zu einer Bewegung pfingstlicher Prägung, dieses Mal jedoch in den großen Kirchen und vor allem unter Geistlichen. Die sogenannte charismatische Bewegung kam um 1970 auch nach Deutschland, es entstand als Dachorganisation die Geistliche Gemeinde-Erneuerung (GGE). Zur älteren Pfingstbewegung gab es einige theologische Unterschiede und nur ein Teil der Charismatiker wirkte im Rahmen der evangelikalen Bewegung. Die zahlenmäßig und theologisch bedeutende katholisch-charismatische Bewegung hatte und hat zum Beispiel kaum Berührung mit dem Evangelikalismus. Heute sind die charismatischen Impulse der „zweiten Welle" großenteils in eine Gemeindegründungsbewegung eingeflossen, durch die zahlreiche unabhängige, neucharismatische Gemeinden entstanden. Die Unterschiede zur Pfingstbewegung, der „ersten Welle", verwischen sich allmählich. Zu diesen Gemeinden zählen zum Beispiel die „Gemeinde auf dem Weg" in Berlin, „Gospel Forum" in Stuttgart, das Missionswerk „Arche" in Hamburg und andere. Die charismatische Bewegung in den Landeskirchen gibt es ebenfalls noch, sie spielt aber zahlenmäßig keine große Rolle und lässt sich nicht pauschal als evangelikal bezeichnen.

Fast zeitgleich mit der Pfingstbewegung entstand in den USA der protestantische Fundamentalismus, dessen Bibelverständnis im Übrigen von der Pfingstbewegung weitgehend übernommen wurde. Die Verwandtschaft ist theologisch so eng, dass Reinhard Hempelmann von Geistfundamentalisten (die Pfingstkirchen) und Wortfundamentalisten (die nicht pfingstlich geprägten Biblizisten) spricht.[9] Der Begriff Fundamentalismus geht auf eine Schriftenreihe der „World's Christian Fundamentals Association" (Philadelphia) zurück, die von 1910 bis 1915 eine riesige Verbreitung hatte: „The Fundamentals – a Testimony to the Truth".[10] Die Schlüsselkriterien dafür, dass das „biblische Fundament" des Glaubens gewahrt bleibt, sind laut einer gleichzeitigen Erklärung der presbyterianischen Kirchen der USA von 1910 folgende Aussagen:

- die Irrtumslosigkeit und Autorität der Bibel
- die Gottheit Jesu Christi
- die Jungfrauengeburt
- die Möglichkeit von Wundern
- Jesu Tod für die Sünden der Menschen
- Jesu leibliche Auferstehung und seine Wiederkunft

Dabei bleibt offen, wie der erste Punkt zu verstehen ist, nämlich welche Autorität die Bibel hat und in welcher Hinsicht sie als irrtumslos zu betrachten ist. In den gesammelten Schriften der „Fundamentals" ist diese Frage nicht eindeutig beantwortet. Man findet – wie heute noch in der evangelikalen Bewegung – unterschiedliche Auslegungstraditionen. Von daher ist zwar der protestantische Fundamentalismus innerhalb der evangelikalen Bewegung entstanden, hat sich aber erst in einem längeren Prozess der Klärung von anderen evangelikalen Strömungen getrennt. Auch die in Kapitel 1 behandelte Allianzbasis von 1846 vertritt kein eindeutig fundamentalistisches Bibelverständnis. Aber sie ist – anders als die altkirchlichen und die reformatorischen Bekenntnisse – fundamentalistisch interpretierbar, weil sie die Offenbarung Gottes in der Bibel auf Kosten der Offenbarung in der Person Jesu Christi betont. Eine theologisch verfestigte Form des protestantischen Fundamentalismus, wie er heute noch gilt, finden wir in den sogenannten Chicago-Erklärungen, die aus den 1970er- und 80er-Jahren stammen. In deren Vorwort heißt es:

„Da die Heilige Schrift Gottes eigenes Wort ist, das von Menschen geschrieben wurde, die der Heilige Geist dazu ausrüstete und dabei überwachte, ist sie in allen Fragen, die sie anspricht, von unfehlbarer göttlicher Autorität: Ihr muss als Gottes Unterweisung in allem geglaubt werden, was sie bekennt; ihr muss als Gottes Gebot in allem gehorcht werden, was sie fordert; sie muss als Gottes Zusage in allem aufgenommen werden, was sie verheißt."[11]

Nicht nur der Glaube, sondern Wissenschaft, Moral, Politik und Recht haben sich nach der Bibel zu richten, oder sie widersprechen Gottes Willen. Von daher ist der protestantische Fundamentalismus immer auch eine politische Bewegung; er kann nicht anders als zu versuchen, seine Überzeugung in Form staatlicher Gesetze und Strukturen durchzusetzen. In Europa spielt das praktisch keine Rolle, da dem Fundamentalismus, zu dem sich in Deutschland höchstens 1 % der Bevölkerung zählen lässt, die Machtbasis fehlt. In den USA ist die Lage anders. In der evangelikalen Bewegung gibt es jedoch auch bei uns einen Flügel, bei dem sich, wie es für den protestantischen Fundamentalismus typisch ist, rechtskonservative Politik und Biblizismus verbinden. Und es gibt einen anderen (nach meinem Eindruck zahlenmäßig deutlich größeren) Teil der Bewegung, bei dem das nicht der Fall ist."

Allerdings ist „Fundamentalismus" ein schwieriger Begriff. Wenn man von dem protestantischen Fundamentalismus spricht, der aus den USA kommt, ist die Sache einigermaßen klar. Von Religionssoziologen wird der Begriff jedoch benutzt, um ein bestimmtes Verhältnis von Religion und moderner Kultur in verschiedenen Religionen zu analysieren. Man spricht von jüdischen, muslimischen, buddhistischen und Hindu-Fundamentalisten, früher sogar von einem fundamentalistischen Flügel bei den Grünen. Soziologisch und psychologisch gibt es für diese Begriffsausweitung (außer für die Grünen) gewisse Gründe. Auch unter Juden, Hindus, Muslimen usw. gibt es Strömungen, die ihre religiöse Tradition so umformen, dass sie zu einem politischen, rechtlichen und moralischen Regelsystem wird, das man mit religiöser Autorität politisch durchzusetzen versucht. Allerdings ist es ein Unterschied, ob der fundamentalistische Protest sich gegen die eigene Kultur richtet, wie bei den christlichen Konfessionen, oder ob die westliche Kultur zumindest teilweise (Judentum) von außen einbricht oder sogar als Kolonialismus erlebt wird. Von daher ist die Ausweitung des Begriffs Fundamentalismus auf die Weltreligionen problematisch. Scharf fassen lässt er sich nur für die christlichen Konfessionen und in Grenzen für das Judentum.

Nun spiegelt sich diese wissenschaftliche Diskussion in der Umgangssprache nicht wider. Sie verwendet „Fundamentalismus" als Kampfbegriff gegen jede Religion, die ihre öffentliche Geltung in unserer Gesellschaft nicht widerspruchslos aufzugeben bereit ist. Die Ereignisse des 11. September 2001 verstärkten diesen Trend. Zum Teil wurden die Begriffe Fundamentalismus und Fanatismus dadurch austauschbar. Ich werde in diesem Buch deshalb die Übertragung des Begriffs Fundamentalismus auf andere Religionen und Zeiten ebenso beiseitelassen wie umgangssprachliche Begriffsverschiebungen. Ich werde mich auf den protestantischen Fundamentalismus konzentrieren, wie er innerhalb der evangelikalen Bewegung entstand.

Zusammenfassung

Den Nährboden für die Entstehung der Erweckungsbewegungen, die schließlich zur evangelikalen Bewegung wurden, bildete die teilweise nur noch konventionelle, moralisch und politisch ausgerichtete Kirchlichkeit im Europa des 18. und 19. Jahrhunderts. Gegner der evangelikalen Bewegung war vor allem der Deismus bzw. der theologische Rationalismus. Die Erweckungsbewegungen, die einen theologischen „Supranaturalismus" vertraten und Volksmission betrieben, entstanden im 19. Jahrhundert in Deutschland regional und wirkten vor allem in Franken, Württemberg und in der Mark Brandenburg. Damals entstanden auch die traditionellen Freikirchen wie Baptisten, Methodisten, Freie evangelische Gemeinden u. a. Sie bildeten die erste Phase in der Entwicklung der evangelikalen Bewegung. In einer zweiten Phase entstanden zeitgleich in den USA die Pfingstbewegung und der protestantische Fundamentalismus. Der Aufbruch der Pfingstbewegung Anfang des 20. Jahrhunderts führte in Deutschland zu einer Spaltung der evangelikalen Bewegung, erst Jahrzehnte später näherten sich Allianz-Evangelikale und charismatische Evangelikale einander wieder an. In den neocharismatischen Gemeindegründungen wirken die ältere Pfingsttradition und der Impuls der späteren charismatischen Bewegung zusammen. Der protestantische Fundamentalismus bildet teilweise durch die Pfingstbewegung, teilweise auch durch eigene Gemeinden und Werke, eine Strömung innerhalb der evangelikalen Bewegung. Er wirkt sich in Europa, anders als in den USA, wegen seiner zahlenmäßigen Schwäche politisch nicht aus.

3. Die Evangelikalen kommen in der Gegenwart an

Nach dem Ersten Weltkrieg, noch mehr nach dem Zweiten, löste sich die Rückbindung der deutschen Gesellschaft an die Kirchen zunehmend auf. Das Bündnis von „Thron und Altar" überstand die Weimarer Republik und den Nationalsozialismus nicht. Nach dem Zweiten Weltkrieg hatten die Volkskirchen im Westen zwar noch einmal für zwei Jahrzehnte die Funktion, in einer Phase politischer und ethischer Desorientierung für Stabilität zu sorgen. Sie waren die einzigen Institutionen, die das „Dritte Reich" und dessen katastrophale Niederlage zwar nicht moralisch und theologisch fleckenlos, aber strukturell intakt überstanden hatten. Auch die evangelikale Bewegung organisierte sich in dieser Zeit neu. In der alten Bundesrepublik spielten dafür die Großveranstaltungen des amerikanischen Evangelisten Billy Graham (geb. 1918) ab 1953 eine wichtige Rolle.[12] Grahams Theologie war erwecklich, jedoch nicht radikal fundamentalistisch. Aber er brachte inhaltliche Impulse aus der angelsächsischen Erweckungsbewegung mit, und vor allem führte er Evangelisationsmethoden ein, die es vorher nicht gegeben hatte, wie die Praxis, am Schluss der Predigt öffentlich zur Bekehrung aufzurufen und die „Neubekehrten" zu bitten, im Saal nach vorne zu kommen. Ihr Ursprung liegt im Methodismus. Diese Methode wird in modifizierter Form bis heute bei „Pro Christ" und „JesusHouse" benutzt. Zuerst einmal stieß Billy Graham bei der deutschen Allianz jedoch nicht auf Gegenliebe. Sie weigerte sich 1952, der Billy Graham verbundenen „World Evangelical Fellowship" beizutreten. Erst 1968, nach dem „Streit um die Bibel", kam der Beitritt zustande.

Die historisch-kritische Methode und die Entmythologisierung

Der „Streit um die Bibel" brach gerade dadurch aus, dass die großen Kirchen in der Nachkriegszeit noch einmal als gesellschaftliche Institution gefragt waren. Die konventionelle, politisch und moralisch orientierte Kirchlichkeit geriet wieder einmal in Konflikt mit den erwecklichen Kreisen. Der Streit lässt sich an zwei Stichworten festmachen: Erstens wurde der alte Streit um die historisch-kritische Methode der Bibelauslegung erneut virulent. Zweitens ging der Streit um Rudolf Bultmanns (1884 bis 1976) Programm der Entmythologisierung. Bultmann war im Dritten Reich Mitglied der Bekennenden Kirche gewesen. Sein Programm hatte das Ziel, „übernatürliche" christliche Glaubensinhalte im Rahmen des neuzeitlichen Weltbilds „existenzial" zu interpretieren. Das Weltbild des Neuen Testaments sei, so meinte er, ein mythologisches[13] und damit dem modernen Menschen nicht mehr zugänglich. Friedhelm Jung fasst die damaligen Ereignisse aus der Sicht eines freikirchlichen Theologen so zusammen[14]:

Der Marburger Neutestamentler Rudolf Bultmann hielt im Jahre 1941 vor Pfarrern der Bekennenden Kirche einen Vortrag, der wenig später unter dem Titel „Neues Testament und Mythologie. Das Problem der Entmythologisierung der neutestamentlichen Verkündigung" veröffentlicht wurde. Er geht davon aus, dass das Weltbild und die Rede vom Heilsgeschehen im Neuen Testament mythisch seien, d. h. die Rede der Bibel vom Himmel als der Wohnung Gottes, von der Hölle als dem Ort der Qual, vom Eingreifen von Engeln und Dämonen in das Weltgeschehen, vom Sühnetod Christi für die Sünden der Menschen, seiner Auferstehung und Himmelfahrt usw. sei mythologische Rede, die sich „auf die zeitgenössische Mythologie der jüdischen Apokalyptik und des gnostischen Erlösungsmythos zurückführen" lasse. Dabei versteht Bultmann unter „mythisch", dass Göttliches, Überweltliches als etwas Weltliches dargestellt wird. „Man kann sagen, Mythen geben der transzendenten

Wirklichkeit eine immanente weltliche Objektivität. Der Mythos objektiviert das Jenseitige zum Diesseitigen." „*Sofern es nun mythologische Rede ist, ist es für den Menschen von heute unglaubhaft, weil für ihn das mythische Weltbild vergangen ist."* Da Bultmann aber die christliche Lehre dem modernen Menschen zugänglich machen möchte, sieht er die Aufgabe der Theologie darin, die neutestamentlichen Texte ihres mythologischen Gewandes zu entkleiden, zu entmythologisieren, um so das in den Texten enthaltene Eigentliche zur Sprache zu bringen.*

Jungs Darstellung ist unpolemisch, viele evangelikale Reaktionen auf Bultmann waren und sind polemischer. Ob Jung und andere evangelikale Kritiker Bultmanns Theologie richtig und ganz verstanden, sei hier dahingestellt. Auf jeden Fall war Bultmanns Theologie keine bloße Fortsetzung der damals bereits 150 Jahre alten aufgeklärt-rationalistischen Theologie. Er wollte keine „natürliche Theologie" konstruieren, er setzte voraus, dass die Welt (die Immanenz) von einer göttlichen Wirklichkeit (Transzendenz) umfangen wird und dass das menschliche Leben (das Sein) nur von seiner Gottesbeziehung her verstanden und richtig gelebt werden kann. Dieser Gottesbezug ist aber immer ein gegenwärtiges, existenziales Geschehen und hat mit der „vergangenen Geschichte" nichts zu tun. Der Glaube braucht diese Geschichte nicht, auch nicht die biblischen Zeugnisse, um sich zu ereignen. Außerhalb von Bultmanns existenzialistischer Sprachwelt ist allerdings kaum erklärbar, welche Art Wirklichkeit dem Überweltlichen, dem Jenseitigen, dem Transzendenten dann zukommt und warum es für Lebensorientierung und Lebensführung eines Menschen bedeutsam ist. Auf mich als theologischen Laien und weltanschaulichen Nicht-ganz-Laien wirkt der Mythos- und Mythologiebegriff Bultmanns nicht durchdacht und unbrauchbar. Und da ich kein Existenzphilosoph bin und sein will, erinnert mich Bultmanns Theologie an die Mehrweltentheorien, die man aus der christlichen Theosophie und aus Neuoffenbarungen kennt. Wenn er das Eigentliche des Glaubens auf eine universale Existenzdeutung beschränkt, geschieht der Glaube entweder nur noch im eigenen Kopf oder aber in einer im weitesten Sinn geistigen

Wirklichkeit. Genau so verlagern die Mehrweltentheorien das Heilsgeschehen in eine angeblich höhere, geistige Wirklichkeit, um einem Konflikt mit der kantigen, materiellen, historischen Wirklichkeit zu entgehen. Aber warum soll das attraktiv sein? Wolf-Rüdiger Schmidt schreibt:

> *„Für viele Theologiestudenten und Pfarrer war diese Wendung der historisch-kritischen Theologie in der Mitte des vergangenen Jahrhunderts geradezu eine Befreiung: endlich wieder verkündigen, glauben können ohne historische Erschütterungen, theologisch argumentieren jenseits unangenehmer geschichtlicher Richtigkeiten bis hin zu der Frage, ob Jesus überhaupt gelebt habe.“*[15]

Wenn Schmidt recht hat, wurde die Theologie Bultmanns als ein Weg aus den Selbstwidersprüchen empfunden, in die sich die historisch-kritische Theologie verstrickt hatte. Wenn man auf „immanente weltliche Objektivität" verzichtet, bis es nicht einmal mehr wichtig ist, ob Jesus tatsächlich gelebt hat oder eine literarische Verkörperung geistiger Vorgänge ist, hat man kein Problem mehr mit dem „garstigen Graben der Geschichte" (Lessing). Die Absicht ist – wie bei Bultmann selbst –, dem neuzeitlichen Denken einen Weg zum Glauben zu eröffnen. Und das Ergebnis ist – wie bei Bultmann selbst – das genaue Gegenteil. Denn die meisten Nichttheologen und fast alle nicht akademisch gebildeten Menschen sind zwar naiv wissenschaftsgläubig. Insofern hatte Bultmann recht. Aber eben deshalb sind sie auch naive Realisten. Wenn man ihnen sagt, die Auferstehung Jesu sei nichts, was sinnlich bzw. historisch hätte festgestellt werden können, sondern stehe für einen geistigen Seinsbezug des Menschen, ziehen sie daraus nicht den Schluss, dass der Glaube für sie wieder infrage kommt. Sie schließen daraus, dass die Auferstehung Jesu (und ihre eigene) eine Fantasie ist. Wieso soll man glauben, dass sich durch diesen Christus (offenbar auch eine Chiffre für eine geistige Wahrheit) das eigene Leben ändern kann? Die Antwort Bultmanns wäre, dass Christen eben dies glauben und dass ihnen dieser Glaube Mut und Hoffnung gibt. Der naive Realist wird antworten, dass ihm eine schwächere Begründung für eine Religion noch nie untergekommen ist. Ich bin in Versuchung, ihm mit

Vorbehalt zuzustimmen. Das heißt nicht, dass ein existenzielles Verständnis des Glaubens falsch und ein historisierendes richtig ist. Martin Luther bestand darauf, dass nur der Glaube es erfassen kann, dass die Heilsgeschichte „für mich" geschehen ist. Wie der Reformator drastisch schrieb: „Dass Jesus geboren wurde, starb und auferstand, wissen auch die Teufel." Dass er für mich gestorben ist und für mich auferstand, macht erst den Glauben aus. In diesem Sinn ist eine „existenzielle" Interpretation der Heilsgeschichte für die Reformation grundlegend.

Allerdings sprach Luther von einer Realgeschichte des Todes und der Auferstehung Jesu, die man sich als Christ im Glauben zu eigen macht. Sein „für mich" bedeutet, dass diese Geschichte mir jetzt und hier offensteht, dass es auch meine Geschichte werden kann. Mir erscheint es sinnlos, die „innerweltliche" Heilsgeschichte und den existenziellen Glauben auseinanderzureißen, sie gehören zusammen. Das eine ist nicht „uneigentlich" und das andere „eigentlich", sie sind eine Einheit wie Leib und Seele, wie Wort und Geist. Genau genommen gehört sogar die menschliche Geschichte insgesamt mit dazu. Denn wenn wir uns in die Geschichte Gottes mit der Welt hineinstellen, vertrauen wir darauf, dass diese Geschichte von Anfang an Gottes Geschichte war, seit die ersten lebenden Zellen entstanden, seit die ersten Primaten Fürsorge füreinander entwickelten und seit der erste Mensch den nächtlichen Sternenhimmel fragend betrachtete. Wie soll es möglich sein, im eigenen Leben Gott als einem „Du" zu begegnen und zu ihm zu beten, wenn Gott nicht für die ganze Welt ein „Du" war und ist, wenn man diese Erfahrung nicht mit der „Wolke der Zeugen" der Christenheit teilt? Und wenn Gott nicht in der Welt „für mich" handelt, was kann ich dann von ihm erbitten, wofür kann ich ihm danken? Nur wenn meine Lebensgeschichte eine reale Geschichte mit Gott ist, wie die Geschichte Jesu es ist, gibt es Hoffnung für mich, dass diese Geschichte in Ewigkeit weitergeht. Wie Paulus sagt (Ich verschärfe den Ton ein wenig): Wenn Christus nicht auferstanden ist, halten wir uns nur selbst zum Narren. Dann ist es ehrlicher und konsequenter, wie Gotthold Ephraim Lessing und Johann Wolfgang von Goethe das christliche Urbekenntnis „Christus ist Herr" hinter sich zu lassen und zu einem vernünftigen, aufgeklärten Gottesglauben ohne „widersinnige Dogmen" überzugehen. Diese Leute waren keine Narren. Wer sich nicht an Paulus halten will, sollte sich wenigstens an sie halten. Für mich persönlich gilt das allerdings nicht. Wenn ich nicht dort stehen könnte, wo Paulus steht, würde ich mich auch nicht zu denen stellen, die der aufgeklärten Vernunft vertrauen. Ich würde bei Charles Darwin stehen, einem großen Naturwissenschaftler von noch größerer Ehrlichkeit. Wie er es im Alter tat, würde ich dem Menschen nicht mehr Erkenntnis zutrauen, als einem intelligenten Säugetier zuzutrauen ist. Das ist nicht allzu viel, bestimmt keine letzte Erkenntnis über das Woher und Wohin der Welt und über den Sinn unseres Lebens. Wenn nicht der christliche Glaube in all seiner Kühnheit und Tiefe gilt, dann gilt für mich ein Bekenntnis zum tiefen menschlichen Nichtwissen. Unser Denken beginnt und endet bei Gott, oder es beginnt und endet im Absurden.

Die dritte Phase: die Bekenntnisbewegung

Ob die obigen Überlegungen Bultmanns Werk gerecht werden, lasse ich offen. Bultmann-Kenner sind eingeladen, sie zu korrigieren. Auf jeden Fall treffen sie für die Reaktion der evangelikalen Bewegung auf Bultmann und seine Schule zu. Man verstand die Entmythologisierung als Verzicht auf eine reale Heilsgeschichte und auf jede Form des innerweltlichen Handelns Gottes, und damit als Verzicht auf eine tragfähige Begründung für den christlichen Glauben. Gott handelt, so verstand man Bultmann, überhaupt nicht in der diesseitigen Welt, sondern Gott ist der Bezugspunkt einer philosophischen Existenzdeutung, für die dann eigentlich nichts mehr spricht.

In der Folge stärkte der „Streit um die Bibel", so wenig Bultmann das gewollt hätte, den fundamentalistischen Flügel der evangelikalen Bewegung. Der Bibelfundamentalismus erschien vielen Evangelikalen als Bollwerk gegen die theologische Entwertung der Heiligen Schrift. Allerdings war die Kritik an Bultmann keineswegs nur Sache von Evangelikalen. Auch an den theologischen Fakultäten gab es Bedenken und Abwehr. Karl Barth, der große dialektische Theologe, warf Bultmann (den man eigentlich zu der gleichen Schule zählt) einen von Grund auf verkehrten Ansatz vor. Dietrich Bonhoeffer sprach sich in seinen Gefängnisbriefen gegen die Entmythologisierung aus. Es handelte sich also nicht um einen Konflikt zwischen wissenschaftlicher Theologie und Gemeindefrömmigkeit. So wurden die Dinge von manchen Kirchenleitungen dargestellt.[16] Der „Streit um die Bibel" war ein Streit zwischen theologischen Schulen, der unter großer Anteilnahme der Kirchenmitglieder ausgetragen wurde. Im Jahr 1966 kam es zu einer Demonstration mit 20 000 Teilnehmern in Dortmund, aus ihr entstand die Bekenntnisbewegung „Kein anderes Evangelium". Der Typ der „Bekenntnis-Evangelikalen" bildete sich aus dieser Bewegung heraus, zuerst vor allem in den Landeskirchen, weniger im Pietismus und in den Freikirchen. Insgesamt war der „Streit um die Bibel" auch ein Anstoß, eigene „bibeltreue" theologische Ausbildungsstätten zu gründen oder – wie das Albrecht-Bengel-Haus in Tübingen und das Krelinger Studienzentrum – Einrichtungen zur Studienvorbereitung und Studienbegleitung zu schaffen. Um diese Bewegung zu benennen, wurde 1965 der englische Begriff „evangelical" mit „evangelikal" ins Deutsche übertragen. Auf dem 1966 in Berlin von amerikanischen Evangelikalen durchgeführten „Weltkongress für Evangelisation" setzte sich dieser Begriff allgemein durch. Beim Deutschen Evangelischen Kirchentag (DEKT) 1969 in Stuttgart eskalierte schließlich der „Streit um Jesus" (so hieß eine der wichtigsten Arbeitsgruppen), der gesamte Kirchentag war davon überschattet. Außerdem tobten sich in Stuttgart bereits die Agitatoren der 1968er-Bewegung aus, besetzten Podien und behinderten Veranstaltungen. Zwischen dem „Streit um die Bibel" und den linken Agitatoren muss das Stuttgarter Protestantentreffen eine ziemlich unangenehme Erfahrung gewesen sein. Bei den folgenden Kirchentagen brachen die Teilnehmerzahlen ein, es dauerte lange und erforderte Reformen, bis der DEKT wieder in der Erfolgsspur war.

Spätestens mit der Kulturrevolution der 68er war die Nachkriegsrolle der Volkskirchen ausgespielt. Der „Streit um die Bibel" wurde nicht gelöst, geriet angesichts der schrillen Institutions- und Kirchenkritik der

68er jedoch in den Hintergrund. Die gesellschaftliche Orientierung an der Institution „Kirche" wurde in der Folge schwächer und ihre Bindungskraft nahm ab. Seither ist der Mitgliederbestand der beiden großen Kirchen im wiedervereinigten Deutschland auf unter 60% zurückgegangen. Es gibt nur noch Reste der traditionellen Kooperation von Staat und Kirche, wie ein Gottesbezug in diversen Verfassungen, in den meisten Bundesländern den konfessionellen Religionsunterricht und andere Privilegien der großen Kirchen in den Staats-Kirchen-Verträgen. Aber auch diese Restbestände sind umstritten und werden vermutlich allmählich verschwinden. Daher sind alle Kirchen heute mit der Situation konfrontiert, dass die europäische Kultur immer noch maßgeblich von christlichen Werten und Normen geprägt ist, zum Beispiel von der Norm einer unveräußerlichen Menschenwürde, dass aber nicht mehr gewünscht wird, diese Werte und Normen religiös zu begründen. Da es andere (schlüssige) Begründungen nicht gibt, versucht man in der Politik, in den Medien und im privaten Leben ganz ohne Begründungen auszukommen und stellt das westliche Normensystem mehr oder weniger als selbstverständlich dar. Da es das nicht ist, entstehen eine Reihe politischer und praktischer Schwierigkeiten, auf die wir hier nicht eingehen können. Dass unsere Kultur und unsere Lebensführung letztlich von der Geltung christlicher Überzeugungen abhängen, lässt sich heute kaum mehr ins Bewusstsein der Mehrheit zurückholen. Alle Rezepte dafür laufen ins Leere, von den professionellen Werbekampagnen der Landeskirchen über die öffentliche Feier des Luther-Jubiläums 2017 bis zu den evangelistischen Aktionen der Evangelikalen. Vielmehr lautet das richtige Rezept… na ja, es gibt keines.

Zusammenfassung

Nach dem Ersten, noch mehr nach dem Zweiten Weltkrieg löste sich die enge Verbindung von Staat und Kirche in Deutschland immer mehr auf. Seither schwindet auch die Bindungskraft der großen Kirchen. Zwar hatten sie in der Nachkriegszeit noch einmal eine stabilisierende Rolle, diese ging aber mit der Bewegung der 1968er zu Ende. In der Nachkriegszeit brach jedoch der „Streit um die Bibel" aus, vor allem um die Theologie der Entmythologisierung von Rudolf Bultmann. Sie wurde so verstanden, dass Gottes Handeln in der Welt und das biblische Zeugnis davon für den Glauben keine Bedeutung mehr haben sollten. Aus einer Protestbewegung gegen diese Theologie entstanden die sogenannten Bekenntnis-Evangelikalen und ihre Organisationen. Damals wurden auch eigene, evangelikale Ausbildungsstätten und Missionswerke etc. gegründet. Diese Entwicklung ist die dritte und letzte Phase in der Entstehung der evangelikalen Bewegung.

4. Wissenschaftsglaube, Wunderglaube und Okkultismus

In diesem Kapitel wollen wir uns mit einer Frage befassen, die bei der Entstehung der evangelikalen Bewegung und im „Streit um die Bibel" eine wichtige Rolle spielte, nämlich mit der Frage nach dem Wissenschaftsglauben des 19. Jahrhunderts. Die Allianzbasis bekräftigte die „übernatürlichen" Aussagen der traditionellen Bekenntnisse, weil diese von der rationalistischen Theologie als überholt betrachtet wurden. Deshalb wird in der englischen Fassung nicht nur die Auferstehung Jesu, sondern seine „leibliche" Auferstehung betont. Und die deutsche Fassung spricht nicht nur von der Wiederkunft Jesu als solcher, sondern von der „persönlichen, sichtbaren" Wiederkunft Jesu im Endgericht.

Das eschatologische Bureau hat geschlossen

In der Tat wurde die traditionelle christliche Eschatologie (Lehre von den Letzten Dingen) in der Neuzeit immer mehr aus der Theologie und aus dem Weltbild der Menschen verdrängt. In einem „wissenschaftlichen Weltbild" gab es für sie keinen Raum mehr. Und der Gedanke, dass Gott in einem Endgericht ewigen Lohn und ewige Strafe verhängen werde, war mit dem Zeitgeist kaum mehr vereinbar. Man verstand deshalb die biblische Rede von den Letzten Dingen als symbolische Verschlüsselung von Aspekten der bekannten Weltgeschichte in Vergangenheit, Gegenwart und Zukunft, nicht mehr als radikales Ende der menschlichen Geschichte und Anbruch einer neuen Gotteswelt. Insgesamt war das Thema für rationalistische Theologen eine Peinlichkeit. Ernst Troeltsch (1865 bis 1923) meinte Anfang des 20. Jahrhunderts, indem er einen „modernen Theologen" zitierte: „Das eschatologische Bureau hat heute zumeist geschlossen." Kein Wunder, dass das eschatologische Bureau der Evangelikalen als Reaktion darauf Überstunden machte. Dass der Inspirations- und Offenbarungscharakter der Bibel von der Allianzbasis betont wird, hat verwandte Gründe: Die Bibel soll möglichst wenig als „natürlich" entstanden gesehen werden, nämlich als Ergebnis eines historischen und literarischen Prozesses, der mit wissenschaftlichen Mitteln untersucht werden kann. Die Bibel soll von vornherein einen „übernatürlichen" Charakter haben. Im protestantischen Fundamentalismus lässt sich der Bibeltext (jeder Bibeltext) tatsächlich nur als das Ergebnis eines umfassenden Schriftwunders verstehen, jegliche menschliche Mitwirkung am Inhalt ist ausgeschlossen. Andere zeitgenössische Quellen betonten mit derselben Stoßrichtung die Jungfrauengeburt Marias und die geschichtliche Wahrheit der biblischen Wundererzählungen.

In den ungebrochenen Wissenschaftsglauben dieser Zeit, gegen den sich die evangelikale Bewegung wehrte, können wir uns (wie in das Bündnis von Thron und Altar) nur noch mit Schwierigkeiten einfühlen. Das ist alles lange her, und heute stimmt nur noch eine Minderheit der Zeitgenossen mit Johann Wolfgang von Goethe überein:

Es ist erbärmlich anzusehen, wie die Menschen nach Wundern schnappen, um nur in ihrem Unsinn und Albernheit beharren zu dürfen und um sich gegen die Obermacht des Menschenverstandes und der Vernunft wehren zu können. (Brief an Jacobi vom 1.6.1791)

Goethes Vernunftglaube erscheint der Mehrheit unserer Zeitgenossen mindestens so überholt wie der christliche Glaube. Der Wissenschaftsglaube wirkt allerdings weiter, wenn auch in einer trivialen Form. Man kann von einem alltäglichen Szientismus sprechen: Die Welt ist danach ein System natürlicher Wechselwirkungen, die Naturgesetzen folgen. Diese Naturgesetze kennen wir aus der Wissenschaft. Deshalb werden viele Wunder, an die unsere unaufgeklärten Vorfahren glaubten, heute wissenschaftlich erklärt. Dennoch sind Wunder für viele Menschen (besonders für diejenigen, die sich als „spirituell" verstehen) laut Umfragen möglich, allerdings meist nicht im religiösen Sinn. Sie widersprechen nach ihrer Überzeugung nicht wirklich Naturgesetzen. Wenn eine Krankheit mit der Wünschelrute diagnostiziert wird, wenn ein Geistheiler kosmische Kräfte nutzt, wenn „positives Denken" uns reich macht, dann sind andere, der Schulwissenschaft unbekannte Gesetze am Werk. Mit Gott hat das nichts zu tun oder nur insofern, als sich auch Gott für solche Wunder mit den richtigen Methoden nutzen lässt. Dem christlichen Glauben hilft diese Form des Wunderglaubens nicht weiter. Seine zentralen „Wunder", nämlich die Schöpfung, die Menschwerdung und Auferstehung Jesu, folgen überhaupt keinen Gesetzen, auch keinen „spirituellen". Sie sind unverfügbares Handeln Gottes. Und da man als moderner Mensch über sein eigenes Schicksal verfügen will, möchte man mit einem derart übermächtigen Gott nichts zu tun haben.

Wir treffen also heute meist auf Menschen (und Medienmacher), die den biblischen Gott energisch ablehnen, die es aber fertigbringen, gleichzeitig an „übernatürliche" (geistige, esoterische, spirituelle oder irgendwelche) Gesetze zu glauben. Diese Auffassung hat ihre eigene Logik, allerdings beruft sie sich zu Unrecht auf die Naturwissenschaft. Denn die benötigt den Begriff Naturgesetz nicht. Es handelt sich, so wenig das die meisten Menschen (auch die meisten Christen) wissen, um einen weltanschaulichen oder philosophischen Begriff. Allenfalls bezeichnet man Theorien von besonders großer Reichweite und Erklärungstiefe als Gesetze, zum Beispiel das Energie-Masse-Äquivalent der Relativitätstheorie oder in der Evolutionstheorie die Veränderung von Lebewesen durch Selektion. Solche Großtheorien sind jedoch keine „Gesetze", denen die Natur folgt. Sie sind wie alle naturwissenschaftlichen Theorien formalisierte Aussagen, die das Wissen über regelmäßige, verlässliche Ursache-Wirkungs-Beziehungen zu einem gegebenen Zeitpunkt zusammenfassen. Sie sind nicht dazu da, alles und jedes in der Welt zu erklären. Sie machen allerdings plausibel, dass es in der Welt grundsätzlich mit rechten Dingen zugeht. Weder Magier noch Esoteriker können etwas vorweisen, was ihre angeblichen kosmischen oder spirituellen Gesetze plausibel macht, und ganz sicher können sie nichts bewirken, was über die natürlichen Abläufe hinausgeht. Das gilt nicht nur für Esoteriker, sondern auch für extreme Charismatiker und alle anderen frommen Wunderheiler, die meinen, sie könnten sich Gott zu Diensten machen.

Einem kaputten Knie oder einer Migräne öffentlich „im Namen Jesu" zu gebieten, wieder heil zu werden, ist genauso eine magische Beschwörung wie die Anrufung kosmischer Energien durch einen Esoteriker. Man kann als Christ Gott um Heilung bitten, und zwar ohne Lärm und öffentliches Aufsehen, dann liegt alles bei Gott. In der Stille geschieht unter Christen viel, was hilfreich, gut und gelegentlich unerklärlich ist. Aber Schauwunder gibt es nicht. Sobald man genauer hinschaut, bleibt von den angeblichen Wundern der Heilungsevangelisten nichts übrig.

Bevor sich manche evangelikale Mitchristen in ihre Protesthaltung flüchten: Die Kritik an den christlichen Schaustellern heißt nicht, der rationalistischen Theologie zuzustimmen. Sie wollte aus dem „wissenschaftlichen Weltbild" schließen, was Gott tun kann und was nicht. Das ist ein Irrweg. Aus der Wissenschaft kann man lediglich schließen, was der Mensch tun kann und was nicht. Das leistet die Wissenschaft aber tatsächlich, und zwar ohne dass man sich mit den Engführungen eines „wissenschaftlichen Weltbilds" belastet. Es geht also nicht darum, dass die von der Wissenschaft beschriebene Regelhaftigkeit der Natur Gottes Welthandeln einschränkt. Nicht Gott, wir Menschen sind an diese Regelhaftigkeit gebunden, weil es Gottes Wille ist, dass wir Geschöpf unter Geschöpfen sind. Für den ewigen, unfassbaren Gott macht es keinen Unterschied, ob wir das, was uns an Freude und Leid widerfährt, aus unserer Kenntnis des Weltenlaufs erklären können oder nicht. Manchmal können wir es, manchmal meinen wir nur es zu können, manchmal können wir es nicht. Die Grenzen des Erklärbaren hängen von unserem Wissensstand ab und davon, welche Wahrheiten und Irrtümer wir mit uns herumtragen. Dass Gott am Werk ist, erfasst der Glaube.

Das Unerklärliche und das Wunder

Etwas Unerklärliches beweist nicht, dass Gott am Werk ist, und wissenschaftliche Erklärungen beweisen ganz bestimmt nicht, dass Gott nicht am Werk ist. Wenn die Assyrer vor Jerusalem (wie im letzten Kapitel erwähnt) tatsächlich an der Beulenpest starben: Kann man daraus schließen, dass nicht Gott, sondern die Natur Jerusalem rettete? Man kann nicht, man kann nicht einmal daraus schließen, dass die Engel Gottes nicht am Werk waren. Umgekehrt kann man aus der Rettung Jerusalems nicht schließen, dass Gott am Werk war. Wie wir die Welt und alle Ereignisse in ihr zu Gott in Beziehung setzen, ist eine Sache von Glaube und Unglaube. Unerklärte Ereignisse sind in unserem Alltag die Regel. Wir gehen davon aus, dass es auch dort natürliche Erklärungen gibt, wo wir sie nicht nachprüfen können. Wir sind uns sicher, dass ein Stein, der von einem Baugerüst fällt und einen Passanten verletzt, entweder durch mechanische Ursachen vom Gerüst fiel oder von einem Lebewesen bewegt wurde. Wir glauben nicht, dass ihn ein Schwarzmagier durch einen Zauberspruch auf sein Opfer schleuderte. Auch als Christen sollten wir das nicht glauben. Aber das sagt uns nicht die Wissenschaft, sondern unsere tief verwurzelte Überzeugung, dass es in der Welt „mit rechten Dingen zugeht". Diese Überzeugung widerspricht dem biblischen Schöpfungsglauben nicht, sondern entspricht ihm: „Solange die Erde steht, soll nicht aufhören Saat und Ernte, Frost und Hitze, Sommer und Winter, Tag und Nacht." (1. Mose 8,22)

Die verlässliche Ordnung der Natur entspringt Gottes Schöpferwillen und dient den Menschen zum Segen. Christliches, esoterisches und sonstiges magisches Machbarkeitsdenken ist durchweg verfehlt, menschliches Handeln ist in die verlässliche Ordnung der Natur eingebunden. Das sagt uns nicht nur der Erfolg der Naturwissenschaft, sondern unsere alltägliche Lebenserfahrung. Allerdings bindet diese verlässliche Ordnung zwar uns Menschen und vermutlich alle anderen Geschöpfe, aber nicht Gott, aus dessen Willen diese Ordnung hervorgeht.

Was bedeutet das für die biblischen Wunder? Sie kollidieren nicht automatisch mit der Naturwissenschaft, denn diese ist weder prinzipiell noch praktisch imstande zu sagen, was alles geschehen kann und was nicht. Darauf wird man vielleicht erwidern, dass das theoretisch zutreffen mag. Religiöse Wundererzählungen mögen philosophisch oder „wissenschaftlich" nicht zwingend widerlegbar sein. Aber das ist doch nur deswegen so, weil es selten möglich ist, sicher zu sein, ob irgendein menschlicher Bericht über irgendetwas zutrifft oder nicht. Dabei handelt es sich, so wird man einwenden, um eine Grenze, die menschliche Erkenntnis nicht überschreiten kann. Moderne Theologen mögen sich in eine unbegründete Selbstsicherheit verrannt haben, als sie meinten zu wissen, was geschehen könne und was nicht. Aber das sei noch kein Grund zu akzeptieren, so der Einwand, dass die biblischen Wunderberichte realistische Berichte über Ereignisse sind, bei denen es tatsächlich nicht „mit rechten Dingen zuging". Ist es nicht viel wahrscheinlicher anzunehmen, dass die biblischen Texte deswegen so viele Wundererzählungen enthalten, weil die Autoren ein magisches (oder im theologischen Sprachgebrauch ein mythologisches) Weltbild hatten? Die meisten heutigen Menschen würden dem Einwand wohl zustimmen. Aber wir sollten uns vergewissern, was wir meinen, wenn wir jemandem ein magisches Weltbild zuschreiben.

Von vornherein ist klar, dass die biblischen Schriften nicht über einen Kamm zu scheren sind, noch weniger die Schlüsselgestalten der Theologiegeschichte. Die Unterschiede zum Beispiel zwischen dem archaischen Weltbild der frühen Schriften des Alten Testaments und dem hellenistischen Denken des 1. Jahrhunderts sind groß. Lukas, der Autor der Apostelgeschichte, war ein hellenistisch gebildeter Arzt, kein jüdischer Priester im neubabylonischen Reich des 6. Jahrhunderts vor Christus. Paulus war Toralehrer und ein Schüler Gamaliels des Älteren, des berühmtesten jüdischen Gelehrten zur Zeit Jesu. Man muss ziemlich kühn sein, um solchen Leuten magisches Denken zu unterstellen. Augustinus von Hippo (354 bis 430) und Boethius (ca. 480 bis 526) waren in der klassischen Philosophie bewanderte Theologen. Wer meint, sie hätten magisch gedacht, möge sich den „Trost der Philosophie" vornehmen. Die Chancen stehen gut, dass er beim Lesen zu der Einsicht gelangt, dass er im Vergleich zu Boethius überhaupt nicht gedacht hat. Athanasius der Große (298 bis 373) war ebenso mit der griechischen Philosophie vertraut wie andere Kirchenväter. Die mittelalterlichen Theologen und Philosophen der Scholastik wandelten schließlich die antike Philosophie in eine beeindruckende Vielfalt von Philosophien und Theologien um und prägen damit unsere Kultur bis heute. Martin Luther war ein tiefsinniger Mystiker, dessen dialektisches Denken außerordentlich modern wirkt. Der große Mathematiker Blaise Pascal (1623 bis 1662) analysierte das menschliche Leben existenziell, bevor es eine philosophische Schule dieses Namens gab. Solche Gestalten – und viele andere – in eine Schublade mit der Aufschrift „magisches Weltbild" zu stecken, nur weil sie mit den biblischen (und anderen) Wundergeschichten nicht die Probleme hatten, die wir damit haben, erscheint mir abwegig. Es stimmt, dass sie grundsätzlich bereit waren, Berichte über unerklärliche Taten Gottes in der Welt zu akzeptieren, auch wenn sie sicherlich klug genug waren, menschliche Sehnsüchte und Fantasien in Rechnung zu stellen. Es stimmt aber ebenso, dass wir heute grundsätzlich nicht bereit sind, Berichte über unerklärliche Taten Gottes in der Welt zu akzeptieren, auch wenn sie nach den üblichen Kriterien der Glaubwürdigkeit solide untermauert sind. Wir sollten wissen, dass unser heutiges Denken ebenso bruchstückhaft und mit Vorurteilen beladen ist wie das jeder anderen Epoche. Was für uns wahrscheinlich ist und was nicht, hat mehr mit diesen Vorurteilen zu tun als mit solidem Nachdenken. Allen vorwissenschaftlichen Kulturen pauschal ein „magisches Weltbild" anzudichten, riecht nach europäischem Kolonialismus. In den Kulturwissenschaften spricht man von einem „postcolonial turn", also einer „nachkolonialen Wende" in den 1970er-Jahren. Damals gelang es nach und nach, die Sichtweise anderer Kulturen auf ihre (und unsere) Kultur und Geschichte ernst zu nehmen. Diese „nachkoloniale Wende" scheint mir der Theologie noch bevorzustehen. Viel zu viele Predigten und Publikationen reden bis heute so, als sei die Weltanschauung eines höher gebildeten und von den Massenmedien instruierten Mitteleuropäers selbstverständlich und endgültig richtig. Den unaufgeklärten Wilden in unserer eigenen Vergangenheit und in anderen Weltregionen begegnet man zwar freundlich, aber ohne die Spur einer Neigung, sich von ihnen infrage stellen zu lassen. Wir werden in späteren Kapiteln darüber sprechen müssen, dass dies in ethischen Fragen ebenso gilt wie in Bezug auf die Weltanschauung. Nun kann man den rationalistischen Theologen des 19. Jahrhunderts kaum vorwerfen, dass sie vom geistigen Kolonialismus des Abendlands geprägt waren, aber die heutige Theologie ist mit dem „postcolonial turn" in Verzug.

Diese Kritik äußere ich mit einer gewissen Leidenschaft, weil meine eigene Lerngeschichte anders verlief als bei professionellen Theologen. Zeitgenössische evangelische Theologie habe ich, wenn ich mich richtig erinnere, erst mit fast 40 Jahren und nur spärlich gelesen; der erste Autor war Helmut Thielicke. Da hatte ich schon längst einen großen Teil des Werks von Martin Luther nebst einiger Kommentare konsumiert. Wie derzeit von vielen evangelischen Theologen vor dem großen Luther-Jubiläum 2017 mit dem Reformator umgegangen wird, ist ein Beispiel für Theologie nach Kolonialherrenart. Natürlich war Luther nicht nur eine der großen Gestalten der europäischen Geschichte, sondern auch ein Mensch seiner Zeit, nämlich des ausgehenden Mittelalters. Er teilte dessen Vorstellungen mit all ihren Fragwürdigkeiten. Aber nur wenigen der zahlreichen Theologinnen und Theologen, die sich heute zu Martin Luther äußern, scheint bewusst zu sein, dass sie ebenso Menschen ihrer eigenen Zeit sind. Nur wenige lassen sich so von der Theologie Martin Luthers infrage stellen, wie sie den Reformator unbekümmert infrage stellen. Eine gesunde Verbindung von historischer Kritik und Zeitkritik trifft man eher bei katholischen Theologen und bei Geschichtswissenschaftlern an als in der evangelischen Theologie. Dabei sind wir heutigen Evangelischen Zwerge, die Martin Luther nur deswegen den Kopf waschen können, weil wir auf seiner Schulter stehen.

Als Jugendlicher las ich nicht nur Luther, sondern auch den theologisch heute für mich schwer erträglichen Gilbert Keith Chesterton *(„The Everlasting Man")* und den immer noch sehr erträglichen C.S. Lewis *(„Mere Christianity")*. Die „Göttliche Komödie" von Dante hatte ich gelesen, bevor ich wusste, wer Karl Barth war und was dialektische Theologie ist. Als ich später daran ging, Barth zu lesen, wurde nichts daraus, vermutlich weil ich (wie mir später ein Barth-Kenner erläuterte) am falschen Ende begann. Ich las nämlich zuerst seine Ethik, und die war, um es vorsichtig auszudrücken, für einen Naturwissenschaftler ungeeignet. John Bunyan, George MacDonald, Karl Jaspers und Pascal Jordan kamen für mich vor

Wolfhart Pannenberg und Emil Brunner. Meine theologische Lektüre war also sehr bruchstückhaft und erratisch – bis ich als Weltanschauungsbeauftragter pflichtgemäß neue evangelische Theologen lesen musste. Dabei entdeckte ich, allerdings recht spät, viele gute und hilfreiche Texte.

Ich hätte Theologie sicherlich systematischer und sorgfältiger lesen können. Aber einen Vorteil hat der theologisch-philosophische Flickenteppich: Die Flicken stammen aus unterschiedlichen Epochen und Theologien, und ich wäre nie auf die Idee gekommen, sie in eine einzige Kategorie „vorwissenschaftlich" oder gar „magisch" zu packen. Zum Beispiel ist die Kosmologie der „Göttlichen Komödie" nicht die der heutigen Naturwissenschaft, sondern die des Almagest, also die klassisch ptolemäische Astronomie. Aber was ist an dieser Astronomie magisch? Sie ist nichts anderes als eine frühere Stufe kosmologischen Wissens, gedeutet durch die scholastische Theologie. Ich kann keinen Grund dafür erkennen, die Theologie zu verwerfen, weil Dantes Astronomie nicht auf dem heutigen Stand war. So unterschiedlich die Weltbilder der angeführten Autoren sind, so beeindruckend ist, wie viel sie – sofern sie Christen sind – dennoch theologisch gemeinsam haben. Eine dieser Gemeinsamkeiten ist, dass sie alle – von Paulus bis MacDonald – ein Handeln Gottes mit dieser Welt sowohl im Ganzen als auch im Einzelnen denken können. Es ist nicht nur Kolonialismus, sondern sogar Provinzialismus, wenn man Gedanken aus mehr als zwei Jahrtausenden pauschal für unwahrscheinlich erklärt und den eigenen Ideen pauschal alle Wahrscheinlichkeit zuschreibt. Skurrile provinzielle Sitten haben durchaus ihren Charme, wie Gamsbärte, Bollenhüte und das „wissenschaftliche Weltbild". Aber passend bekleidet ist man mit ihnen nur in der eigenen Provinz.

Die biblischen Wunder

Wie dachten die Autoren biblischer Wundererzählungen, wenn das Wort „mythologisch" oder „magisch" nicht passt? Sie dachten jedenfalls nicht wie unsere Zeitgenossen, auch nicht wie heutige Esoteriker und Fundamentalisten. Pauschal gesagt, und mit allen genannten Vorbehalten, war die von Gott geordnete Welt für die biblischen Autoren ein möglicher Wirkungsort von Wesen und Mächten, die dem Menschen dienlich oder bedrohlich sein konnten, und die wir „übernatürlich" nennen würden. Aber sie unterlagen der Macht Gottes ebenso wie diejenigen Mächte, die wir heute als „natürlich" bezeichnen würden. Die Unterscheidung zwischen „natürlich" und „übernatürlich" gab es in der Antike nicht, sie ist ein Element des „wissenschaftlichen Weltbilds". Ungewöhnliche Ereignisse sind aus biblischer Sicht eine Folge ungewöhnlicher Situationen, in denen die Mächte und Kräfte der Welt (ob „natürlich" oder „übernatürlich") auf besondere Weise wirken und in denen Gott in besonderer Weise wirkt. Sie zu erklären bedeutet, die Besonderheiten der Situation zu erklären. Entscheidend ist dabei, in welchem Verhältnis das Geschehen zum Willen Gottes steht. Auch heute sollen und können wir diese entscheidende Frage stellen und müssen dazu nicht zwischen erklärbaren und unerklärbaren Vorgängen unterscheiden. Aber wie sortieren wir dann die biblischen Wundererzählungen nach ihrem Gewicht für den Glauben? Sortieren sollten wir, denn man muss schon ein extremer Bibelfundamentalist sein um zu behaupten, dass es genauso bedeutsam ist, ob Sonne und Mond über dem Tal Ajjalon stillstanden (Josua 10,13-14), wie dass Jesus als Lebendiger und Auferstandener seinen Anhängern begegnete. Aber eine solche theologische Klärung ist nicht Gegenstand dieses Buchs.

Die Gesprächslage in unserer Gesellschaft hat sich außerhalb der akademischen Welt jedenfalls nachhaltig verändert. Der naive Wissenschaftsglaube der Mehrheit ist inzwischen mit einer ebenso naiven Subjektivität verbunden. Es ist in letzter Instanz nicht mehr die Wissenschaft, die bestimmt, was wahr ist, sondern das autonome Selbst. Die meisten Menschen sind zwar Realisten insofern, als sie ihre Weltsicht für eine Realität halten, an der es für sie keine Zweifel gibt. Zwischen dem Bild der Welt in ihrem Kopf und der Welt selbst erleben sie keine Spannung. Wenn jemand heute sagt: „Ich kann mir Gott nicht vorstellen", ist das kein Eingeständnis eigener Schwäche oder Begrenzung, jedenfalls meistens nicht. Es ist eine Aussage darüber, was im Moment für diesen Menschen gilt. In diesem

Fall ist gemeint, dass Gott keine Rolle spielt – zumindest jetzt und in dieser Form nicht. Denn die Subjektivität macht das Denken zeit- und situationsabhängig, morgen kann das Welt- und Gottesbild wieder umkonstruiert werden. Religiöse und scheinbar wissenschaftliche (naturalistische) Welterklärungen werden beide mehr oder weniger akzeptiert, falls sie passen und sobald sie passen. Allerdings haben die „wissenschaftlichen" meist immer noch (außer bei Esoterikern und Fundamentalisten) den höheren Wahrheitsgehalt. Aber die Entscheidung, was jeweils gelten soll, liegt beim autonomen Selbst.

Das Hindernis für den Glauben ist also nicht das „Übernatürliche", sondern die unverfügbare Gottesbeziehung der Welt, des Menschen und der eigenen Existenz. Das Hindernis für den Glauben ist, dass nicht der glaubende Mensch im Mittelpunkt seiner Wirklichkeit steht, sondern sein Gott. Dass dieser Glaube „übernatürliche" oder besser unerklärliche Erfahrungen einschließt, bereitet an sich wenigen Menschen Probleme. Das war auch in der Antike nicht viel anders: Als Jesu Anhänger nach Ostern von seiner Auferstehung hörten, waren sie ebenso skeptisch wie wir es sein würden. Manche Jünger hielten es nach den Berichten in den Evangelien und der Apostelgeschichte für möglich, dass die Erscheinung Jesu eine Geistererscheinung sei. Darauf würden, nebenbei gesagt, auch unsere heutigen Esoteriker als Erstes kommen. Damit hätten sie sich aber leicht abfinden können. Dass es sich bei der Auferstehung Jesu nicht darum handelte, sondern um eine monumentale Zeitenwende von Gott her, die aus ihrem Weltbild (und unserem) völlig herausfiel, überforderte ihr Vorstellungsvermögen. Nur durch drastische Demonstrationen ließen sie sich von der soliden, leiblichen Existenz Jesu überzeugen. Ebenso ist heute nicht das Problem, dass der auferstandene, gegenwärtige Christus etwas „Übernatürliches" ist. Genau genommen sollte man es vermeiden, theologisch so zu reden. Das Problem ist, dass wir nicht über ihn verfügen, sondern er über uns.

Christlicher Anti-Okkultismus

Der evangelikale Protest gegen das „wissenschaftliche Weltbild" hat eine unangenehme Seite, die erwähnt werden muss: Viele evangelikale Autoren gehen davon aus, dass Esoteriker und Okkultpraktiker reale Magie wirken können, dass diese magische Macht aber von Satan und seinen Dämonen verliehen wird. Sie meinen also, dass diese die Macht hätten, die Schöpfungsordnung aufzuheben, in der es „mit rechten Dingen zugeht". Damit ist eine theologische Aufwertung Satans verbunden, die gelegentlich so weit geht, dass das menschliche Leben als ein Schlachtfeld zweier (fast) gleich starker Mächte dargestellt wird. Dann meint man auch, dass die Magie dem Teufel ein besonderes Anrecht auf Menschen gibt, die pendeln, spiritistische Medien befragen, Horoskopen vertrauen, Karten legen und an anderen okkulten Praktiken teilnehmen. Es entsteht angeblich dabei eine okkulte Belastung. Auch Gegenstände können „okkult belastet" sein und den Dämonen Zugriff auf einen Menschen, ein Haus oder eine Familie verschaffen. Eine okkulte Belastung, vor allem magisch wirksame Flüche, können nach dieser Auffassung über mehrere Generationen hinweg wirken. Sie werden nicht durch Gebet, Reue und Vergebung entmachtet, sondern ein besonderer „Befreiungsdienst" ist dafür nötig. Kirchen und Theologen, so wird gesagt, verharmlosen die Gefahr des Okkultismus, weil sie nicht mehr wagen, von der realen Existenz von Dämonen und von einem unsichtbaren Reich Satans zu reden. Ein „Klassiker" dieser Richtung war der badische Pfarrer Kurt E. Koch (1913 bis 1987). Er verbreitete seinen Anti-Okkultismus in zahlreichen Büchern, die eine große Rolle in der evangelikalen Bewegung spielten und bis heute zitiert werden. Die neuere Literatur dazu kommt aus den USA. Rezipiert wird sie anders als Koch (der im Pietismus viel gelesen wurde) vor allem unter charismatischen Evangelikalen.

Wir können den vielfältigen Varianten des Anti-Okkultismus hier nicht nachgehen, wer einen Eindruck haben möchte, gebe das Stichwort „okkulte Belastung" bei Google ein. Es lohnt letztlich nicht, sich mit Einzelheiten aufzuhalten, denn die Vorstellung einer okkulten Belastung ist nicht biblisch. Sie geht auf die Idee des Teufelspakts zurück, die in der frühen Neuzeit entstand. Man meinte in der Renaissance-Magie (etwa ab dem Jahr 1400), man könne schwarze Magie betreiben, indem man seine Seele Satan verschreibt, der im Gegenzug dienstbare Dämonen zur Verfügung stellt. Allerdings musste ein Renaissance-Magier, um Macht über Dämonen zu erhalten, einen formalen Vertrag mit dem Teufel schließen. Der heutige Anti-Okkultismus setzt noch eins darauf: Er betrachtet jede okkulte Betätigung als Teufelspakt, auch wenn die betreffenden Personen nichts dergleichen beabsichtigen. In der Bibel gibt es solche Vorstellungen weder dem Wortlaut noch dem Sinn nach. Auch magische Macht von Gegenständen gibt es nicht. Magie war sowohl in der antiken Umwelt des Alten Testaments als auch in der griechisch-römischen Kultur des Neuen Testaments ein selbstverständlicher Bestandteil des Alltags. Die Frage nach dem Stellenwert magischer Praktiken war für Juden und Christen also durchaus präsent. Das Gesetz Israels verbietet Magie, weil es sich dabei in der damaligen Antike so gut wie immer um Teil eines heidnischen Kults handelte. Sich an dessen Praktiken zu beteiligen, war Götzendienst. Apostelbriefe und Apostelgeschichte betrachten magische Praxis als Mangel an Gottvertrauen. Über die Herkunft magischer Kräfte, und ob es diese überhaupt gibt, kann man aus der Bibel wenig entnehmen. In der Lehre Jesu, wie die vier Evangelien sie überliefern, kommt das Thema nicht vor. Die großen Propheten (Jesaja, Jeremia) betrachten die Magie der Religionen des Zweistromlands im Wesentlichen als menschliche Täuschung und Überheblichkeit. In der Apostelgeschichte wird nicht davon ausgegangen, dass die Berufsmagier dieser Zeit etwas bewirken können. Im Neuen Testament wird von Christen berichtet, die kein Fleisch verzehrten, das den Götzen geweiht worden war. Nach Paulus hat jedoch selbst solches Fleisch keinen negativen Einfluss auf den Menschen (1. Korinther 8). Worauf ein Mensch vertraut und was Macht über ihn hat, entscheidet sich in ihm selbst, nicht durch Gegenstände und magische Rituale. In der Apostelgeschichte ist die Zauberei deshalb eine ganz „normale" Sünde, die mehr mit Lüge und Selbsttäuschung zu tun hat als mit irgendwelchen dunklen, übersinnlichen Kräften. Auch die seelsorgerische Erfahrung spricht gegen den christlichen Anti-Okkultismus. Menschen, die sich mit magischen Praktiken wie Wahrsagen und Pendeln helfen wollen, sind Menschen, die versuchen, ihr Leben ohne Gott zu bewältigen. Ihnen gilt die Einladung zum Glauben wie anderen auch. Die Angst vor okkulter Belastung und vor Flüchen, noch dazu über mehrere Generationen, ist mit der „Freiheit eines Christenmenschen" nicht vereinbar. Wenn sich Schuld und Unheil in einer Familie von einer Generation zur nächsten fortsetzen, handelt es sich um Verstrickungen, die durch innere und äußere Umkehr und Vertrauen auf Gott gelöst werden. Dabei hilft keine christliche Gegenmagie, sondern Seelsorge und unter Umständen fachliche Beratung und medizinisch-therapeutische Hilfe.

An den Teufel glauben?

Aber wie steht es mit der Existenz eines als übernatürliche Person verstandenen Teufels? Hat die evangelische Kirche den Glauben an Satan als Person aufgegeben und damit das Zeugnis der Bibel verlassen? Allerdings glauben Christen an Gott, nicht an den Teufel. Der Glaube an den dreifaltigen Gott wird in den traditionellen Bekenntnissen von allen Christen ausgesprochen. Der Teufel ist weder in diesen Bekenntnissen noch in der Bibel Gegenstand des Glaubens. Auch die Allianzbasis folgt dieser Tradition und erwähnt den Teufel nicht. In der Bibel ist unterschiedlich von der Macht des Bösen die Rede. Im Alten Testament schickt Gott das Gute, aber auch das, was den Menschen als böse erscheint, zum Beispiel den „bösen" Geist, der Saul überkommt (1. Samuel 16,14). Für eine böse Macht außerhalb der Macht Gottes ist kein Raum. Die Figur des Satan, die nur an ganz wenigen Stellen des Alten Testaments vorkommt, ist keine eigenständige böse Macht, sondern im Auftrag von Gott stellt sie sich quer, versucht jemanden oder klagt jemanden an. Für Dämonen gibt es keinen Begriff.

Zwischen der Abfassung des Alten Testaments und dem Auftreten Jesu entstand im Frühjudentum unter dem Einfluss persischen Denkens eine ausgearbeitete Teufels- und Dämonenlehre. Das Neue Testament entstand in einer Umwelt, in dem dieses Reden von übersinnlichen Mächten gang und gäbe war. Die Satans- und Dämonenvorstellungen kommen in ihm dennoch nur am Rand vor und haben im Lichte des endzeitlichen Kommens Jesu keine große Bedeutung mehr. Manche Texte sprechen von der Macht des Bösen wie von einem personenhaften Wesen, genannt Satan. Er ist der, der sich den Plänen Gottes querstellt und sie bekämpft. Im Griechischen ist er der Diabolos, der Durcheinanderwerfer, der versucht, sich dem Kommen des Gottesreiches zu widersetzen. Seinen einzigen Auftritt als Person hat Satan in der Versuchungsgeschichte. Und da fällt auf, dass er die Verkörperung der Stimme ist, die Widerspruch einlegt gegen Jesu Weg. Eigene Macht scheint er nicht zu haben. Macht hat er allerdings über den, der sich verführen lässt. Die Macht, Wunder zu vollbringen, hat Jesus. Satan kann nur versuchen, ihn zu einem Missbrauch dieser Macht zu bewegen.

Es kommt letztlich also nicht darauf an, ob man sich das Böse personenhaft vorstellt oder wie in vielen biblischen Texten als anonyme „Mächte und Gewalten". Wichtig ist, festzuhalten, dass Christus diese Mächte besiegt hat. Zwar gebärden sie sich immer noch gewaltig. Wer sich aber an Christus hält und im Vertrauen auf Gott lebt, den können Mächte und Gewalten nicht trennen von der Liebe Gottes (Römer 8,38 f.). Es genügt, wenn wir uns von den Mächten und Kräften befreien lassen, die uns von Jesus Christus fernhalten. Jesus spricht sie an, es handelt sich nüchtern und realistisch um Angst, Hass, Neid, Sorgen ums Eigene, Eigenwillen, Geiz, Habsucht und Misstrauen. Wenn wir das Böse in diesen Formen bekämpfen, haben wir mehr als genug zu tun.

Zusammenfassung

Die evangelikale Bewegung bekräftigte den „übernatürlichen" Charakter der heilsgeschichtlichen Ereignisse und die Möglichkeit, dass Gott Wunder tut, weil der Zeitgeist und der theologische Rationalismus dem widersprachen. Auch der übernatürliche Charakter der Bibel wurde bekräftigt. Damit geriet die Bewegung in Konflikt zur Naturwissenschaft, allerdings zu Unrecht, da die recht verstandene Naturwissenschaft zum Schöpfungsglauben und zum Handeln Gottes in der Welt nichts zu sagen hat. Sie widerspricht dem magischen Denken, aber nicht dem biblischen Schöpfungsglauben. Da heute viele Menschen magisches Denken und einen naiven Wissenschaftsglauben verbinden, ist die Gesprächslage für Christen anders geworden. Der Widerstand gegen den Glauben hat mehr mit der für heutige Menschen schwer zu akzeptierenden Souveränität Gottes zu tun als mit seinem „übernatürlichen" Wirken in der Welt. Aus der Kritik am innerweltlichen Zeitgeist entstand in Teilen der evangelikalen Bewegung ein Anti-Okkultismus, der selbst magisches Denken ist. Dieser Anti-Okkultismus kann sich nicht auf die Bibel berufen.

Ein Wissenschaftler begibt sich in die evangelikale Glaubenswelt

Der Wissenschaftler aus einem fernen Land möchte mehr über die Religion der Evangelikalen herausfinden. Er weiß, dass sie für den Stamm eine zentrale Bedeutung hat. Mitglied ist man nicht durch seinen Wohnort oder durch bestimmte Trachten und Sitten, manchmal nicht einmal durch Abstammung, sondern dadurch, dass man den Glauben des Stammes annimmt. Wenn man das tut, kann man sich einweihen bzw. initiieren lassen und sich einem der Clans anschließen. Um mehr über die evangelikale Religion zu erfahren, verlegt sich der Wissenschaftler auf die Methode des teilnehmenden Beobachtens. Die meisten Clans erweisen sich als gastfreundlich, er kann an ihren Clantreffen und religiösen Feiern teilnehmen. Dabei geht es familiär zu. Dem Wissenschaftler gefällt die lockere Art, in der diese gastfreundlichen Clans ihre Kinder in die Feiern einbinden und Außenstehende willkommen heißen. Es gibt auch große Stammestreffen, die öffentlich sind und von Mitgliedern besucht werden, die von weither kommen und sich untereinander nicht kennen. Bei einer dieser Konferenzen wird die Ansprache eines evangelikalen Häuptlings als Live-Video in ein großes Zelt übertragen und auf einer Leinwand gezeigt. Die Ansprache endet mit der Aufforderung, sich vorne im Zelt zu versammeln, um sich dem Stamm anzuschließen oder – das wird dem Wissenschaftler nicht gleich verständlich – sich zu besonderer religiöser Hingabe zu verpflichten. Der Wissenschaftler ist von diesem geheimnisvollen Ritual erst einmal verwirrt. Die Sache klärt sich, als er anschließend mit einigen jungen Evangelikalen ins Gespräch kommt. Die erzählen ihm, dass diejenigen, die sich vorne versammelt hatten, ein Ritual namens „Lebensübergabe" vollzogen hätten, mit dem man seine religiöse Überzeugung besonders bekräftigt. Da alle seine Gesprächspartner vor diesem Ritual bereits zu einem evangelikalen Clan gehörten oder im Stamm aufgewachsen waren, schließt der Wissenschaftler, dass es sich bei der sogenannten

„Lebensübergabe" um ein religiöses Initiationsritual handelt. Man wird dadurch, so meint er, zum erwachsenen, mitverantwortlichen Stammesangehörigen. Seine Hypothese wird dadurch bestärkt, dass ihm zwei Leute sogar ein Dokument vorzeigen, in dem das Datum ihrer „Lebensübergabe" eingetragen ist und das sie mit ihrer Unterschrift versehen haben. Damit ist für den Wissenschaftler bewiesen, dass es sich um einen typischen Passageritus handelt. Er ist sehr überrascht, als seine Gesprächspartner dieser Hypothese widersprechen. Sie versichern ihm, das Ritual „Lebensübergabe" hätte nichts mit ihrer Stellung im Stamm zu tun, sondern sei ein persönlicher Akt, mit dem sie durch eine eigene Entscheidung ihr Leben verändert hätten.

Dem Wissenschaftler wird dadurch bewusst, dass ihm noch viele Informationen fehlen, um die Religion der Evangelikalen zu verstehen. Er beschließt, an kleinen Gruppentreffen und religiösen Gesprächskreisen teilzunehmen. Das erweist sich in vielen Fällen als problemlos. Er wird von einem pietistischen Clan eingeladen, sich als Gast an einem rituellen Treffen namens „Stunde" in einem Gemeindehaus zu beteiligen. Auch ein Clan von Bibelgläubigen erweist sich als gastfreundlich. Allerdings handelt sich der Wissenschaftler von anderen Clans auch Absagen ein. Ihm wird zum Beispiel gesagt, nur Mitglieder des eigenen Clans dürften an einem Treffen namens „Hauskirche" in einer Privatwohnung teilnehmen. Der Wissenschaftler nimmt die Angebote an, die man ihm macht, und besucht nach und nach mehrere religiöse Treffen an verschiedenen Orten. Er stellt fest, dass es immer darum geht, im Heiligen Buch des Stamms zu lesen und sich über den Inhalt zu verständigen. Manchmal redet man in dem Treffen über grundsätzliche religiöse Fragen, oft aber auch über praktische Fragen des Alltags. Der Wissenschaftler stellt fest, dass das Lesen des Heiligen Buchs besonders dann, wenn es um Lebensfragen geht, sehr unterschiedliche Ergebnisse hat. Was die jeweilige Gruppe aus dem Heiligen Buch entnimmt, hängt nach seiner Beobachtung weniger von dem ab, was in dem Text steht, als von dem, was die Clanmitglieder von vornherein für richtig halten.

Nach und nach ergibt sich für den Wissenschaftler eine Arbeitshypothese. Er schließt nämlich, dass die Evangelikalen Religion vorwiegend als Inhalt ihres persönlichen Bewusstseins verstehen. Es ist nicht wie bei den von ihm bisher untersuchten Stämmen, für die Religion eine gemeinschaftliche religiöse Wirklichkeit ist, an der man durch das gemeinsame kultische und kulturelle Leben teilhat. Deshalb interpretieren die Evangelikalen Texte des Heiligen Buchs so, wie es in ihrem kleinen Kreis üblich ist. Deshalb kümmert es sie wenig, dass andere Evangelikale dem nicht zustimmen. Sie praktizieren ihre Religion nicht, so schließt er, indem sie sich an einer religiösen Tradition beteiligen und deren Symbole benutzen, sondern indem sie den religiösen Wahrheiten, die für sie gelten, immer wieder persönlich zustimmen. Manche tun das jeden Tag in einem Ritual namens „Stille Zeit", manche lesen jeden Tag in einem kleinen Buch namens „Losungen", manche besuchen jede Woche einen religiösen Zirkel ihres Clans. Jedenfalls ist es für sie wichtig, dass sie die religiösen Wahrheiten ständig persönlich bekräftigen. Eine derart individuelle, auf das eigene Bewusstsein konzentrierte Auffassung von Religion ist dem Wissenschaftler bisher noch nie begegnet. Deshalb nimmt er sich vor, weitere Forschungen anzustellen, um seine Arbeitshypothese abzusichern.

Teil II

Das fromme Bermuda-Dreieck: zwischen Martin Luther, den Fundamentalisten und den Schwärmern

5. Evangelikal zum Ersten: die Lebensübergabe

Nach dem britischen Geschichtswissenschaftler David Bebbington wird die evangelikale Bewegung durch vier Grundhaltungen charakterisiert[17]:
- Bekehrungsorientierung: die Überzeugung, dass sich das persönliche Leben ändern muss.
- Aktivismus: Das Evangelium muss zu persönlichem Einsatz führen.
- Biblizismus: eine besondere Hochschätzung der Bibel.
- Opferorientierung: eine besondere Betonung des Opfers Jesu am Kreuz.

Nach Svenja Hardecker[18] sollte diese Liste heute durch die fünfte Grundhaltung ergänzt werden:
- Überkonfessionalität: eine geringe Kirchenbindung und Orientierung an Gleichgesinnten.

Glaube, Umkehr und das neue Leben

Wir werden uns in diesem zweiten Teil des Buchs an der Liste von fünf Grundhaltungen orientieren, allerdings nicht in dieser Reihenfolge und nicht ganz an den von Bebbington beschriebenen Inhalten. Auf jeden Fall trifft jedoch der erste Punkt zu: Der Glaube beginnt aus evangelikaler Sicht mit einer bewussten Entscheidung des Einzelnen, die oft datierbar und beschreibbar ist. Nicht selten wird sie durch ein Gebet der Lebensübergabe vollzogen, das man vorformuliert in vielen Varianten im Internet finden kann. Manchmal sehen die Formulare vor, dass man das Datum einträgt und mit seiner Unterschrift versieht, so als habe man mit Gott einen Vertrag geschlossen. Während der von Nürnberg aus an viele Orte übertragenen Missionsveranstaltung Pro Christ 2013 sprach Ulrich Parzany das Gebet der Lebensübergabe seinen Zuhörerinnen und Zuhörern in einer offenen Form vor. Pro Christ wird alle zwei bis drei Jahre von einem eigenständigen Verein organisiert, ist aber mit der Evangelischen Allianz personell eng verbunden. Das Gebet lautete:

„Jesus, ich danke Dir, dass Du mich so sehr liebst.
Ich habe Deine Einladung gehört und öffne Dir mein Leben.
Ich bekenne Dir meine Schuld und bitte Dich um Vergebung.
Ich danke Dir, dass Du am Kreuz für mich gestorben bist
und dass Du alle meine Sünden vergeben hast.
Mein ganzes Leben soll Dir gehören.
Dir will ich vertrauen. Dir will ich folgen.
Du bist mein Herr.
Zeige mir Deinen Weg.
Ich danke Dir, dass Du mich angenommen hast. Amen."[19]

Warum soll eine Bekehrung ein besonderes Merkmal der evangelikalen Bewegung sein? Gehört sie nicht zum christlichen Glauben wesentlich dazu? So allgemein gesagt ist das richtig. Dennoch fällt auf, dass es nicht der Sprache des Neuen Testaments entspricht, wenn die Bekehrung als eine Lebensübergabe beschrieben wird. Das Neue Testament benutzt vor allem die Begriffe Umkehr und Glauben. Jesus sagt: „Kehrt um und glaubt diese gute Botschaft" (Markus 1,15, NGÜ). Bekehrung bedeutet Umkehr, Richtungswechsel. Paulus schreibt den Christen in Thessalonich, dass „ihr euch von den Götzen zu Gott bekehrt habt, um dem lebendigen und wahren Gott zu dienen" (1. Thessalonicher 1,9, EIN). Das griechische Wort, das er dabei benutzt, bedeutet „hinwenden zu". Dahinter steht die Vorstellung, dass Menschen in der Welt unterwegs sind, aber nicht erkennen, was sie wirklich sind und was die Welt wirklich ist. Sie bewegen sich orientierungslos und im Dunkeln, sie schlafen und sind betrunken, wie es Paulus drastisch ausdrückt (1. Thessalonicher 5,1-8). Vor allem erkennen die Menschen nicht, dass sie sich von Gott, der Quelle des Lebens, entfernen. Sie müssen deshalb aufwachen und ihren Kurs in Richtung „Gott" korrigieren, um das Ziel ihres Lebens zu erreichen.

Dabei ist die unverrückbare, vorgegebene Wirklichkeit Gottes und seiner Schöpfung der Bezugsrahmen der Umkehr. Das Leben wird in diesem Bezugsrahmen gelebt, ob man das im Glauben weiß und sich von Gott den Weg weisen lässt oder ob man sich dagegen verschließt und sich den Weg nicht weisen lässt. Bekehrung bedeutet Ersteres, Unglauben bedeutet Letzteres. In beiden Fällen gehört das Leben, das der Mensch lebt, nicht ihm selbst. Er ist der Welt Gottes und den Mächten in ihr ausgeliefert. Die Vorstellung, das Leben sei so etwas wie ein Besitz des Menschen, den er Gott überlassen kann oder auch nicht, ist ein Merkmal neuzeitlichen Denkens. Das autonome Ich kann – so diese Vorstellung – seine Autonomie durch einen Willensakt oder durch eine bewusste Entscheidung aufgeben und sich Gott unterstellen. Niemand schrieb dem Menschen früher eine solche Freiheit zu. Die biblischen Autoren gehen selbstverständlich davon aus, dass es Autonomie den Weltmächten gegenüber nicht gibt, schon gar nicht Gott gegenüber. Insofern könnte man sagen, dass die Rede von der Bekehrung als Lebensübergabe ein Zugeständnis an die Denkweise des heutigen Menschen ist. In dieser „unbiblischen" Sprache wird für ihn verständlich, was Umkehr zu Gott bedeuten kann. Wie viele persönliche Berichte zeigen, wird die „Lebensübergabe" auch oft im Sinn von Glaube und Umkehr verstanden. Besonders für junge Menschen passt diese Sprache. Zu ihren Entwicklungsaufgaben gehört es, ihre Selbstverantwortung auszuweiten, sich die Welt der Erwachsenen zu eigen zu machen und sie mitzugestalten. Wenn sie sagen, sie übergeben ihr Leben Gott, bedeutet es, dass sie diese Entwicklungsaufgabe in der Verantwortung vor Gott und im Vertrauen auf ihn wahrnehmen wollen. Dann ist diese Sprache tatsächlich eine Brücke zur biblisch verstandenen Umkehr.

Die erste und die zweite Wiedergeburt

Im älteren Pietismus war die Sprachregelung anders, ebenso im Methodismus. Beide gingen davon aus, dass ein ernsthaftes Christsein mit der Erfahrung von Bekehrung und Wiedergeburt beginnt. Der Ausdruck bezieht sich auf das Gespräch Jesu mit Nikodemus (Johannes 3,3-8), in dem Jesus sagt, dass der Mensch im Glauben neu geboren wird „aus Wasser und Geist". Man verstand diese neue Geburt als etwas, das als innerlich und persönlich erlebt und datiert werden konnte. Besonders im Methodismus bedeutete dies, dass man von nun an versuchte, das ganze Leben Christus zu unterstellen und ein „ungeteiltes Christsein" zu leben. Dazu gehörten die regelmäßige Gewissensprüfung und eine verbindliche Gemeinschaft mit anderen „Wiedergeborenen" (mehr darüber in Kapitel 7). Die Mehrheit der getauften Christen in der Kirche praktizierte dagegen, so meinte man, einen „Buchstabenglauben", der nicht zum Heil führe. Der Unterschied zur heutigen evangelikalen Bewegung liegt darin, dass die Wiedergeburt theologisch im Mittelpunkt stand. Die Bekehrung war danach das Tor zu einem neuen Menschsein, zu einem höheren, geistlichen Leben. Radikale Vertreter dieser Sichtweise meinten, dass Buchstabengläubige die Bibel nicht verstehen könnten. Nur „wiedergeborene Christen" könnten die Heilige Schrift auslegen. Diese Erfahrungstheologie stand in Spannung zur traditionellen Vorstellung, die auch die Reformatoren teilten, dass der Eintritt in das von Gott geschenkte neue Leben die Taufe sei. Um dieser Spannung zu entgehen, half man sich zum Teil damit, dass man von einer „zweiten Wiedergeburt" durch Bekehrung sprach. Diese zweite Wiedergeburt sei nötig, da fast alle als Kind Getauften wieder der Welt verfielen. Ein anderer Ausweg war, wie die Täuferbewegung die Kindertaufe ganz zu verwerfen und die Taufe von der Bekehrung abhängig zu machen. Dann kann sie erst stattfinden, wenn ein Mensch seinen Glauben persönlich bekennt, also frühestens bei einem älteren Kind. Bekehrung und Wiedergeburt fallen dann zumindest äußerlich wieder zusammen. Beide Vorstellungen von Taufe und Wiedergeburt sind in der evangelikalen Bewegung bis heute präsent. Methodisten und Pietisten bejahen die Kindertaufe, die meisten anderen Freikirchen und die charismatischen Evangelikalen praktizieren die Groß- oder auch die Wiedertaufe. Hier, wie bei einigen anderen wichtigen Themen, gibt es große Spannungen in der Bewegung. Der Austausch mit anderen Christen war und ist nötig, um sie fruchtbar zu machen. Manche evangelikale Gruppen und

Strömungen sind sich dessen bewusst und pflegen ökumenische Verbindungen, zum Beispiel der landeskirchliche Pietismus und die meisten älteren Freikirchen. Andere verschließen sich gegen einen solchen Austausch, wie die Konferenz für Gemeindegründung (KFG), die nicht nur die Ökumene ablehnt, sondern sogar die Evangelische Allianz.

Was kann man aus der christlichen Tradition entnehmen, um die Vorstellungen von Lebensübergabe, Bekehrung und Wiedergeburt zu erweitern? Zum Beispiel kann man sich mit der unstreitigen Tatsache befassen, dass es sich bei der Umkehr zu Gott meist nicht um ein lebensgeschichtlich einmaliges und datierbares Ereignis handelt, mit einem klaren Vorher (Unglaube) und Nachher (Glaube). Zwar fängt der Weg des Glaubens für viele Menschen mit einer bewussten, als Einschnitt erlebten Erfahrung an. Sie kann dramatisch sein wie bei Saulus vor Damaskus (Apostelgeschichte 9) oder besinnlich wie bei dem Minister aus Äthiopien (Apostelgeschichte 8,26-39). Aber über die Geschichte der Christenheit gesehen dürften viel mehr Menschen nach und nach in das Leben des Glaubens hineingewachsen sein, ohne dass sie als Beginn ein bestimmtes Datum oder Geschehnis angeben könnten. Auch heute ist dieser Weg die Regel, wie missionstheologische Studien gezeigt haben. Der biblische Begriff der Umkehr gilt auch dafür. Denn es kommt darauf an, dass der Mensch die richtige Richtung einschlägt. Es kommt nicht darauf an, ob er das abrupt oder allmählich tut, ob er sich dessen gleich bewusst ist oder nicht. Martin Luther hätte vielleicht gesagt, dass die Lebensübergabe immer wieder neu geschieht, denn „das christliche Leben ist nicht Frommsein, sondern ein Frommwerden, nicht Gesundsein, sondern ein Gesundwerden, nicht Sein, sondern ein Werden, nicht Ruhe, sondern eine Übung. Wir sind's noch nicht, wir werden's aber. Es ist noch nicht getan und geschehen, es ist aber im Gang und im Schwang. Es ist nicht das Ende, es ist aber der Weg." (Martin Luther, WA 7,336,31-36)

Vom unfreien Willen

In seiner Schrift *„Vom unfreien Willen"* *(„De servo arbitrio")* argumentiert der Reformator sogar gegen eine Entscheidungsmöglichkeit des Menschen. Der Glaube ist für ihn zwar auch ein „Werk", aber eines, das kein Mensch von sich aus tun kann. In die Tiefe dieser Diskussion um Freiheit und Unfreiheit des Menschen gegenüber Gott wollen wir uns nicht begeben. Es genügt der Hinweis auf das, was unter Christen unstrittig ist: Die Zuwendung Gottes zum Menschen geht der Hinwendung des Menschen zu Gott voraus. Im Gleichnis vom verlorenen Sohn geht der Vater dem zurückkehrenden Sohn entgegen und schließt ihn in die Arme, bevor dieser ausspricht, dass er gegen Gott und Menschen schuldig geworden ist. Das Schuldbekenntnis ist keine Bedingung für die Barmherzigkeit des Vaters, sondern eher dessen Folge. Stellen wir uns vor, ein Kind hat im Supermarkt eine Flasche umgestoßen. Die ist zerbrochen und die Mutter bezahlt dafür. Später bekommt das Kind von seiner Mutter zwei Euro geschenkt. Dabei fällt dem Kind ein, dass es der Mutter eigentlich zwei Euro für die kaputte Flasche „schuldet". Daher gibt es ihr die Münze zurück. Die Mutter freut sich darüber, obwohl das Geld von ihr kommt. Ebenso freut sich Gott – so hoffen wir –, wenn ein Mensch ihm „sein Leben übergibt", das ihm sowieso gehört. Der Handel zwischen Mutter und Kind ist kein Ausgleich einer Schuld zwischen unabhängigen Personen. Ebenso ist die Bekehrung eines Menschen zu Gott kein Vertrag zwischen souveränen Vertragspartnern, wie Datum und Unterschrift auf einem „Lebensübergabe-Formular" suggerieren. Gott, der Schöpfer und Retter, ruft den Menschen zur Umkehr und zum Glauben an Christus. Gott, der lebendige Geist, bewegt den Menschen dazu, sich Christus zuzuwenden. Man könnte daher zugespitzt sagen, dass Gott einen Vertrag mit sich selbst schließt, Menschen zu heilen und zu retten. Der Mensch ist aus dieser Sicht eher Vertragsgegenstand als Vertragspartner. Eine andere Formulierung wäre, dass Gott zwar mit dem Menschen einen Vertrag oder Bund schließt. Aber dieser „neue Bund" gilt für uns Menschen bedingungslos, nur Gott unterschreibt den Vertrag. Nur für ihn gibt es eine Vertragsbedingung, die er erfüllen muss bzw. längst erfüllt hat – nämlich als Christus für uns stirbt und aufersteht. Deshalb sollte man wissen, was man tut, und die Verbindung zur Fülle christlicher Erfahrung nicht abreißen lassen.

Ein zweites Beispiel: Das individualistische Verständnis von Bekehrung unter Evangelikalen kann zu einer Engführung werden. Denn dafür ist entscheidend, was sich im persönlichen Denken und Tun abspielt, letztlich das, was im eigenen Bewusstsein registriert wird. Andere Kulturen, auch die biblischen Quellen, betrachten den Menschen dagegen stärker als ein Wesen, das in soziale Bezüge eingebettet ist und an dem teilhat, was seine Gemeinschaft denkt und tut. Deshalb konnte die wohlhabende Purpurhändlerin Lydia in Philippi, als sie durch Paulus zum Glauben kam, sich mit ihrem ganzen Haushalt taufen lassen (Apostelgeschichte 16,11-15). Dem heutigen Denken liegt der Verdacht nahe, der Glaube eines Dieners der Lydia sei nicht echt gewesen, weil dieser Diener lediglich dem Vorbild seiner Herrin gefolgt sei. Schließlich war es nicht seine Entscheidung. Aber für den Diener der Lydia war die Taufe ein Anfang eines neuen Wegs, wie die Lebensübergabe für einen jungen Mann heute der Anfang eines neuen Wegs ist. Dass die Lebensübergabe subjektiv als eigene Entscheidung erlebt wird und die Taufe des Dieners vermutlich nicht, hat letztlich keine Bedeutung. Das Erlebnis der eigenen Entscheidung garantiert nicht, dass der Weg des Glaubens gelingt. Dass man einer fremden Entscheidung folgt, verhindert nicht, dass der Weg des Glaubens gelingt.

Die russisch-orthodoxen Christen in Russland und der Ukraine feiern die „Taufe der Rus" als nationalen Gedenktag. Der historische Ort ist die Taufe des Großfürsten Wladimir in Kiew im Jahr 987 n. Chr. Der machte das Christentum zur Staatsreligion und insofern wurde mit ihm sein Volk getauft. Aus seinem Herrschaftsgebiet ging später das Russische Reich hervor. Die Vorstellung, dass ein Volk getauft werden könnte, nicht nur einzelne Menschen, ist dem modernen Denken fremd. Evangelikale können damit überhaupt nichts anfangen. Sie schließen mehr oder weniger automatisch, dass der Glaube eines Untertanen des Großfürsten von Kiew nicht echt gewesen sein könne, wenn er sich auf Anordnung der Obrigkeit taufen ließ. Das ist jedoch eine neuzeitliche Verengung des Blicks. Die Taufe der Rus eröffnete zahlreichen Untertanen Wladimirs einen Anfang im Glauben, den es ohne diese – sicherlich zum großen Teil politisch motivierte – Wende nicht gegeben hätte. Auch die Einführung des Feiertags 2008 und 2010 hatte selbstverständlich politische Gründe. Weder die Regierung Russlands noch die der Ukraine fördern die Orthodoxie aus christlichem Glaubenseifer heraus. Auch das verhindert nicht, dass Gott den Feiertag nutzt, um Glauben zu schaffen und zu stärken. Man muss den Missionsbefehl Jesu, alle Völker zu lehren und zu taufen (Matthäus 28,19-20) nicht so individualistisch verstehen, wie ihn Evangelikale (und andere westliche Christen) heute in der Regel auffassen.

Peinliche Ausrutscher

Wir stoßen hier auf eine Schlussfolgerung, die sich durch dieses ganze Buch ziehen wird: Einerseits braucht der Protestantismus die evangelikale Bewegung, um an die Spannung zwischen christlichem Glauben und Modernität erinnert zu werden und Mut zur Auseinandersetzung zu bekommen. Aber ebenso braucht die evangelikale Bewegung die übrige Christenheit, um in dieser Auseinandersetzung nicht rechthaberisch und steril zu werden. Unter Evangelikalen könnte man sich manche Peinlichkeit ersparen, wenn man sich von anderen Christen etwas sagen lassen würde. Ein Beispiel dafür ist, dass evangelikale Gemeinden und Werke auch Kinder ihrer Bekehrungsidee aussetzen, so z.B. das zu den „offenen Brüdern" gehörige Missionswerk Werner Heukelbach. In einem Kalender von 2010 findet sich unter der Überschrift „Möchtest du ein Kind Gottes werden?" in kindgerechter Sprache die Erklärung, dass Gott dem Kind ein liebender Vater sein wolle, dass das Kind aber – wie jeder Mensch – durch seine Sünde von Gott getrennt sei. Gott müsse seine Sünde bestrafen, weil er selbst ohne Sünde sei. Aber glücklicherweise habe Gott Jesus gesandt, der die Strafe auf sich genommen habe, sodass das Kind nun gerettet werden könne. Es müsse nur glauben, dass es Rettung von seiner Sünde brauche und dass Jesus dafür gestorben sei. Das Kind solle folgendermaßen beten und dann in einem dafür vorgesehenen Feld das Datum seiner Entscheidung für Jesus Christus aufschreiben:

„Herr Jesus, ich habe erkannt, dass ich gesündigt habe. Es tut mir leid, dass ich bisher mein Leben ohne dich geführt habe. Bitte vergib mir meine Schuld. Danke, dass du auch für mich am Kreuz gestorben bist. Ich möchte gerne mein Leben unter deine Herrschaft stellen und dir nachfolgen. Bitte hilf mir dabei. Amen."

Was dem Kind hier gesagt wird, ist erst einmal, dass es kein gutes, sondern ein schlechtes Kind ist. Das Kind muss etwas tun, damit es zu einem guten Kind wird, und glücklicherweise ist die Aufgabe, die ihm gestellt wird, leicht zu lösen. Es ist verständlich, wenn Kinder darauf ansprechen. Aber Jesus sagt Kindern zu, dass ihnen das Reich Gottes bereits gehört, nicht weil sie moralisch untadelig sind, sondern weil sie die Schwachen und Hilfsbedürftigen sind, die nichts vorzuweisen haben, sondern sich alles schenken lassen müssen. Deshalb besteht er darauf, dass man die Kinder zu ihm lässt; er nimmt sie in die Arme und segnet sie (Markus 10,14-16). Warum baut das Missionswerk Hürden auf, die Jesus ausdrücklich verwirft? Man muss bedenken, was das Wort „Strafe" für ein Kind bedeutet: Seine Erfahrung ist, dass Eltern und andere Erwachsene ihm Grenzen setzen und es, wenn es sein muss, auch die negativen Folgen seines Verhaltens spüren lassen. Diese „Strafen" bedeuten gerade nicht (hoffentlich!), dass sich seine Bezugspersonen von ihm abwenden, und sie sollten auch nicht signalisieren, dass das Kind prinzipiell schlecht ist. Genauso wird von erzieherischen Strafen Gottes in der Bibel gesprochen: „Wen der Herr lieb hat, den züchtigt er" (Hebräer 12,6). Ein Kind kann durchaus verstehen, dass Regelverstöße in diesem Sinn Strafen nach sich ziehen. (Allerdings sollte man selbst ein „Strafen aus Liebe" für ein Kind tunlichst nicht mit Gott in Verbindung bringen. Die Idee ist für Erwachsene schwierig genug.) Aber wie soll ein Kind es verstehen, wenn man ihm sagt, dass es Strafe verdient, weil es „bisher sein Leben ohne Gott geführt hat"?

Welcher Sünde soll sich das Kind bewusst sein? Die Kalendermacher werden doch nicht allen Ernstes meinen, dass das Kind eine Entscheidung gegen Gott getroffen hat und dadurch schuldig wurde. Man kann nur hoffen, dass unsere Kinder mit den Menschen, die in ihrem jungen Leben für Gottes Liebe einstehen, bessere Erfahrungen machen.

Um die Negativbeispiele fortzusetzen: Es gibt evangelikale Gebete zur Lebensübergabe, die nicht so sorgfältig formuliert sind wie das Beispiel von Pro Christ. Das folgende Gebet stammt aus der charismatischen Strömung des Evangelikalismus. Es soll persönlich ausgefüllt und abgezeichnet werden, damit man es als Dokument der Bekehrung aufbewahren kann:

Lebensübergabe- und Lossagegebet:

„Ich, … (Name), entsage Satan und allen Finsternismächten. Ich löse mich von allen okkulten Dingen, die ich bewusst oder unbewusst selbst verrichtet oder an mir habe geschehen lassen.

Ich löse mich von allen okkulten Flüchen, die entweder durch meine Eltern, Großeltern bis ins 3. und 4. Glied oder durch Bekannte, Freunde, Nachbarn, oder auch durch sexuellen Verkehr, eventuell über mich gekommen sind.

Ich entsage Satan und seiner Macht für die Vergangenheit, Gegenwart und Zukunft. Ganz besonders löse ich mich von folgenden okkulten Sünden: … (namentlich aufzählen!).

Unter dem Schutz des Blutes Jesu Christi wage ich jetzt zu sprechen: Satan, du hast von nun an kein Eigentumsrecht mehr an mir! Der Vertrag mit dir ist gebrochen und die Flüche sind zerstört! Ich habe mich an das Kreuz Jesu Christi gebunden und stehe unter dem Schutz des Blutes Jesu Christi. In Jesu Namen.

Ich, … (Name), übergebe Dir, dreieiniger Gott, Vater, Sohn und Heiliger Geist, in Jesus Christus mein Leben und binde mich für Gegenwart und Zukunft, Zeit und Ewigkeit an das Kreuz von Golgatha, an dem mein Erlöser für mich starb! Das Opfer Jesu Christi nehme ich ganz persönlich für mich in Anspruch. In Jesu Hände lege ich mein Leben und Sterben, meine Zeit und meine Ewigkeit.

Blut Jesu, schütze mich vor aller satanischen Anfechtung.

Heiliger Geist, fülle mich mit Deiner Kraft, damit ich Gott, den himmlischen Vater, mehr und mehr erkennen und IHM dienen kann. In Jesu Namen. Amen."

Man wünscht sich in der evangelikalen Bewegung mehr Mut zur Unterscheidung, um Menschen vor einem solchen kruden, magischen Denken zu bewahren. Man kann es sicherlich nicht der Bewegung insgesamt anlasten, auch nicht das obige Beispiel einer „Lebensübergabe" für Kinder. Aber die Gefahr ist bereits in der Allianzbasis von 1846 erkennbar, nämlich in dem Bekenntnis „... *zur völligen Sündhaftigkeit und Schuld des gefallenen Menschen, die ihn Gottes Zorn und Verdammnis aussetzen*" (heutige, deutsche Formulierung).

Es ist nicht leicht zu sagen, gegen welche Theologie sich der Ausdruck „völlige Sündhaftigkeit und Schuld" richtet und was damit gemeint ist. Vom Zusammenhang her kann man vermuten, dass Selbsterlösungsideen abgelehnt werden sollen: Die Menschheit ist so sehr in Schuld verstrickt, dass sie sich nicht selbst befreien kann. Aber diese Bedeutung muss man hineinlesen. Der Wortlaut meint eher, dass im Menschen nichts Gutes lebt. Das wäre, um es offen zu sagen, purer Unsinn. Jede Lebenserfahrung und jede Seelsorge zeigt, dass im Menschen vieles lebt, was gut ist und Gottes Willen entspricht. Seine Tragik ist, dass das Gute sich nicht durchsetzen kann, dass ohne die Hilfe Gottes auch das Gute in Schwäche und Not endet. Paulus schreibt:

„Wollen habe ich wohl, aber das Gute vollbringen kann ich nicht. Denn das Gute, das ich will, das tue ich nicht; sondern das Böse, das ich nicht will, das tue ich" (Römer 7,18f.).

Wäre der Mensch völlig böse, wäre diese Grunderfahrung nicht möglich. Und das rettende Handeln Gottes ist selbstverständlich nicht weniger wert, wenn es im Menschen etwas Gutes gibt, wenn Gottes- und Menschenliebe zu seinem Wesen gehören. Entscheidend ist, dass der Mensch –

wie viel oder wenig Gutes in ihm sein mag – nicht aus eigener Kraft zu dem Geschöpf werden kann, das er sein sollte. Die Deutsche Evangelische Allianz sollte diesen Bekenntnissatz, der immerhin den dritten Platz unter acht Punkten einnimmt, dringend präzisieren. Sie könnte sich an der britischen Allianz orientieren. Die bekennt sich

> „… zur Würde aller Menschen, die als Männer und Frauen zum Ebenbild Gottes geschaffen sind um zu lieben, heilig zu sein und die Schöpfung zu behüten, die jedoch verdorben sind durch die Sünde, die göttlichen Zorn und Gottes Gericht nach sich zieht."[20]

Es geht also auch anders.

Zusammenfassung

Die evangelikale Bewegung wird durch folgende fünf Merkmale charakterisiert: ihre Betonung der persönlichen Bekehrung, die Verpflichtung zum Einsatz für das Evangelium, den Biblizismus und die Betonung des Opfertods Jesu, dazu ihre Überkonfessionalität. Das erste Merkmal, die persönliche Bekehrung, wird häufig als Lebensübergabe verstanden und ist mit einem Lebensübergabe-Gebet verbunden. Diese Sprachregelung stellt eine Anpassung des biblischen Rufs zur Umkehr an das neuzeitliche Menschenbild dar. Sie ist eine hilfreiche Brücke zwischen christlicher Tradition und modernem Denken, muss aber durch die Weite der christlichen Erfahrung vor Engführungen bewahrt werden. Der Mensch hat aus biblischer Sicht kein Leben, über das er autonom verfügt und das er Gott durch eine Art Vertrag übergeben könnte. Er ist eingebunden in soziale Beziehungen und wird von weltlichen und geistlichen Mächten gelenkt. Lebensübergabe-Aufforderungen an Kinder und magisch-okkultistisch verstandene Übergabegebete sind Beispiele für Fehlentwicklungen einzelner evangelikaler Richtungen.

6. Evangelikal zum Zweiten: die persönliche Beziehung zu Gott

Wenn Evangelikale davon sprechen, was einen Christen ausmacht, ist der wichtigste Punkt, dass man eine „persönliche Beziehung zu Jesus Christus" oder auch „eine persönliche Beziehung zu Gott" hat. Deshalb können wir – mit Vorbehalt – davon ausgehen, dass die Betonung einer persönlichen Gottes- und Christusbeziehung zum Kern evangelikalen Glaubens und Lebens gehört. Wenn man jedoch in manchen bibelfundamentalistischen Kreisen fragen würde, was denn das Wichtigste am Glauben sei, würden viele antworten: „ganz nach der Bibel leben" – was gegenüber dem Glauben als persönlicher Beziehung zu Jesus allerdings eine bedenkliche Verschiebung darstellt.

Jesus als persönlicher Erlöser

Der folgende Bericht über die Entstehung einer evangelikal verstandenen, persönlichen Gottesbeziehung findet sich im Internet. Er ist typisch auch deshalb, weil er davon berichtet, dass die Grundlage dieser Gottesbeziehung eine christliche Sozialisation war, wenn auch keine, die man rundum erfolgreich nennen könnte:

„Ich bin in einer Familie aufgewachsen, in der mein Vater katholisch war und meine Mutter evangelisch ist. Der Glaube an Gott hat im Familienalltag keine große Rolle eingenommen. Als katholisch getauft, hätte ich die klassische Kirchen-Laufbahn genommen: Taufe, Kommunion, Beichte, Firmung. Den Beichtunterricht habe ich abgebrochen, zur Firmung kam es nicht mehr … Von da an war mein Verhältnis zur Religion gestört und mit 25 Jahren bin ich zum Entsetzen meiner Eltern aus der Kirche ausgetreten … Mit dem „unfehlbaren" Papst und seinem Gefolge wollte ich nichts zu tun haben. Mei-

nen Glauben an den „lieben Gott" habe ich jedoch damals nie verloren – auch
wenn er einige Zeit pubertätsbedingt auf Eis lag. Die Grundsehnsucht nach
dem himmlischen Vater und seinen Verheißungen ist mir nie verloren gegan-
gen – Gott sei Dank.

Erst vor wenigen Jahren ist dieses „Verhältnis" zu Gott zu einer erwachse-
nen Reife gelangt. Jahrzehntelang habe ich eine Vater-Sohn-Beziehung ge-
führt, die ähnlich der Beziehung zu meinem irdischen Vater war. Besonders
geliebt habe ich mich gefühlt, wenn man sich so verhalten hat, wie es von ei-
nem erwartet wurde. Die Gunst musste man sich verdienen – durch Schulno-
ten, Studienabschlüsse, Berufswahl, Arbeit etc. ... Vor wenigen Jahren durfte
ich ... ganz neue Erfahrungen mit Gott machen und lernte Jesus kennen. Gott
zeigte sich mir an einem intensiven Wochenende als liebender Vater, der mich
bedingungslos und grenzenlos liebt – unabhängig von meinen guten oder we-
niger guten Entscheidungen und Taten. Er liebt mich so, wie ich bin, und
nimmt mich nicht aufgrund meiner Werke an, sondern weil Er mein Vater ist
und ich dies anerkenne. Durch Jesus bin ich nicht länger getrennt von Ihm,
sondern kann vorbehaltlos zu Ihm kommen ... Jesus habe ich als meinen per-
sönlichen Erlöser angenommen, der für meine Sünden Sein Leben am Kreuz
gegeben hat. Er ist mein Weg, meine Wahrheit, mein Leben und meine Tür
zum Himmel."

„Ich lernte Jesus kennen", sagt der Bericht, und zwar nicht so, wie man
eine historische Gestalt aus der Geschichte kennenlernt, sondern so, wie
man durch eine persönliche Begegnung einen neuen Freund gewinnt. Was
es über Jesu Leben und Werk für einen Jugendlichen zu wissen gibt, hatten
Kirche und Religionsunterricht diesem Mann vermittelt. Das führte aber,
so sagt er, nicht zu einer „persönlichen Beziehung". Die entstand, als er
sagen konnte: „Ich habe Jesus als meinen persönlichen Erlöser angenommen". Die Folgen scheinen rundum positiv zu sein: Entlastung von religiösem Leistungsdruck, Zuversicht für das Alltagsleben mit Gott, Unbe-
fangenheit beim Beten, beim „Reden des Herzens mit Gott in Bitte und
Fürbitte, Dank und Anbetung".

In der Tat drücken viele evangelikale Christen mit solchen oder ähnlichen Worten eine für sie zentrale Glaubenserfahrung aus, nämlich die Erfahrung der Gegenwart und der Ansprechbarkeit eines göttlichen Gegenübers. Für sie gibt es mitten in ihrem Leben ein göttliches „Du", mit dem sie im Gespräch sein können, auf dessen unverlierbare Liebe sie sich verlassen können. Oft wird eine „Stille Zeit" praktiziert, das heißt eine Zeit im Tagesablauf (meist am Morgen), die dem Gespräch mit Gott dienen soll. Eine solche persönliche Beziehung zu Gott bedeutet auch, dass man mit Gottes Einwirken auf das eigene Leben (in theologischer Sprache mit Gottes Welthandeln) praktisch rechnet. Daher gehört die Bitte um Hilfe in Sorgen und Ängsten zu einer solchen Beziehung. Ganz selbstverständlich rechnet man auch mit Wundern, also mit unerklärlichen Erfahrungen und Hilfen, die nicht in den üblichen Gang der Dinge passen. Der praktische Umgang mit Wundererwartungen, zum Beispiel mit dem Gebet um Heilung bei Krankheit, ist allerdings unterschiedlich. Dazu mehr in Kapitel 10.

Aufklärer des 18. und 19. Jahrhunderts hätten die „persönliche Christusbeziehung" der Evangelikalen als Aberglauben bezeichnet und sie vielleicht für eine seelische Störung gehalten. Der gegenwärtige Individualismus verhält sich dem evangelikalen Bekenntnis gegenüber anders, nämlich so wie der Behauptung gegenüber, man könne sein tägliches Müsli mit Pyramidenenergie reinigen oder man habe über ein Medium Kontakt mit Aliens aufgenommen. Alles ist als persönlicher Ego-Trip zulässig, wenn es sein muss, selbst ein tägliches Gespräch mit Jesus. Schließlich reden viele Esoteriker gelegentlich mit ihren Engeln. Deshalb werden Evangelikale (und andere Christen) heute weniger davon angefochten, dass man sie für abergläubisch erklärt, sondern dass man ihren Glauben in den gleichen Topf wirft wie Pyramidenmagie und Voodoo-Rituale. Damit ist in mancher Hinsicht schwerer umzugehen als mit aggressiver Religionskritik. Als die evangelikale Bewegung entstand und bis weit ins 20. Jahrhundert hinein war die aufgeklärte Religionskritik noch wirkmächtiger. Die evangelikale Bewegung verteidigte ihre Gotteserfahrung im Gebet, in der Spiritualität des Bibellesens und Bibelauslegens, in der Hoffnung auf Gottes Hilfe gegen diese Kritik. Die Überzeugung, dass Gott Wunder tun kann, wie sie zum Beispiel die Erklärung der presbyterianischen Kirchen von 1910 betonte, diente nicht nur dazu, biblische Wundererzählungen zu bekräftigen. Nicht nur die Glaubhaftigkeit der Bibel stand infrage, sondern das Wunder der göttlichen Gegenwart im innersten Glaubensleben. In der Tat ist die Behauptung, so etwas zu erleben, genau besehen viel gewagter und schwerer zu glauben als äußerliche Wundergeschichten. Dass sich der Urgrund des Universums, der Quell alles Seienden, zu einer Kommunikation mit Menschen herablässt, sich einzelnen Geschöpfen zuwendet und sich ihrer liebevoll annimmt, so als sei jeder Mensch unter Milliarden Menschen einzigartig – wer soll so etwas ernsthaft glauben? Dass es besondere, magisch befähigte Menschen geben mag, die Kraft ihres Willens einen Sturm beenden oder einen Feigenbaum verdorren lassen können, ist vergleichsweise leicht zu akzeptieren.

Die persönliche Beziehung – wohin sie führt

Wie im letzten Kapitel könnte man fragen, warum die Erfahrung einer „persönlichen Gottesbeziehung" kennzeichnend für Evangelikale sein soll. Diese Erfahrung mag ja für Nichtchristen skandalös unwahrscheinlich sein, aber gilt das nicht für den christlichen Glauben insgesamt? Ist es nicht allgemein christlich, zu beten, sich mit seinen Sorgen und Nöten an Gott zu halten und mit Gottes Hilfe im Leben praktisch zu rechnen, so irrational das alles nach außen wirken mag? Die Antwort ist wiederum, dass das in der Tat so ist. Um zwei Beispiele zu nennen: Teresa von Avila (1515 bis 1582) verstand schon im 16. Jahrhundert das Gebet als ein „Verweilen bei einem Freund". Dieses innere Gespräch sollte nicht an feste Formen gebunden sein, sondern könnte, so die spanische Mystikerin, immer und überall stattfinden. Die ökumenische Bruderschaft von Taizé legt Wert darauf, dass sich die Brüder dreimal am Tag zurückziehen, um in freier Form zu beten. Der Zweck ist der gleiche wie bei der pietistischen „Stillen Zeit". Man könnte zahllose weitere Beispiele aus der Kirchengeschichte anführen. Die Erfahrung einer persönlichen Gottesbeziehung gehört, wenn man sie so allgemein versteht, zum christlichen Glauben dazu oder macht ihn sogar aus. „Christus ist Herr" war das Urbekenntnis der frühen Christen. Aber umgekehrt gilt eben auch, dass diese Grunderfahrung des Glaubens nie an sich plausibel ist, weder für die nichtchristliche Umwelt noch innerhalb der Kirchen selbst. Daher gibt es ständig eine Neigung, den Glauben eingängiger und vernünftiger zu machen, indem man den lebendigen, gegenwärtigen und erfahrbaren Christus aus der ganzen Wirklichkeit des Lebens hinauskomplimentiert. Er soll sich doch bitte auf das Geschäft der Weltregierung beschränken oder auf das Innen- und Gefühlsleben, auf die Durchsetzung der Moral, auf Spiritualität und Mystik, auf das Spenden von Trost und Hoffnung usw. Das war das Anliegen des Deismus und der rationalistischen Theologie, das war auf andere Weise das Anliegen Bultmanns und der späteren „Gott ist tot-Theologie", das ist auch heute immer wieder das Anliegen zahlreicher theologischer Ausflüge in den Zeitgeist. Das Herz der evangelikalen Bewegung, ihre Kraftquelle und ihr Reichtum ist, dass sie diesen Versuchen hilfreicher Selbstverstümmelung widerspricht und festhält: Gottes Wirklichkeit ist ungeteilt, sie ist die eigentliche Wirklichkeit, in der wir und alle Geschöpfe uns bewegen. Unsere menschliche Wirklichkeit ist in diese größere, umfassende Wirklichkeit eingetragen mit allem, was sie ausmacht. In Jesus Christus ist diese Wirklichkeit erfahrbar geworden, sichtbar, hörbar und greifbar. Christen sind Menschen im Gespräch mit dem Absoluten, das sich menschlich gemacht hat, um ansprechbar zu werden, das aber deshalb nicht weniger absolut ist. Daran festzuhalten bedeutet nicht in erster Linie Abgrenzung, sondern ein „darüber hinaus". Denn der Glaube ist all das, was die allzu eingängigen Theologien sagen: Er ist vernünftig, er ist moralisch, er ist eine philosophische Weltdeutung, er ist eine Sache von Gefühlen und Intuitionen, er ist spirituell und meditativ, er ist Mystik, er ist tröstlich und macht Hoffnung und noch vieles mehr. Aber er ist das alles auf einmal, und nicht nur etwas davon.

Allerdings hat das Festhalten an dieser unverzichtbaren Mitte Folgen, die man sich in der evangelikalen Bewegung oft nicht deutlich macht. Eine Folge ist die „Freiheit des Christenmenschen". Wenn ich im Leben und Sterben auf das unbedingte „Ja" Gottes vertraue, wenn gilt, dass Christus Herr ist, sind alle anderen Herren entmachtet. Christen sollen und müssen dennoch miteinander um den richtigen Ausdruck des Glaubens ringen, sie müssen miteinander verhandeln, welches Tun und Lassen in einer gegebenen Situation christusgemäß ist. Dass sie dabei nicht zu einheitlichen Ergebnissen kommen, ist eine der Folgen ihrer Freiheit und muss ertragen werden. Denn der Glaube, der von der Liebe Gottes lebt, entzieht sich jedem menschlichen Urteil, er wird unverfügbar. Das gilt sogar für meinen eigenen Glauben: Ich kann nicht wissen, wie stark oder wie schwach er ist. Noch viel weniger kann ich wissen, wie es um den Glauben anderer steht. Wir müssen sehr wohl unterscheiden und beurteilen. Aber wir beurteilen Worte und Taten, nicht den Glauben und Unglauben der Sprechenden und der Täter. Man kann deshalb sehr wohl zu dem Urteil kommen, dass Theologen an diesem oder jenem Punkt unrecht haben. Man darf sich jedoch nicht das Urteil anmaßen, dass solche Theologen ungläubig seien. Der Glaube eines Menschen, sein sich Verlassen auf Gott und sein Versuch, Jesus nachzufolgen, lassen sich nicht an der Formulierung theologischer Sätze ablesen. Ein theologischer Irrtum ist etwas anderes als Unglaube, ebenso wie unmoralisches Verhalten etwas anderes als Unglaube ist. Rudolf Bultmann hatte den Mut, im Dritten Reich bei der Bekennenden Kirche zu sein, während die Freikirchen (meines Wissens ohne Ausnahme) sich wegduckten und Kompromisse mit den Nazis suchten. Soll man daraus auf ihren Unglauben schließen? Wenn Evangelikale heute meinen, sie könnten zwischen „ungläubigen Pfarrern" und gläubigen unterscheiden, machen sie sich an den Menschen schuldig, über die sie reden.

Es gibt viele Evangelikale, die eine solche Freiheit in der „persönlichen Beziehung zu Christus" schwer ertragen. Sie ist auch schwer zu ertragen, vielleicht ist sie sogar eine Überforderung des Menschen. Sie legen deshalb Kriterien fest, an denen sie ablesen, ob die Gottesbeziehung in „richtiger" Form da ist oder nicht. (In der traditionellen Sprache von Methodismus und Pietismus sucht man festzustellen, ob ein Mensch „wiedergeboren" ist.) Wo diese Kriterien erfüllt sind, so meinen sie, ist die christliche Welt in Ordnung. In Wirklichkeit ist sie nie in Ordnung, es gibt keine heile christliche Welt. Bereits im Vorwort habe ich Martin Luther zitiert mit dem Satz, dass die „heilige christliche Kirche" eine Sache des Glaubens ist. Mit anderen Worten, die Kirche lässt sich nicht als heilig erleben, sie ist immer auch heillos. Und christlich ist sie nicht in dem Sinn, dass ihr die Nachfolge Christi gelingt. Wären Christen und ihre Gemeinschaft heilig, wären sie die Botschaft Gottes an die Welt. Das sind sie nun wirklich nicht, das eine Wort Gottes ist und bleibt Christus selbst. Wir Christen sind im besten Fall ein unvollständiges Echo. Dem stimmen in der Theorie die meisten Protestanten und Evangelikalen zu. (Eine Ausnahme ist die Heiligungsbewegung, über die nachher noch etwas gesagt werden muss.) Aber es ist nicht so einfach, die Schwäche und Vorläufigkeit des eigenen Glaubens praktisch zu erkennen und deshalb mit den Schwächen anderer barmherzig zu verfahren. Es gibt viel zu viele Evangelische, die theologisch versichern, nur Gottes Gnade rette den Menschen, und die danach mit sich und anderen so umgehen, dass man sich fragt, wozu sie die Gnade eigentlich noch benötigen. Gottes Gnade ist aber nicht die Unterschrift unter das Zertifikat unserer Heiligkeit. Gottes Gnade ist das, wovon wir jede Minute leben.

Individuum und Gemeinschaft

So wichtig es ist, dass Evangelikale überzeugend von einer persönlichen Gottesbeziehung reden, so sehr muss also darauf geachtet werden, dass diese Rede nicht einseitig oder eng wird. Auch dafür ist die Weite der christlichen Tradition eine Hilfe. Was eine persönliche Beziehung zu Gott ist, wird nämlich nicht immer so individualistisch gesehen wie unter Evangelikalen. In den meisten Konfessionen spielt die Gemeinschaft eine größere Rolle. Die Gottesbeziehung ist für sie zwar personal, aber nicht persönlich im Sinn von „privat". Dadurch gewinnt das gottesdienstliche Geschehen an Gewicht, ebenso die Rituale, die das Leben begleiten und ordnen. Der Gottesdienst war noch bei Martin Luther ein viel wichtigerer Ort der Gotteserfahrung als für heutige Evangelikale. Andere Kirchen feiern Christus und sein Heil in der römisch-katholischen Messe, in der Heiligen Liturgie der Orthodoxie, im altkirchlichen Zyklus der Jahresfeste. Christus wird dadurch eine Wirklichkeit für den Menschen, dass der Glaubende sich in dieses rituelle Geschehen hineinbegibt und daran teilhat. Es kommt weniger darauf an, was sich im eigenen Denken und Fühlen abspielt, sondern dass das Heil in der Kirche „für mich" und für alle anderen Glaubenden immer wieder geschieht. Dieses an der Gemeinschaft orientierte, vormoderne Verständnis des Glaubenslebens ist heutigen Menschen nur schwer zugänglich. Die Rede von der persönlichen Gottesbeziehung kann also für Menschen eine Brücke bilden, die von Individualismus und Subjektivismus bestimmt sind und mit Gemeinschaftserfahrungen wenig anfangen können. Wiederum gilt, dass es gut ist, solche Brücken zu bauen, aber ebenso gut ist es, dabei die Verbindung zu anderen und in mancher Hinsicht weiteren Erfahrungen der Gottesnähe und des Gottvertrauens nicht abreißen zu lassen. Die Ökumene profitiert von ökumenisch gesinnten Evangelikalen, und diese profitieren umgekehrt von der Ökumene.

Allerdings darf diese Analyse nicht so missverstanden werden, als spiele die Gemeinschaft bzw. die Gemeinde für Evangelikale keine Rolle. Im Gegenteil ist die evangelikale Frömmigkeit in einem bestimmten Sinn (allerdings nicht im „vormodernen" Sinn) eine ausgesprochene Gemeindefrömmigkeit. „Meine Gemeinde" gehört zu „meinem Glauben" dazu. Dabei liegt die Betonung auf dem besitzanzeigenden Fürwort „meine". Im Mittelpunkt stehen Glaubenserfahrung und Überzeugung der Einzelnen, die Gemeinde soll dazu passen. Im älteren Pietismus, bei den Puritanern und den Methodisten wurde die Gemeinschaft noch nicht so individualistisch verstanden. Vielmehr war die Gemeinschaft derer, die sich innerhalb (und manchmal außerhalb) der Kirche zu kleinen „Kirchlein" sammelten, Voraussetzung für das Wirken des Geistes und für die Vertiefung des Glaubens. Vorläufer der heutigen Hauskreise waren die Konventikel oder „Stunden" der Puritaner und Pietisten sowie die „Klassen" und die „Gesellschaften" (societies) der Methodisten. Vor allem die methodistischen Gemeinschaften waren viel verbindlicher angelegt als heutige Hauskreise. Man hatte sich der Prüfung und dem Urteil ihrer Leitung zu unterstellen und strebte in der Gemeinschaft „methodisch" (daher der Name) Wiedergeburt und Heiligung an. Deshalb wechselte man diese Gemeinschaft ebenso wenig wie die Kirche, es gab allerdings mangels Mobilität meist auch wenig Möglichkeit dafür. Das ist heute anders. Man steht als evangelikaler Christ fast überall vor einem Markt von „bibeltreuen" oder „gläubigen" Gemeinden und man entscheidet sich nach den eigenen Bedürfnissen für eine von ihnen. Im Internet gibt es dafür Ratgeber, die den Markt aufschlüsseln und eine „Produktübersicht" vermitteln. Die meisten Evangelikalen stören sich nicht daran. Aber sie sollten sich gelegentlich fragen, ob sie dadurch nicht eine Konsumhaltung entwickeln, die zur „Gemeinschaft der Heiligen" nicht passt.

Zur „persönlichen Beziehung zu Jesus" gehört, dass sich der glaubende Mensch aktiv für das Evangelium und für seine Verbreitung einsetzt (siehe das folgende Kapitel 7). Ebenso wichtig ist, dass diese Beziehung Auswirkungen auf die Lebensführung hat. Das theologische Stichwort dazu ist die „Heiligung", die traditionell als Folge der Wiedergeburt angesehen wird. Der Begriff wird allerdings in unterschiedlicher Weise benutzt. Die alttestamentliche Aufforderung „Darum heiligt euch und seid heilig; denn ich bin der Herr, euer Gott" (3. Mose 20,7) bedeutet, dass sich das Volk Gottes an Gottes Gebote halten soll. Genauso ist es gemeint, wenn der Jakobusbrief mahnt: „Reinigt die Hände, ihr Sünder, und heiligt eure Herzen, ihr Wankelmütigen" (Jakobus 4,8). Denn vorher beklagt der Brief die Habgier und Streitsucht der Adressaten.[21] Heiligung in diesem Sinn bedeutet also, dass das Leben eines Christen besser werden muss; aus dieser Sicht ist das Leben im Glauben ein praktischer Lernprozess. Das Ziel der Heiligung ist – mit einem altmodischen Wort ausgedrückt – ein rechtschaffenes Leben. Auch die Gemeinde bzw. die kleine Gemeinschaft hat über die Rechtschaffenheit ihrer Mitglieder zu wachen. Daraus ergibt sich die Idee einer Gemeinde- oder Kirchenzucht. In Martin Luthers Kirchenlehre spielen solche Überlegungen nur eine geringe Rolle, beim Genfer Reformator Johannes Calvin sind sie dagegen zentral. Dass in der evangelikalen Bewegung die persönliche Heiligung betont wird, liegt am Einfluss der reformierten Tradition und des Methodismus. Die meisten heutigen Freikirchen kommen direkt oder indirekt von ihr her.

Allerdings entstanden aus den zahlreichen Versuchen, durch Gemeindezucht eine „reine Gemeinde" von geheiligten Christen zu werden, immer wieder schlimme Fehlentwicklungen. Deshalb verstand man später unter einem Puritaner nicht etwa einen vorbildlichen Christen, sondern einen gefühlskalten, kleingeistigen und heuchlerischen Moralisten. „Puritanisch" wurde ein Schimpfwort. Bereits in Genf führte die Theologie Calvins, besonders sein Verständnis von Kirchenzucht, zu diktatorischen Auswüchsen, zu Ungerechtigkeit und Grausamkeit. Dennoch lag Johannes Calvin grundsätzlich nicht falsch, als er auf die Erziehung zur Rechtschaffenheit unter Christen Wert legte. Man sollte nur aus der Geschichte des Calvinismus lernen, dass die Verantwortung für die Heiligung des eigenen Lebens bei jedem Christen selbst belassen werden muss. Zwang erzeugt immer mehr Übel, als er beseitigt. Aber man muss sich davor hüten, Heiligung in diesem praktischen Sinn als „äußerlich" herabzuwürdigen. Denn durch Rechtschaffenheit (eigentlich ein gutes Wort) wird viel menschliches Elend verhindert, Leben entfaltet sich, Friede und Freude erhalten einen Raum. Menschen, die treu bei einem anderen Menschen bleiben, anstatt sich bei jeder Schwierigkeit zu verabschieden, Menschen, die freundlich bleiben, wenn andere aggressiv sind, Menschen, die Not sehen und helfen, Menschen, die vergeben, anstatt einen Groll mitzuschleppen, Menschen, die verzichten können, anstatt ihrer Gier nachzugeben, sind ein Segen für sich und ihre Umwelt. Im württembergischen Pietismus gab es den Ausspruch: „Das Vieh im Stall muss es merken, wenn der Bauer ein Christ ist." Das trifft den Nagel auf den Kopf.

Allerdings muss man – so ist es nun einmal in dieser vorläufigen Welt – gleich wieder eine Warnung nachschieben. Zwar muss das Vieh im Stall es spüren, dass der Bauer ein Christ ist – wenn er es ist. Aber der Umkehrschluss ist weder dem Ochsen im Stall noch dem Nachbarn im Dorf erlaubt: Man kann und darf nicht aus der Rechtschaffenheit eines Menschen oder ihrem Mangel auf seinen Glauben schließen. Mit welchen inneren und äußeren Nöten ein Mensch zu kämpfen hat, weiß letztlich nur Gott. Gerade wir Christen in Deutschland sind in der glücklichen Lage, diese Wahrheit ständig demonstriert zu bekommen. Denn unsere Gesellschaft ist zwar mehrheitlich nachchristlich, was religiöse Bindungen angeht. Sie ist aber, was Grundwerte wie Menschenwürde, Nächstenliebe, Gastfreundschaft und Barmherzigkeit angeht, mehrheitlich immer noch christlich. Man müsste blind sein um nicht zu sehen, dass sehr viele kirchen- und religionsferne Menschen bei uns Vorbildliches leisten. Diejenigen distanzierten Evangelischen, die man am Sonntagmorgen selten in der Kirche sieht, trifft man an, wenn der Kindergarten ein neues Dach braucht und wenn Flüchtlinge Sprachunterricht benötigen. Was tatkräftige Güte und Barmherzigkeit angeht, schneiden Evangelikale (und viele andere überzeugte Christen) im Vergleich mit vielen „weltlichen" Mitmenschen bisweilen nicht gut ab. Das ist ein Segen für uns. Wir haben einen Ansporn, nicht hinter die Maßstäbe zurückzufallen, die bei uns glücklicherweise immer noch gelten. Wir werden, wenn wir nicht völlig verblendet sind, vor geistlichem Stolz bewahrt.

Die Heiligungsbewegung

Allerdings ist es dem Menschen immer nur näherungsweise möglich, den Willen Gottes zu tun. Für Luther ist ein Christ „simul justus et peccator", also gleichzeitig gerechtfertigt und Sünder. Hat er recht? Die Frage bringt uns zu einer anderen Bedeutung von „Heiligung", nämlich der Überwindung der Sünde bereits in diesem Leben. Heiligung wird dann als ein Prozess verstanden, in dem der durch Bekehrung wiedergeborene Mensch seine sündige Natur bzw. den „alten Adam" Stück für Stück ablegt. Er folgt Christus nach, indem er seinen Eigenwillen und seine eigenen Bedürfnisse kreuzigt und sich so ganz in einen „neuen Menschen" verwandelt. Eine der Erweckungsbewegungen des 19. Jahrhunderts, die aus dem Methodismus hervorging und später Teil der evangelikalen Bewegung wurde, war das sogenannte „Holiness Movement" oder Heiligungsbewegung. Die

„charismatischen Evangelikalen" stammen kirchengeschichtlich gesehen von ihr ab. In ihr glaubt man, es gebe nach Bekehrung und Wiedergeburt eine zweite Gnadenerfahrung oder einen zweiten Segen Gottes, durch den Christen von jeder Neigung zur Sünde gereinigt würden. Diese Erfahrung völliger Heiligung (englisch: entire sanctification) macht es angeblich möglich, künftig ein geheiligtes Leben ohne bewusste Sünde zu führen. Unbewusste Sünde wird, außer in radikalen Heiligungsgemeinden, jedoch weiter für möglich gehalten.

Diese Theologie steht in direktem Widerspruch zur reformatorischen. Auch Johannes Calvin war davon überzeugt, dass ein Leben im Glauben zwar Erziehung zur Rechtschaffenheit sein soll, dass die „alte Natur" des Menschen aber auch in den besten Christen weiterlebt. Deswegen bleiben sie ständig auf Gottes Vergebung angewiesen.

Ich habe in meinem kirchlichen Dienst immer wieder mit Heiligungsgemeinschaften zu tun gehabt. Das Alltagsleben dieser Mitchristen ist oft vorbildlich, was den Umgang miteinander und mit der Umwelt angeht. Man bemüht sich um Freundlichkeit, vermeidet Streit und beachtet das geltende Recht. Man erfüllt seine Verpflichtungen, ist zuverlässig und kooperativ. Ein Staat kann sich über solche Bürgerinnen und Bürger nur freuen, als Arbeitgeber und Nachbar kann man sich über sie auch nicht beklagen. (Es gibt auch Heiligungsgemeinden, in denen viel innerer Streit herrscht, aber die lasse ich jetzt beiseite.) Wenn man mit diesen Leuten persönlich zu tun hat, braucht es jedoch kein psychologisches Wissen, um den „alten Adam" bei ihnen am Werk zu sehen. Wir alle haben dafür ein gutes Gespür bei anderen, hoffentlich auch bei uns selbst: Überheblichkeit, die durch gute Manieren in Zaum gehalten wird, Aggressivität, die mehr oder weniger stark verdrängt wird, Begierden, die sich nur verklausuliert äußern und so weiter und so fort. Von einer „völligen Heiligung" ist nichts zu bemerken.

Die persönliche Erfahrung weist in die gleiche Richtung. Ein „Wachsen im Glauben" kann man als älterer Mensch sehr wohl bezeugen. Aber das Wachstum besteht, wenn es denn so ist, in einem wachsenden Vertrauen in Christus und in einer wachsenden Abhängigkeit von ihm. In der Sprache der evangelikalen Bewegung könnte man sagen, der Glaube wächst, indem die persönliche Beziehung zu Gott enger und vertrauter wird. Einen fortlaufenden Rückzug der alten, unerlösten Natur kann ich zumindest bei mir selbst nicht beobachten. (Einzelheiten dazu werden nicht mitgeteilt, sie sind privat.) Aber ich bin mir sicher, dass alle Leserinnen und Leser, wenn sie realistisch sind, ihre eigene „alte Natur" als ebenso hartnäckig erleben. Das Bemühen um Rechtschaffenheit ändert an dieser alten Natur nichts, im Gegenteil. Erst wenn man sich um ein gutes Leben bemüht, werden einem die Verstrickungen und Schwächen des eigenen Wesens überhaupt bewusst. Daher erkennt man einen Christen nicht an seiner Sündlosigkeit, was immer das genau bedeuten mag. Heiligung besteht darin, dass ein Christ, obwohl er fehlbar ist und trotz allem, was er durchmachen muss, oder auch bei allem Erfolg im Leben, immer mehr auf Gott vertraut und immer zuversichtlicher aus der Überzeugung lebt, dass er nicht selbst dafür sorgen kann und muss, dass sein Leben sinnvoll und lebenswert wird. Deshalb tun die Evangelikalen gut daran, die theologischen Irrtümer der Heiligungsbewegung nicht fortzuschreiben, sondern sich auf das zu konzentrieren, was sie stark macht: die Freude an der persönlichen Beziehung zu Gott und die Freude daran, in Gottes Namen ihren Mitmenschen Gutes zu tun.

Zusammenfassung

Neben individueller Bekehrung und Lebensübergabe ist die Betonung einer persönlichen Beziehung zu Jesus und zu Gott ein wichtiges Merkmal der evangelikalen Bewegung. Jesus kennenzulernen bedeutet nicht in erster Linie, theologisches bzw. biblisches Wissen zu erwerben, sondern eine Vertrauensbeziehung zum göttlichen „Du" im Alltag und in besonderen Situationen zu erleben. An dieser umfassenden Gottes- und Christuserfahrung festzuhalten, ist Zentrum und Kraftquelle der evangelikalen Bewegung. Der Unterschied zu anderen Konfessionen liegt nicht in der Betonung einer solchen Beziehung an sich, sondern darin, dass ein gemeinschaftliches Erleben des Glaubens in Gottesdiensten, Ritualen und Symbolen hinter dem individuellen Erleben zurücktritt. Die persönliche Gottesbeziehung soll auch zur Heiligung des Lebens in der Praxis führen. Damit kann im Sinn des Neuen Testaments ein Lernprozess in Richtung eines besseren, rechtschaffenen Lebens gemeint sein. Es kann auch im Sinn der Heiligungsbewegung gemeint sein, dass es für Christen möglich ist, schon auf Erden sündlos zu leben. Mit der Rechtfertigungslehre der Reformation ist Letzteres nicht vereinbar.

7. Evangelikal zum Dritten: Kirche, Ökumene und die anderen Religionen

Neben der Betonung einer individuellen Bekehrung und einer persönlichen Jesusbeziehung gibt es weitere Merkmale der evangelikalen Bewegung, die sich aus diesen Punkten mehr oder weniger ergeben. Die Kirchen- und Konfessionszugehörigkeit spielt zum Beispiel für den eigenen Glauben meist eine geringere Rolle als das persönliche Bekenntnis. Man kann davon sprechen, dass die evangelikale Identität in diesem Sinn überkonfessionell ist: Die meisten Evangelikalen fühlen sich mit anderen Evangelikalen in anderen Kirchen und Gemeinden mehr verbunden als mit nicht-evangelikalen Christen ihrer eigenen Kirche. Ebenso führt die geringe Kirchenbindung dazu, dass der reformatorische Grundsatz vom allgemeinen Priestertum aller Gläubigen in der evangelikalen Bewegung selbstverständlich ist. Ein Priesteramt, das durch Weihe bzw. eine apostolische Sukzession hervorgehoben ist wie in der katholischen und orthodoxen Tradition, gibt es nicht. Vielmehr kommt das Lehramt (aber auch das priesterliche Amt insgesamt) aus dieser Sicht allen Christen zu. Sie sollen ihr Urteil an der Bibel bilden und sie gemeinsam mit anderen oder allein für sich auslegen. Die Ausnahme bilden einige Bekenntnis-Evangelikale, die den Grundsatz des allgemeinen Priestertums weniger individualistisch verstehen.

Die selbstständige Gemeinde und die Gemeinde aus Gleichen

Viele, aber nicht alle Evangelikale verbindet ein kongregationalistisches Gemeindemodell. Damit ist gemeint, dass sie die Ortsgemeinde als einen freiwilligen Zusammenschluss von Christen sehen, der seine Angelegenheiten selbstständig vor Ort regelt. Wenn es überregionale kirchliche Strukturen gibt, haben die eine praktische Funktion als Dachverbände, aber nur eine geringe Lehrautorität und wenig Möglichkeiten, in die Angelegenheiten einer Gemeinde einzugreifen. Unter den Freikirchen sind zum Beispiel die Pfingstkirchen, die Evangelisch-Freikirchlichen Gemeinden (Baptisten und Brüdergemeinden) sowie die Mennoniten kongregationalistisch organisiert, nicht aber die Methodisten. Was die innere Verfassung angeht, haben die meisten evangelikalen Gemeinden außerhalb der Landeskirchen eine egalitäre Struktur. Das bedeutet, dass prinzipiell alle Gemeindeglieder gleiche Rechte und Pflichten haben und dass Ämter nur aus praktischen Gründen und oft nur auf Zeit eingerichtet werden. Machtausübung von leitenden Mitgliedern über andere soll es nicht oder nur eingegrenzt geben. Entscheidungen werden meist im Rahmen einer demokratischen Struktur gefällt, mit einer starken Mitwirkung der Basis. Dabei ist wichtig, dass die Gemeindeglieder eine Möglichkeit haben, das Verhalten ihrer Leiter zu kontrollieren und ggf. zu korrigieren. Das ist meist der Fall, vorbildlich zum Beispiel im Pietismus, bei den Mennoniten und den Freien Evangelischen Gemeinden, aber auch anderswo. Ausnahmen sind allerdings viele Brüdergemeinden und unabhängige Gemeinden, die davon ausgehen, dass Leitungspersonen durch den Geist Gottes bestimmt würden. In Wirklichkeit ergeben sich die Entscheidungen dann lediglich durch unausgesprochene Interessen und informelle Autorität, anstatt durch offen ausgehandelte Interessen und klare Zuständigkeiten. Die Kontrolle des Leitungsverhaltens wird sehr erschwert, wenn es angeblich keine Leitung gibt. Eine Reihe von unabhängigen Gemeinden aus dem charismatischen Spektrum meint sogar, ihre Leiter (meist die Gründer) seien direkt von Gott berufen und hätten deshalb eine „apostolische Vollmacht" mit besonderer Autorität. Eine Legitimation durch die Basis wird dann ausdrücklich abgelehnt, eine unabhängige Kontrolle dieser „apostolischen Leiter" gibt es nicht. Die Folgen sind nicht selten sehr negativ.[22]

Eine theologische Ausbildung oder ein kirchlicher Auftrag sind aus evangelikaler Sicht für Leitungsaufgaben in der Gemeinde nicht unbedingt nötig. Sie haben praktische Bedeutung und dienen der guten Ordnung des kirchlichen Lebens. Manche Evangelikale lehnen solche Aufträge und Ausbildungen rundweg ab und vertreten ein striktes Laienprinzip, zum Beispiel wiederum die Brüdergemeinden (Darbysten). Damit ist häufig ein radikales Gleichheitsideal (Egalitarismus) verbunden. Es soll nicht nur keine kirchlichen Ämter geben, sondern überhaupt keine Hierarchie und keine Entscheidungsstrukturen irgendwelcher Art. Eine Gemeinschaft wahrer Christen verzichte, so bestimmte John Nelson Darby schon Anfang des 19. Jahrhunderts, auf jede menschliche Organisation, sie habe keine geistlichen Ämter, keine gewählten Vertreter und keine Mitgliederlisten. Dieser Egalitarismus ließ sich praktisch zwar kaum durchhalten, da er zu ständigen Konflikten und Spaltungen führte. Er wird jedoch von einem Teil der evangelikalen Bewegung immer noch als Ideal betrachtet. Davon sollte man sich verabschieden.

Weiterhin führt die geringe Kirchenbindung dazu, dass die Bedeutung der Kirche für das menschliche Heil gering bewertet wird. Für die meisten Evangelikalen schafft die Zugehörigkeit zu einer Kirche auch durch die Taufe noch keinen Glauben und kein Heil. Auch wenn sie die Kindertaufe anerkennen, wie die meisten Pietisten und manche Freikirchen, sehen sie die Taufe vor allem als einen Anfang im Glauben, der durch eine persönliche Bekehrung fortgeführt werden muss. Manche Evangelikale meinen, sie könnten die „Namenschristen" und „wiedergeborenen Christen" unterscheiden. Diese Abgrenzung ist in einigen Richtungen fest etabliert, zum Beispiel in der KfG und in der Brüderbewegung (Darbysmus). „Absonderung" ist dort fast so etwas wie ein anderer Ausdruck für Bekehrung. Gläubig zu sein bedeutet, sich nicht nur von Ungläubigen, sondern von den meisten Mitchristen fernzuhalten. Da deren Glaube und Unglaube nicht wie ihr Blutdruck gemessen werden kann, läuft die Lehre von der Absonderung auf ein moralisches Urteil über andere Christen hinaus. Die Namenschristen beweisen, so meint man, durch ihren unheiligen Lebenswandel ihren Unglauben. Was davon zu halten ist, wurde bereits im letzten Kapitel diskutiert. Die rigoristische Absonderung der Brüderbewegung gibt es nicht nur bei ihren eigenen Gemeinden. Viele bibelfundamentalistische Gruppen aus anderen Traditionen sind theologisch vom Darbysmus beeinflusst. Mehrheitlich lehnt man in der evangelikalen Bewegung diesen Rigorismus jedoch ab. Der traditionelle Pietismus spricht zum Beispiel von einem ungesunden „Richtgeist".

Evangelisation und Mission

Alle Evangelikale sind sich darin einig, dass es eine Pflicht zur Evangelisation gibt, d.h. dass distanzierte Christen und Nichtchristen zum Glauben gerufen werden sollen. Auch die evangelische Kirche stimmt dem zu. Karl Barth (1886 bis 1968) definiert den Begriff so:

Evangelisation ist die besondere, der Kirche zweifellos auf der ganzen Linie gestellte Aufgabe, dem Wort Gottes eben unter den zahllosen Menschen zu dienen, die es theoretisch längst vernommen und positiv aufgenommen und beantwortet haben müssten, es aber faktisch noch nie oder nur aus irgendeiner Ferne und darum für ihre Beteiligung an der Sache der Gemeinde bedeutungslos vernommen haben. Evangelisation dient der Erweckung dieser schlafenden Kirche.[23]

Aus seiner Sicht richtet sich eine Evangelisation also an diejenigen, die noch Kirchenmitglieder sind, oder die wenigstens eine kirchliche Sozialisation erlebt haben, die aber dem christlichen Glauben entfremdet sind. Von Evangelikalen wird das Wort „Evangelisation" etwas anders benutzt. Für sie ist „Mission" der Überbegriff, der „Evangelisation" einschließt. Als „evangelistisch" werden bestimmte Formen der Mission bezeichnet, vor allem Formen der öffentlichen Verkündigung. Die evangelische Volksmission, die Anfang des 20. Jahrhunderts entstand, war von Anfang an sowohl nach innen wie nach außen gerichtet. Allerdings ist es hilfreich, sich auch an die traditionelle Bedeutung von „Evangelisation" als „Erweckung der eigenen, schlafenden Kirche" zu erinnern. Denn sie macht klar, dass die Verantwortung für die Mission nach innen zuerst einmal jeder Kirche selbst zukommt und dass andere Konfessionen vorsichtig damit sein sollten, im Einflussbereich einer bestehenden Kirche zu missionieren. Unter den Kirchen, die in der Arbeitsgemeinschaft Christlicher Kirchen (ACK) ökumenisch verbunden sind, gilt ein Verbot des Proselytismus, der Abwerbung von Gläubigen. In der evangelikalen Bewegung wird diese Selbstverpflichtung allerdings nur teilweise beachtet, denn viele Evangelikale stehen der Ökumene heute noch kritisch gegenüber. Traditionell wurden die römisch-katholische Kirche sowie die Orthodoxie sogar als Irrlehren abgelehnt. Allerdings änderte sich diese Haltung bei vielen Evangelikalen in den letzten Jahrzehnten. Vor allem in moralischen Fragen sieht man zunehmend eine Nähe zu der katholischen Konfessionsfamilie. Dennoch werden Katholiken und orthodoxe Christen (distanzierte Mitglieder der evangelischen Landeskirchen sowieso) von einem Teil der Evangelikalen als Missionsziele betrachtet. Evangelikale Kirchen, meist aus den USA, missionieren in katholisch und orthodox geprägten Ländern aus der Überzeugung heraus, dass diese Kirchen nicht wirklich christlich seien.

Vor Jahren wurde eine missionarische Grundsatzschrift aus den USA publiziert, die z. B. Belgien als fast völlig unchristlich einstufte, da man die damals rund 70 bis 90 % Katholiken in der Bevölkerung nicht als Christen zählte. Christen seien, so der Aufruf, nur die rund 1,5 % Protestanten – und auch die nicht alle. Andere Länder Europas wurden ähnlich eingestuft. Dieses rücksichtslose Ignorieren der kirchlichen Traditionen in sogenannten „Missionsländern", die zum Teil seit mehr als 1000 Jahren christlich geprägt sind, führt dazu, dass die Traditionskirchen umgekehrt die evangelikalen Missionare als gefährliche Sektierer einstufen. Diese Spannungen sind in Lateinamerika besonders brisant, wo die evangelikale Mission, vor allem durch Pfingstkirchen, große Erfolge hat und die früher fast ausschließlich präsente römisch-katholische Kirche in die Defensive brachte. Mit der komplizierten Situation dort können wir uns nicht befassen. In Deutschland gibt es solche Spannungen kaum, weil die evangelikale Bewegung sehr klein ist und weil weniger deutsche Evangelikale als in den USA der Ökumene fernbleiben. Man muss jedenfalls von der evangelikalen Bewegung fordern, dass sie, bei aller berechtigten Betonung des Evangelisations- und Missionsauftrags der Christen, dabei ihre ökumenische Verpflichtung mit bedenkt. Das ist glücklicherweise in Europa auch oft so, zum Beispiel ist das ökumenische Engagement der Methodisten und der Baptisten vorbildlich, ebenso das des Gnadauer Gemeinschaftsverbands. Sie sind direkt oder indirekt mit der Arbeitsgemeinschaft christlicher Kirchen (ACK) verbunden.

Die evangelikale Bewegung ist also in Bezug auf die Ökumene alles andere als einheitlich. Anderen Religionen gegenüber verhält sie sich grundsätzlich missionarisch. Das gilt auch für das Judentum, das aber aus evangelikaler Sicht eine Sonderstellung einnimmt. Die sogenannten „messianischen Gemeinden", die aus zum christlichen Glauben übergegangenen Juden bestehen, werden als evangelikal oder zumindest als mit der evangelikalen Bewegung verbunden betrachtet. Es geht ihnen darum, Jesus Christus als den im Alten Testament verheißenen Messias anzuerkennen. Ansonsten verstehen die messianischen Gemeinden sich als jüdisch und behalten das jüdische Brauchtum weitgehend bei. Dafür haben die messianischen Gemeinden die ausdrückliche Unterstützung fast aller Evangelikalen. Die EKD-Kirchen lehnen dagegen die messianischen Gemeinden schroff ab, auch die jüdischen Gemeinden in Deutschland reagieren auf sie sehr negativ. Der Deutsche Evangelische Kirchentag, der sonst nicht gerade pingelig ist bei der Zulassung von theologischen Rand- und Sondermeinungen, hat den messianischen Gemeinden die Mitwirkung in beleidigender Form verweigert, auch auf dem bunten „Markt der Möglichkeiten". Warum ausgerechnet an den messianischen Gemeinden ein Exempel der Rechtgläubigkeit statuiert wurde, anstatt sie zur Selbstdarstellung und zum Dialog zuzulassen, kann man nur vermuten. Die theologische Begründung des Kirchentags könnte man diskutieren, aber der herabsetzende Ton der Ablehnung ist indiskutabel:

Gott hat Israel zu seinem Volk erwählt. Dieser Bund bleibt auch im Neuen Testament bestehen. Damit ist gar nichts anderes denkbar als ein christlich-jüdischer Dialog auf Augenhöhe. Ein missionarischer Ansatz ist in diesem Zusammenhang aus Sicht des Präsidiums also sogar widersinnig. Judenmission hat auch etwas von Ignoranz und Überheblichkeit, die unvereinbar ist mit dem Selbstverständnis des Kirchentages.[24]

So geht man nicht mit Mitchristen um. Demgegenüber äußerte sich Armin Bachor, der Leiter des „Evangeliumsdienstes für Israel" (EDI) so:

Der EDI stehe uneingeschränkt hinter einer Erklärung der Württembergischen Landessynode, wonach das Verhältnis von Christen und Juden von Respekt, Aufgeschlossenheit und Dialog geprägt sein solle. Zugleich unterstütze er das Bestreben der Landeskirche, für messianische Juden einzutreten… sollte der jüdisch-christliche Dialog um das deutsche und weltweite messianische Judentum erweitert werden.

Man lese die zitierten Texte vollständig nach, um sich selbst ein Urteil zu bilden. Aber damit ist das besondere Verhältnis der Evangelikalen zum Judentum noch nicht erfasst. Vor allem unter den „charismatischen Evangelikalen" gibt es unabhängig von der Frage der messianischen Gemeinden ein großes Interesse an Israel, hinter dem eine Endzeit-Theologie steht. In der politischen und auch „geistlichen" Wiederherstellung Israels wird eine Bedingung der Wiederkunft Jesu gesehen. Israel ist aus dieser Sicht der „Zeiger an der Weltenuhr", und der Zeiger steht kurz vor dem Weltende. (So drückt es die evangelikale, apokalyptisch orientierte Mission „Mitternachtsruf" in der Schweiz aus.) Die Zahl der Initiativen, die sich mit „Israel" befassen, hat sich aus diesem Grund in den letzten Jahren vervielfacht. Man findet Versammlungsräume in unabhängigen Gemeinden, die mit Israelfahnen dekoriert sind, politische Initiativen zur Unterstützung des Staats Israel werden durchgeführt und so weiter. Initiativen wie der „Marsch des Lebens" der TOS-Dienste Tübingen (früher Tübinger Offensive Stadtmission) nehmen gesellschaftlich relevante Themen wie Holocaustgedenken und neuen Antisemitismus auf und gewinnen Aufmerksamkeit und Unterstützung weit über das charismatische Spektrum hinaus.

Diakonie als Auftrag?

Zurück zum Thema Mission: Nicht nur anderen Religionen gegenüber, sondern auch gegenüber religionsfernen Menschen wird Mission von Evangelikalen als zentraler Auftrag der Christen verstanden. Dokumente, die dieses Verständnis formulieren, sind neben der in Kapitel 1 abgedruckten Glaubensbasis der Evangelischen Allianz von 1846 die Publikationen der Lausanner Bewegung, vor allem die auf dem Kongress für Weltevangelisation 1974 formulierte Lausanner Verpflichtung, sowie das „Manifest von Manila" 1989. Die Verpflichtung von Lausanne wird neben der Allianz-Basis von evangelikalen Gruppen häufig als ihre eigene Glaubensgrundlage genannt. Mit ihr bezog die Bewegung Position gegen eine rein soziale und diakonische Aktivität von Missionsgesellschaften und für die Verpflichtung zur aktiven Verkündigung. In Deutschland waren diese Gegensätze beim Missionsverständnis im Rahmen des bereits beschriebenen „Streit um die Bibel" in den 1960er-Jahren ausgebrochen. Es kam zum Bruch zwischen evangelikalen und nicht-evangelikalen Missionswerken und 1969 zur Gründung eines eigenen Dachverbands, der Arbeitsgemeinschaft Evangelikaler Missionen (AEM). Bereits im 19. und beginnenden 20. Jahrhundert hatten sich die erwecklichen Bewegungen in ähnlicher Weise gegen ein „soziales Evangelium" (social gospel) abgegrenzt, dessen Befürworter in der Regel politisch progressiv und theologisch liberal waren. Dass die Allianzbasis 1846 dem Missionsbefehl Jesu einen Bekenntnisrang einräumte, ist deshalb – wie einige andere Aussagen – als Widerspruch gegen die kirchliche Liberalität des 19. Jahrhunderts zu verstehen. Im heutigen deutschen Vorwort wird erfreulicherweise auch die Diakonie erwähnt, denn das Bekenntnis soll „... *eine Hilfe sein ... zu gegenseitiger Liebe, zu diakonischem Dienst und evangelistischem Einsatz*".

Leider findet sich die Diakonie im Bekenntnis selbst nicht, eine Engführung, die zur Geschichte des Pietismus und der meisten Freikirchen (Methodisten, Siebenten-Tags-Adventisten und andere) im Widerspruch steht. Sie betonen die Untrennbarkeit von Mission und Diakonie, und das erwähnte Manifest von Manila tut dies ebenso. Es gibt dennoch evangelikale Gruppierungen, die diakonisch nicht oder kaum aktiv sind, aber intensive Werbung für den christlichen Glauben betreiben. Deshalb wäre es gut, die Allianz würde Diakonie und Mission zusammen nennen, wenn sie schon den kirchlichen Auftrag dazu als Bekenntnis formuliert. Sie sind gleichrangige und gleichsinnige Grundlagen des kirchlichen Diensts an der Welt. Man erinnere sich daran, dass in dem schrecklichen Gleichnis vom Weltgericht (Matthäus 25,31-46) der richtende Christus ausschließlich danach urteilt, ob tätige Nächstenliebe geübt wurde oder nicht. Von Glaube und Unglaube ist an dieser Stelle nicht die Rede. Manche Evangelikale retten sich in die Auslegung, dass mit den „geringsten Geschwistern" in dem Gleichnis nur Mitchristen gemeint seien. Diesen gegenüber sei der Maßstab des Glaubens die tätige Liebe, Nichtchristen gegenüber die tätige Verkündigung des Evangeliums. Diese Auslegung mag begründet sein oder auch nicht, der Tenor des Neuen Testaments ist jedenfalls ein anderer. Jesus hilft „vielen" und fragt meist nicht nach dem Glauben der Menschen, die Jünger werden ausgesandt, um zu heilen und zu helfen, ohne die Haltung der Menschen zu Jesus zu prüfen, und das Schlüsselgleichnis vom barmherzigen Samariter spricht eine eindeutige Sprache: Diakonie gehört nicht nur zur Mission, sie ist Mission. Im Pietismus des 18. und 19. Jahrhunderts wurde dies beispielhaft vorgelebt, warum nicht dabei bleiben?

Ist Mission intolerant?

Ein letzter Punkt: Von außen wird die missionarische Ausrichtung der Evangelikalen oft als religiöser Absolutheitsanspruch gedeutet. Manchmal wird jede Mission als Form der religiösen Intoleranz angesehen. Diese Auffassung folgt dem aufgeklärten Verständnis von religiöser Toleranz, dem wir bereits in Kapitel 2 begegnet sind. Man unterstellt den Evangelikalen, durch Mission die Spannungen zwischen den Religionen und sogar Gewalt zu befördern. Ist dieser Vorwurf berechtigt? Religionen sind Existenzdeutungen, die über das Ewige und das Ganze der Welt sprechen und, wie der praktische Theologe Henning Luther (1947 bis 1991) es ausdrückte, über „das In-der-Welt-sein des Menschen". Dass die Welt aus Gottes Schöpferwillen hervorgeht, ist ein Allsatz[25], der für Christen nicht nur unter bestimmten Bedingungen und für bestimmte Teile der Welt gilt sondern unter allen Umständen. Platt gesagt: Er ist entweder immer wahr oder immer falsch, dazwischen gibt es nichts. Andere Religionen formulieren ebenfalls Allsätze wie zum Beispiel der Hinduismus: Dass die sinnlich erfahrbare Welt Schein ist (maja) und dass das, was ich für meine Persönlichkeit halte, ebenso scheinhaft ist, gilt immer oder nie. Dass in dieser illusionären Person ein ewiger, göttlicher Kern, eine Geistseele wohnt (atman) und dass man durch viele Inkarnationen der Geistseele hindurch Erleuchtung erlangt, kann der Hindu in Indien akzeptieren oder er kann es ablehnen. Er kann aber nicht sagen, die Lehre von atman und maja gelte für ihn, nicht aber für seinen Nachbarn und nicht für einen Europäer oder Afrikaner. Religion ist von ihrem Wesen her keine Privatsache. Sie bietet Orientierung und verlangt Hingabe, sie drängt auf Praxis. Wenn das so ist, wäre die Menschheit ohne Religion nicht besser bedient? Ist es nicht vernünftig, dass die meisten Menschen heute Allsätze und ihren universalen Anspruch ablehnen und allgemeine Wahrheiten nur noch subjektiv, privat gelten lassen wollen? So einfach entkommt man den allgemeinen Wahrheiten allerdings nicht. Ohne Allsätze kann man nicht über das Ganze der Welt sprechen, auch wenn man sie in noch so viele modische Abschwächungen einkleidet wie „Ich sehe es so." Die Aussage, dass es keine allgemeinen Wahrheiten gibt, formuliert bereits eine allgemeine Wahrheit. Das ist selbst für einen individualistischen Zeitgenossen vielleicht ein wenig viel Widersinn. Praktisch operieren sowieso alle mit Allsätzen, auch wenn sie nicht ausgesprochen werden. In unserer Gesellschaft wird, wie in Kapitel 4 beschrieben, ein trivialer Realismus und Wissenschaftsglaube selbstverständlich als wahr vorausgesetzt, ebenso eine gewisse Ansammlung von humanen, ethischen Werten. Ohne einen solchen weltanschaulichen Orientierungsrahmen kann keine Gesellschaft funktionieren. Ist er nicht religiös, ist er eben ideologisch oder säkular. Ist er nicht reflektiert, ist er eben naiv.

Wenn man den Absolutheitsanspruch der Evangelikalen kritisiert, kritisiert man eigentlich nichts anderes, als dass der christliche Glaube eine Religion ist. Religionen und Weltanschauungen formulieren nun einmal universale Aussagen. Eine Ablehnung dieses „Absolutheitsanspruchs" bedeutet deshalb, die Möglichkeit religiöser Welt- und Existenzdeutung zu bestreiten. Diese Haltung wird derzeitig von vielen Menschen, vielleicht von einer Mehrheit, mehr oder weniger unreflektiert geteilt. Sie führt nicht zu Toleranz, sondern zu Gesprächsunfähigkeit. Dennoch sollte man in der evangelikalen Bewegung die Kritik insoweit ernst nehmen, als man sich fragt, ob anderen Religionen (und unreligiösen Ansichten) immer mit dem nötigen Respekt begegnet wird. In Nebensätzen geäußerte, herabsetzende und oft völlig unkundige Bewertungen des Atheismus, des Islam oder des Buddhismus hört man von Evangelikalen viel zu oft. Weltanschauliche Überzeugungen sind mit tiefen Sehnsüchten und Ängsten befrachtet. Mit ihnen sollte man behutsam umgehen oder man lässt die Finger davon.

Dabei hilft eventuell die folgende Überlegung: Da sich religiöse Vorstellungen auf erste und letzte Fragen zur Welt beziehen, müssen sie für die Menschen und Gemeinschaften, die ihnen folgen, universal sein. Sie müssen aber nicht exklusiv sein, sondern können anderen Religionen und Weltdeutungen ebenso Wahrheit zuerkennen. In der christlichen Theologie wurde zum Beispiel traditionell allen Menschen eine „natürliche Gotteserkenntnis" eingeräumt; das Verhältnis zur Offenbarung Gottes in Christus wurde allerdings verschieden gesehen. Sogar der Reformator Johannes Calvin meinte, dass der Mensch einen natürlichen „Sinn für Gott" habe und dass die Natur ein Zeugnis für ihren Schöpfer sei. Es gibt keinen Grund für Christen zu meinen, sie hätten in allem recht und andere in allem unrecht. Der universale Satz, dass nur Gott allwissend ist, führt zu dem zweiten universalen Satz, dass wir Menschen es nicht sind. Damit lässt sich gut zusammenleben.

In der Regel haben Wahrheitsfragen jedoch mit Toleranz oder Intoleranz wenig zu tun. Gesellschaftliche Konflikte entzünden sich, wenn überhaupt religiöse Ursachen mitwirken, an kulturellen Praktiken und politischen Machtansprüchen. Denn wenn eine religiöse Kultur zur Religion gehört, was bei großen Religionen immer der Fall ist, müssen die religiösen Vorstellungen und Praktiken in dieser Kultur auch soziale Geltung haben. Daher kann mit der Kritik am „Absolutheitsanspruch" einer Religion auch gemeint sein, dass ihr sozialer oder gesellschaftlicher Geltungsanspruch zurückgewiesen wird. Der Anspruch darauf folgt, wie gesagt, aus ihrem Wesen. Er muss aber, anders als ihr Wahrheitsanspruch, nicht universal sein. Er kann sich auf die eigene Gruppe oder Gemeinschaft beschränken, auf ein Territorium, auf einen Staat oder aber die ganze Welt als sein Reich betrachten. Die Fähigkeit, an den eigenen, universalen Wahrheiten festzuhalten und gleichzeitig politische oder moralische Geltungsansprüche angemessen zu beschränken, ist das wichtigste Unterscheidungsmerkmal zwischen Fundamentalisten und Nicht-Fundamentalisten. Der Fundamentalismus hält seine Vorstellungen von Moral, Gesellschaft und Recht für ebenso universal wie seine zentralen Glaubenssätze und versucht sie politisch durchzusetzen, wenn er dafür eine Machtbasis hat. Es gibt Texte, mit denen sich die Evangelische Allianz vom protestantischen Fundamentalismus abgrenzt, zum Beispiel die Stellungnahme „Suchet der Stadt Bestes" zur Verantwortung von Christen für Staat und Gesellschaft.[26] Es gibt auch andere evangelikale Tendenzen, über die noch zu sprechen sein wird. Um den Punkt ganz klarzumachen: Universale Wahrheiten festzuhalten ist nicht fundamentalistisch, sondern einfach religiös, egal, was säkulare Meinungsmacher darüber denken mögen. Allen Menschen die eigene Lebensweise aufzwingen zu wollen, ist nicht religiös, sondern fundamentalistisch, egal, was unsere protestantischen Fundamentalisten darüber denken mögen.

Religiöse Toleranz und das Recht

Allerdings treten in unserer religiös und weltanschaulich pluralen Gesellschaft besondere Probleme auf, die sich nicht einfach durch gegenseitigen guten Willen lösen lassen. Denn der religiös neutrale, freiheitliche Verfassungsstaat kann seinen Rechtsrahmen nicht von religiösen Gruppen beliebig außer Kraft setzen lassen, zum Beispiel im Strafrecht oder im Familienrecht. Es ist deshalb Gegenstand ständiger und keineswegs abgeschlossener Diskussionen, welche staatlichen Rechts- und Ordnungsansprüche durchzusetzen sind und welche Spielräume dem Grundrecht der freien Religionsausübung zuzugestehen sind. Ein Beispiel war die vor einigen Jahren aufgeflammte Diskussion um die Beschneidung von Jungen im Judentum und bei Muslimen. Eine Initiative argumentierte, dass die Beschneidung das Grundrecht der körperlichen Unversehrtheit verletze (Artikel 2 Grundgesetz), und zwar bei unmündigen Kindern, die diesem Eingriff nicht selbst zustimmen könnten. Das sei rechtswidrig und vom Grundrecht auf freie Religionsausübung (Artikel 4 Grundgesetz) nicht gedeckt. Nun ist die Beschneidung aus rechtlicher Sicht in der Tat eine Körperverletzung, die der Zustimmung der Betroffenen bedarf, oder im Fall von Kindern der Sorgeberechtigten. Die liegt für den religiösen Initiationsritus vor. Was ist also das Problem? Das Argument der Gegner ist, dass es sich um eine körperliche Verstümmelung handele, die aus abergläubischen Gründen erfolge und nicht rückgängig zu machen sei. Daher beschränke sie das Grundrecht der Kinder, später ihre Religion selbst zu wählen. Die Beschneidung dürfe nur ab 14 Jahren erlaubt sein, wenn Jugendliche nach deutschem Recht religionsmündig werden. Die Argumente sind offensichtlich fadenscheinig, weder führt die Beschneidung bei Jungen zu einer körperlichen Beeinträchtigung noch hindert sie den Menschen später daran, zu glauben und zu praktizieren, was er will. Es handelte sich um einen Versuch, gegen zwei große Religionsgemeinschaften unter dem Vorwand des Kinderschutzes antireligiöse Maßnahmen durchzusetzen. Es war den Initiatoren offenbar gleichgültig, dass sie damit die Tradition der Judenverfolgung fortsetzten, die sich immer auch gegen die Beschneidung richtete. Vor dem Hintergrund der Judenvernichtung im Dritten Reich und dem in Deutschland latent wirksamen Antisemitismus kann man nur mit Schrecken zur Kenntnis nehmen, dass sich Mitglieder des Deutschen Bundestags und ein Obergericht (Landgericht Köln 2012) daran beteiligten. Glücklicherweise wurde das Treiben durch die Gesetzgebung unterbunden.

Auf der anderen Seite kann das Grundrecht der Religionsfreiheit nicht alles rechtfertigen, was mit religiöser Begründung getan wird. Wo liegt die Grenze? Die Frage ist deswegen so schwierig, weil Grundrechte in Spannung zueinander stehen, zwischen denen abgewogen werden muss. Ein für die evangelikale Bewegung interessantes Beispiel ist die sogenannte Schulverweigerung. Manche Fundamentalisten schicken ihre Kinder unter Berufung auf die Religionsfreiheit nicht in öffentliche Schulen, sondern bestehen auf Heimunterricht (homeschooling). Alternativ werden kleine, private Schulen eingerichtet, teils ohne Genehmigung und ohne qualifizierte Lehrkräfte. Dabei kollidiert das Recht auf Religionsfreiheit, das Erwachsene für sich beanspruchen, mit dem Recht auf freie Entfaltung der Persönlichkeit aufseiten von Kindern und Jugendlichen. Beispiele solcher Gruppen sind radikale Gemeinden von Spätaussiedlern, extreme bibelfundamentalistische Kreise, darunter die „Zwölf Stämme" in Klosterzimmern (Bayern) usw. Der Grund ist Misstrauen gegen den säkularen Staat und seinen Unterrichtsstoff. Meist werden konkret die Evolutionstheorie und der Sexualkundeunterricht genannt, die mit dem christlichen Glauben angeblich nicht vereinbar sind. Da es in Deutschland eine gesetzliche Schulpflicht gibt, nicht nur eine Unterrichts- und Bildungspflicht, machen sich Sorgeberechtigte durch Schulverweigerung strafbar. Das führt gelegentlich zur Auswanderung in Länder, die lediglich eine Unterrichtspflicht kennen, zum Beispiel nach Österreich, Tschechien oder Kanada. Bisher haben die deutschen Gerichte der Schulpflicht den Vorrang vor der Verweigerung aus religiösen Gründen eingeräumt.

Ein anderes relevantes Beispiel ist eine Erziehung, die unter Berufung auf die Bibel mit Gewalttätigkeit verbunden ist. Dieses Thema wird in Kapitel 11 noch einmal auftauchen. Es gibt auch Kinder, die in Migrantengemeinden aus Schwarzafrika der Zauberei beschuldigt werden, sodass Exorzismen an Kindern stattfinden und Dämonenängste geschürt werden. In diesen Fällen ist es offensichtlich, dass sich die Erwachsenen nicht auf die Religionsfreiheit berufen können, da den betroffenen Kindern schwerer Schaden droht. Schwieriger ist die Abwägung, wenn die soziale Entwicklung der Kinder durch eine Abschottung von der Umwelt gefährdet wird, indem man sie zum Beispiel in eine Außenseiterrolle drängt. Wie weit können solche Risiken gehen, bis staatliches Eingreifen nötig wird? Im Fall von ausgrenzenden Kleidungsvorschriften wird im Allgemeinen die Eingriffsschwelle noch nicht erreicht, obwohl Kinder darunter sehr leiden können. Sie betreffen vor allem Mädchen, können aber auch Jungen treffen (Verbot von Jeans in rigorosen protestantischen Gruppen). Die Verweigerung einzelner schulischer Aktivitäten wie Schullandheim-Aufenthalte und Ausflüge, Weihnachtsfeiern usw. durch bibelfundamentalistische Familien kann das Verhältnis eines Kindes zu Mitschülerinnen und Mitschülern belasten. Wenn Kinder und Jugendliche zum Missionieren unter Altersgenossen gedrängt werden, können sie ebenfalls in eine Außenseiterrolle geraten. Hier staatliches Eingreifen zu fordern, wäre unverhältnismäßig. Vielmehr sind diejenigen gesellschaftlichen Kräfte gefragt, den Kindern und den Familien zu helfen, die Nähe zu solchen Problemen haben – also vor allem Freikirchen und Evangelikale. Man kann leider nicht immer sagen, dass sie sich ihrer Verantwortung stellen. Wer nicht will, dass der Staat in solchen Fällen übergriffig wird, muss aber selbst etwas tun.

Zusammenfassung

Die evangelikale Bewegung ist überkonfessionell in dem Sinn, dass die Kirchenbindung gering ist und der Kirche keine Heilsbedeutung zugeschrieben wird. Das „Priestertum aller Glaubenden" ist für Evangelikale selbstverständlich, manchmal werden Ausbildungen, Ämter und formale Organisationsstrukturen grundsätzlich abgelehnt. Ein Teil der Bewegung legt großen Wert auf die Absonderung der angeblich wiedergeborenen Christen von den angeblichen Namenschristen. Viele Evangelikale sind am ökumenischen Dialog mit anderen Christen beteiligt, zum Teil wird die Ökumene jedoch abgelehnt. Die evangelikale Bewegung ist insgesamt evangelistisch und missionarisch orientiert. Die Kritik an dieser missionarischen Ausrichtung ist zum Teil eine Form allgemeiner Religionskritik. Denn alle Religionen deuten Mensch und Welt durch universale Wahrheiten. Das bedeutet jedoch keinen exklusiven Wahrheitsanspruch. Moralische, rechtliche und kulturelle Geltung muss eine Religion nicht universal oder gar exklusiv beanspruchen. Es ist das wesentliche Merkmal des religiösen Fundamentalismus, dass er Staat und Gesellschaft die eigenen religiösen Regeln aufzwingen will.

8. Evangelikal zum Vierten: die Bibel

Das nach außen auffälligste Merkmal der Evangelikalen ist die Orientierung an der Bibel. Sie wird als Gottes Wort verstanden, das über jeder anderen moralischen oder theologischen Norm des Glaubens steht. Sie persönlich und gemeinschaftlich zu studieren soll Teil des Lebens sein. Allerdings gibt es zwar diese allen Evangelikalen gemeinsame Bibelorientierung, aber kein einheitliches Bibelverständnis. Im Gegenteil, das Spektrum von Bibelauslegungen ist groß, es reicht vom protestantischen Fundamentalismus auf der einen Seite bis zum Bibelverständnis der Reformatoren (Martin Luther, Johannes Calvin u. a.) auf der anderen Seite. Wenn man also sagt (was von außen oft geschieht), dass Evangelikale Christen sind, die sich ganz nach der Bibel richten, trifft das nur in Bezug auf die Autoritätsfrage in einer allgemeinen Form zu: Alle Evangelikalen sind sich mit vielen anderen Evangelischen darin einig, dass die christliche Lehre und Praxis immer wieder neu an der Bibel zu messen ist. Geistliche Ämter (sofern diese nicht ganz abgelehnt werden) und kirchliche Strukturen sind biblisch zu begründen. Auch Prophetien und all das, was menschliche Autoritäten über den Glauben zu sagen haben, sind anhand der Bibel zu prüfen. So weit, so gut. Aber an der Frage, wie das Prüfen an der Bibel zu geschehen hat, scheiden sich die Geister.

Der protestantische Fundamentalismus

Den radikalen Pol der evangelikalen Bibelorientierung bildet der bereits in Kapitel 2 erwähnte, aus den USA gekommene Bibelfundamentalismus. Nochmals die Chicago-Erklärung:

„Da die Schrift vollständig und wörtlich von Gott gegeben wurde, ist sie in allem, was sie lehrt, ohne Irrtum oder Fehler. Dies gilt nicht weniger für das,

was sie über Gottes Handeln in der Schöpfung, über die Geschehnisse der Welt-
geschichte und über ihre eigene, von Gott gewirkte literarische Herkunft aus-
sagt, als für ihr Zeugnis von Gottes rettender Gnade im Leben Einzelner…"

Es geht auch noch radikaler. Die Konferenz für Gemeindegründung (KfG) mit rund 100 angeschlossenen und ca. 400 sympathisierenden Gemeinden in Deutschland beginnt ihr Bekenntnis so:

„DIE BIBEL ist das niedergeschriebene Wort Gottes und besteht aus den 66
Büchern des Alten und Neuen Testaments. Die Heilige Schrift ist in allen Tei-
len von Gott wörtlich inspiriert und damit in den Ur-Manuskripten völlig
fehlerlos (2Tim 3,16; 2Petr 1,21). Die Bibel ist die allgenügsame Offenba-
rung Gottes und unsere höchste Autorität für Lehre und Leben (Joh 10,35)."[27]

Wenn man die Bibel als „allgenügsame Offenbarung Gottes" versteht, ist der Punkt erreicht, an dem sie in Konkurrenz zu Jesus Christus tritt und an dem man von einer Irrlehre sprechen muss. Während des Deutschen Evangelischen Kirchentags in Stuttgart 2015 warb eine Gemeinde aus der Umgegend an einem Stand in der Fußgängerzone mit dem Satz: „Wer die Bibel studiert und ihr glaubt, wird gerettet." So stünde es in Johannes 5,24. Wenn man den Vers nachliest, steht dort allerdings: „Amen, amen, ich sage euch: Wer mein Wort hört und dem glaubt, der mich gesandt hat, hat das ewige Leben; er kommt nicht ins Gericht, sondern ist aus dem Tod ins Leben hinübergegangen." (EÜ)

Der Vers spricht nicht von der Bibel. (Es gab bei der Niederschrift auch nur das Alte Testament, die hebräische Bibel.) Er gehört in einen Zusammenhang, den man „Selbstoffenbarung Jesu" nennt. Jesus betont seine Vollmacht, durch sein Wort von Gott Menschen zu retten. Deshalb bekennen Christen, dass sich Gott in dem Gekreuzigten und Auferstandenen und nirgends sonst „allgenügsam" offenbart. Alles andere ist nicht christlich. Die Chicago-Erklärungen vermeiden den fatalen Schritt, der die Bibel an die Stelle Jesu Christi setzt, wenn auch nur knapp. Aber auch ihr Bibelverständnis ist nicht traditionell christlich. Die Ablehnung der historisch-kritischen Methode führt im Fundamentalismus nicht zu einer Rückbesinnung auf die reformatorische Tradition, sondern zu einer modernistischen Neuorientierung. Sie lässt sich in Vorläufern höchstens auf das 17. Jahrhundert zurückführen, in der heutigen Form sogar erst auf das 19. Jahrhundert. Sie übernimmt den Wahrheitsbegriff des neuzeitlichen Wissenschaftsglaubens, wendet ihn aber auf die Bibel anstatt auf die Wissenschaft an. Die Bibel wird als ein „ewiges Lehrbuch" betrachtet, wie es sich der Wissenschaftsglaube als Ergebnis der Wissenschaft erhoffte: ein Text, der absolut wahre Antworten auf alle Fragen der Welt und des Lebens hat. Während die Wissenschaftstheorie heute weiß, dass es ein solches „ewiges Lehrbuch" der Wissenschaft nicht geben kann, hält der Fundamentalismus daran fest, es mit der Bibel zu haben. Er besitzt damit ein Monopol auf Wahrheit, sowohl was Weltwissen angeht als auch was die Ordnung des Lebens angeht. Erfahrung, Vernunft, Wissenschaft, Tradition usw. können die „biblische Wahrheit" nicht korrigieren, weder was die Natur angeht noch was Moral, Recht, Kultur, Politik usw. betrifft. Der baptistische Erweckungsprediger Charles Haddock Spurgeon (1834 bis 1892) schrieb in einer programmatischen Predigt 1891 über die Bibel: „Wenn dieses Buch nicht unfehlbar ist, wo sollen wir dann Unfehlbarkeit finden?"[28] Die Antwort ist leicht, aber nicht die, die Spurgeon haben will: Unfehlbarkeit findet sich bei Gott und nur bei Gott. An der Unfehlbarkeit Gottes können Menschen nicht teilhaben, man kann sich ihr nur anvertrauen. Spurgeon will aber eine Unfehlbarkeit, die man besitzen kann. Diesen Wunsch hatten im Zeitalter des Wissenschaftsglaubens auch andere Christen: Zur Zeit Martin Luthers galt in der römischen Kirche noch das Prinzip, dass Konzilien nicht irren können. Der Reformator verwarf diese Lehre und führte historische Beispiele dafür an, dass Konzilsentscheidungen später zurückgenommen wurden. Zur Zeit Spurgeons tat die römische Kirche einen weiteren Schritt. 1870 wurde vom 1. Vatikanischen Konzil die Unfehlbarkeit des Papstamts zum katholischen Dogma gemacht. Es ist kein Zufall, dass dieses katholische Dogma und der protestantische Bibelfundamentalismus in die gleiche Zeit fallen. Beide versuchen die Wahrheit des christlichen Glaubens zu sichern, indem sie der angeblich absoluten Wahrheit der Wissenschaft eine angeblich absolute Quelle christlicher Wahrheit entgegensetzen. Unfehlbarkeit, über die man als Mensch verfügt wie über die Erkenntnisse der Wissenschaft, lässt sich (wenn man keine unfehlbare Kirche und kein unfehlbares Amt will) nur durch den Besitz eines „ewigen Lehrbuchs" und nicht anders realisieren. In einem Interview mit der Zeitschrift „Entscheidung" antwortete der pensionierte EDV-Experte Werner Gitt auf die Frage, ob sein beruflicher Hintergrund sein Gottesbild präge:

„Mein Gottesbild und meine persönliche Beziehung zu Jesus Christus werden in erster Linie von den Aussagen der Bibel geprägt. Hinzu kommen zahlreiche Glaubenserfahrungen und -erlebnisse in besonderen Situationen des Lebens. Mein beruflicher Hintergrund spielt dennoch eine deutliche Rolle, und zwar in der Art und Weise, wie ich an einen Bibeltext herangehe. Korrekte Computerprogramme müssen widerspruchsfrei sein. Da die Bibel Buch der Wahrheit ist, muss sie ebenfalls in sich widerspruchsfrei sein. Insbesondere bei der Auslegung von schwierigen Texten beeinflusst diese vom Beruf geprägte Herangehensweise mein Bibelverständnis."[29]

Werner Gitt ist in der evangelikalen Szene ein viel gelesener Autor und ein führender Evolutionskritiker. Aber was ist das für ein Schriftverständnis, das literarische Texte nicht von einem Computerprogramm unterscheidet und Glaubenswahrheit mit logischen Algorithmen gleichsetzt? Ein solches Bild der Bibel führt zur menschlichen Verfügung über Gottes Willen und Gottes Wahrheit. Die Bibel ist dann ein innerweltlicher Gegenstand, in menschlicher Sprache geschrieben, und dennoch mit göttlichen Eigenschaften ausgestattet, nämlich mit absoluter Wahrheit und Autorität. Praktisch lässt sich diese Sicht aber nicht umsetzen. Denn dass man aus der Bibel keine aller menschlichen Vernunft und Erfahrung übergeordneten, wissenschaftlichen und allgemeinen Wahrheiten entnehmen kann „…über Gottes Handeln in der Schöpfung, über die Geschehnisse der Weltgeschichte und über ihre eigene, von Gott gewirkte literarische Herkunft…" ist für unvoreingenommene Leser offensichtlich. Zahlreiche

Widersprüche lassen sich nur durch Selbsttäuschung überdecken. Die fallen übrigens nicht nur uns im 21. Jahrhundert auf. Zum großen Teil waren sie bereits den Redaktoren des Kanons bekannt, und den früheren Christen waren sie ebenso klar. Dass sie niemand störten, sollte den Fundamentalisten zu denken geben. Die jüdischen Priester und die christlichen Kirchenväter wollten etwas anderes als ein widerspruchsfreies Lehr- und Regelbuch. Der fundamentalistische Bibelglaube, wie ihn die Chicago-Erklärungen bekunden, ist ein „credo contra evidentia", ein Glaube gegen die Realität, ein Glaube an eine Bibel, die es nicht gibt.

Das ist vermutlich der Grund, warum die Bibelauslegung auch in den evangelikalen Milieus, die theoretisch die Chicago-Erklärungen hochhalten, oft praktisch anders aussieht. Man berücksichtigt zum Beispiel in evangelikalen Ausbildungsstätten sehr wohl den geschichtlichen Zusammenhang eines Textes und seine literarische Gattung, man sucht nach gesamtbiblischen Zusammenhängen und man fragt, wie eine biblische Aussage in der Gegenwart in das christliche Leben zu übertragen ist. Man nennt dies aber nicht „historisch-kritisch". Und man spricht nicht davon, zeitgebundene und übergreifende Normen zu unterscheiden, obwohl man das praktisch tut. Die Spannung zwischen dem biblizistischen Abwehrmechanismus, den man sich im „Kampf um die Bibel" zu eigen gemacht hat, und dem tatsächlichen Umgang mit der Bibel wird in diesen Milieus nicht aufgelöst. Oft ist sie den Beteiligten nicht einmal bewusst. Es gibt allerdings andere evangelikale Milieus, in denen der Biblizismus konsequent in die Praxis umgesetzt wird. Wie aber kann das gehen?

Die biblische Lehre des Fundamentalismus

Wie verwandelt man die reale Bibel in eine Bibel, die in sich widerspruchsfrei ist wie ein Computerprogramm? Sobald man die Frage stellt, liegt die Antwort auf der Hand. In sich widerspruchsfrei ist nicht die Bibel selbst, sondern eine „biblische Lehre" bzw. ein System von „biblischen Wahrheiten", also von dogmatischen und moralischen Sätzen, denen man jeweils voranstellt „die Bibel sagt …". Man liest die Bibel so, dass sich immer wieder die gleichen Sätze der „biblischen Wahrheit" ergeben. Genauer gesagt, man liest sie gar nicht, sondern man greift in die „biblische Lehre" hinein, stellt eine Aussage in den Raum und macht sich dann daran, aus der Bibel Belegstellen dafür zu sammeln. Dabei hüpft man munter durch die Epochen und die Literaturgattungen, vom Psalm zum Paulusbrief, von der Urgeschichte zu einem Gleichnis Jesu. Das macht nichts, da ja immer nur wenige Worte oder Zeilen aus dem Zusammenhang genommen und an die „biblische Lehre" angehängt werden.

Ich habe diesen Umgang mit der Bibel oft in Predigten und Diskussionen erlebt und wunderte mich immer wieder darüber, dass die (meist menschlich sehr sympathischen) Fundamentalisten nicht bemerken, dass sie nichts aus der Bibel entnehmen, was sie nicht vorher hineinlegen. In einem lebhaften und offenen Gespräch mit Mitgliedern einer Heiligungsgemeinschaft habe ich kürzlich gefragt, warum jede Bibelstelle, von Jesaja bis Paulus, aus ihrer Sicht immer nur vom Kampf gegen die Sünde handelt. Die ehrliche Antwort war: „Weil es unsere Theologie und unser Anliegen ist." In einem anderen Gespräch, dieses Mal mit Jehovas Zeugen, ging es um die Frage der richtigen Bibelauslegung. Eine historisch-kritische Auslegung komme natürlich nicht infrage. Dennoch sei eine Auslegung nötig, so erläuterten die Gesprächspartner, weil die Bibel „nicht systematisch geordnet" sei. Daher müsse man die Bibelstellen den Fragen, die man habe, jeweils zuordnen. Das sei Auslegung. Damit ist klar, dass die Lehre aus einem theologischen System besteht, in das biblische Textfragmente eingefügt werden. Aber vielleicht haben die Verfasser Fragen, auf die man selbst nicht gekommen ist, und die man dringend stellen müsste? Auf sie kann man nur kommen, wenn man die Bibel so liest, wie man sonst Literatur liest, nämlich in Form eines Dialogs zwischen Text und Leser, einschließlich eines Hintergrundwissens darüber, wer der Autor des Textes war und warum er ihn schrieb. Mit anderen Worten, die Auslegung der Bibel muss historisch sein. Und sie muss kritisch sein, das heißt, es können nicht alle Texte und Aussagen das gleiche Gewicht für den Glauben haben. Wenn man wirklich wissen will, was in der Bibel steht, geht es nicht anders. Solange sich die evangelikale Bewegung von den Chicago-Erklärungen und von der Bibelideologie der KfG nicht ausdrücklich distanziert, bleibt ihr Verhältnis zur Bibel unklar und nach außen nicht vermittelbar. Auch eine konstruktive Diskussion um die historisch-kritische Methode (siehe Kapitel 2) kann dann nicht geführt werden. Damit hängt auch das gestörtes Verhältnis vieler Evangelikaler zur Ökumene zusammen, denn die römisch-katholische Kirche, die Orthodoxie und die Mehrheit der reformatorischen Kirchen verstehen die Bibel anders als der Fundamentalismus. Für sie offenbart sich Gott in Jesus Christus. Die Bibel ist insofern Gottes Wort und eine Offenbarung Gottes, als sie das authentische Zeugnis für das Tun Gottes in der Welt ist und uns von Jesus Christus berichtet. Damit sagt uns die Bibel alles, was Menschen zu ihrem Heil wissen müssen. Sie sagt es jedoch durch menschliche Zeugen, in deren Worten und mit deren kulturellem Hintergrund. Die Bibel hat also keine göttliche Autorität, sondern sie hat Glaubwürdigkeit. Sie ist ein verlässliches und – wenn der Geist Gottes durch sie wirkt – lebendiges Zeugnis dessen, was Gott getan hat und tut. Die altkirchlichen Bekenntnisse (Apostolikum und Nicaenum) sind so etwas wie kurze Zusammenfassungen dieses biblischen Zeugnisses. In ihnen kommt die Bibel deshalb nicht vor. Der vom Pietismus geprägte Tübinger Theologe Adolf Köberle schreibt 1980 über die Bibel:

„Die Art und Weise, wie nun Gott gesprochen hat … geschieht in Knechtsgestalt … auch indem Gott sein Wort hinein gibt in die zeitbedingten Vorstellungsräume der damaligen Zeit … Ja, indem Gott sein Wort sündigen, irrenden Menschen anvertraut, nimmt er es auf sich, dass dieses Wort auch verkürzten Überlieferungen und Deutungen preisgegeben wird."

Aus der Sicht Köberles muss die Bibel zeitbedingte Vorstellungen enthalten, sonst hätte sich Gott nicht wirklich in die Welt der Menschen hineinbegeben. Es kann dabei faktische Irrtümer geben, denn gerade dadurch, dass Gott in die menschliche Sichtweise samt ihrer Begrenztheit eintritt, kommt er den Menschen nahe. Das Gotteswort ist deshalb in die Erfahrungswelten der biblischen Autoren eingebettet. Die Merkmale dieser Welten sind keine verbindliche Norm für Leben und Weltbild und können es auch nicht sein, denn der Kanon umfasst Schriften aus mehr als 1000 Jahren. Die Kulturen und Perspektiven wechselten in dieser langen Zeit. Köberle führt weiter aus:

„Die massive fundamentalistische Verbalinspiration ist letztlich glaubenslos, weil sie meint, man könne durch einen massiven Beweis, daß es in der Schrift im Blick auf Zahlenangaben und Zeitangaben keinen Widerspruch gibt, ihren göttlichen Ursprung beweisen. Wo ein Widerspruch erscheint, müsse man harmonistisch flicken, so lange bis der Widerspruch getilgt ist und könne also das Schauwunder der Bibel festhalten. Die Bibel ist kein Schauwunder, so wenig wie Jesus ein Schauwunder ist, sondern nur die Hungrigen und Dürstenden füllt er mit Gütern und schenkt ihnen die Freude an seinem Wort."[30]

Das sagte ein Theologe, der sich von der historisch-kritischen Bibelauslegung seiner Zeit ausdrücklich distanzierte. Was die vielen Zeugen der Bibel verbindet, ist keine widerspruchsfreie „biblische Lehre". Sie verbindet ihre Erfahrung mit dem Gott Abrahams, Isaaks und Jakobs und mit dem Gott Jesu Christi. Von dieser Erfahrung berichten sie, aus ihr ziehen sie theologische und philosophische Schlüsse. Sie verfassen Lieder und schreiben Briefe, sie schaffen gewaltige sprachliche Bilder vom Anfang der Schöpfung und von ihrer Vollendung. Mit anderen Worten, sie bringen Literatur aller Art hervor. Mythologie, Poesie, Rechtsprechung, Geschichtsschreibung, großartige Erzählungen, Berichte über Leben und Werk Jesu, Briefe der Apostel an die jungen Gemeinden, apokalyptische Visionen – all das und noch mehr macht die Bibel aus. Ihre Texte wurden von der alten Kirche im 4. Jahrhundert als Kanon zusammengestellt, und das Ergebnis ist alles andere als ein Lehr- und Regelbuch. Das Ergebnis ist etwas unvergleichlich viel Besseres – darüber wird noch zu reden sein.

Die Wirkungseinheit von Bibel und Geist

Man kann den Unterschied zwischen dem reformatorischen und dem fundamentalistischen Schriftverständnis auch am Begriff der Inspiration festmachen: Alle Christen sind sich darin einig, dass die Texte der Bibel vom Geist Gottes inspiriert sind. Aber was bedeutet das? Für den Fundamentalismus bedeutet es Verbalinspiration, also dass jedes Wort der Texte direkt von Gott eingegeben ist und göttliche Wahrheit beanspruchen kann. Daraus folgt die obige Doktrin von der Irrtumslosigkeit der Schrift in allen Fragen nicht nur des Glaubens, sondern der Moral, des Rechts, der Wissenschaft und der Weltgeschichte. Die gegenteilige Auffassung geht wie Köberle ebenfalls davon aus, dass die Bibel von Gott inspiriert ist, aber in dem Sinn, dass sie Gottes Willen entspricht und dass Gott durch das Bibelwort an uns Menschen handelt. Der Ludwigsburger Theologe Siegfried Zimmer[31] spricht deshalb von einer „Wirkungseinheit" zwischen Gott und der Bibel. Dabei bleiben die Art und der Weg, wie und wann Gott durch das Bibelwort wirkt, in seiner alleinigen Verfügung. Auf eine solche, von Gott verbürgte und vom Menschen nicht herstellbare Wirkungseinheit mit der Bibel könnten sich alle Christen einigen, sagt Zimmer. Daraus folge jedoch gerade nicht, dass die Bibel selbst göttliche Eigenschaften besitze und damit vollkommen sei. Er betont, dass nur Gott göttliche Eigenschaften habe, nur er hat absolute Autorität. Die Bibel ist dagegen Teil der Schöpfung und unterliegt Zeit und Raum. Sie ist ein sichtbarer, nicht transzendenter Gegenstand und in einer irdischen Sprache geschrieben, sie unterliegt also irdischen Bedingungen, die völlig mit Recht auch wissenschaftlich untersucht werden.

Man kann der Bibel glauben,
aber nicht an die Bibel glauben

Man kann so weit gehen zu sagen, dass Christen beim Lesen, Auslegen und Meditieren der Bibel ständig mit einem Wunder rechnen: Das menschliche, geschriebene Wort wird zur lebendigen Stimme des Evangeliums, die Glauben schafft, hilft und heilt, zur „viva vox evangelii". Evangelische Schriftspiritualität ist Spiritualität in dem ausdrücklichen Sinn, dass sie im Bibelwort das Wirken von Gottes Geist (spiritus sanctus) erlebt. Dieses Tag für Tag und weltweit gelebte und erlebte Wunder wird vom Bibelfundamentalismus theologisch (hoffentlich nicht praktisch) abgeschafft und durch einen „papiernen Papst" ersetzt – um wieder einmal Martin Luther zu zitieren. Denn der Reformator war alles andere als ein Bibelfundamentalist. Für ihn war es selbstverständlich, dass die Bibel ausgelegt werden muss, allerdings in ihrem eigenen Recht, nicht von äußeren Kriterien her. „Die Bibel legt sich selbst aus" ist ein Kernsatz des reformatorischen Verständnisses. Der Maßstab dafür war für Martin Luther nach einem bekannten Wort das in der Heiligen Schrift, „was Christum treibet": Die Bibel ruft uns in die Nachfolge Christi, indem sie uns von Christus berichtet, von seinem Tun, von seinem Vorbild, von seinen Predigten und Reden. Sie berichtet uns von der Vorgeschichte, die zu Christus hinführt, und von der Entstehung der Kirche Jesu Christi. All das, was wir zur Nachfolge brauchen, „treibt Christum", sei es unverzichtbar und zentral, wie die Botschaft vom Kreuz, sei es grundlegend, wie die Schöpfungszeugnisse des Alten Testaments, sei es theologisch und seelsorgerlich hilfreich, wie viele Hinweise in den Paulusbriefen. Daher ergibt sich eine Rangfolge der Wichtigkeit biblischer Texte, sodass Luther zum Beispiel den Jakobusbrief für unwesentlich hielt. Wahrscheinlich hatte er in diesem Fall theologisch unrecht, aber die Unterscheidung von zentralen und marginalen Inhalten gehört zum reformatorischen Bibelverständnis dazu. Man sollte sich nur – wie das Beispiel Jakobusbrief zeigt – dabei nicht zu sicher fühlen. Vielleicht wird gerade dieser Brief irgendwann und irgendwo besonders gebraucht. Für Martin Luther war das Wort Gottes folglich nicht die Bibel an sich, sondern das Wort, das „Christum treibet" und durch Gottes Geist wirkt. Viele Evangelikale dürfte es überraschen, dass die Reformatoren das selbstwirksame Wort Gottes nicht einmal auf Bibelworte einschränkten. Luther legte den Ausdruck „Reden des Herrn" in Psalm 12,7 so aus:

> *„Es ist nicht nötig, dass unter „Reden des Herrn" nur das verstanden wird, was aus der Schrift in mündlicher Rede gebracht wird, sondern was immer Gott durch den Menschen redet... auch ohne Gebrauch der Schrift. Deshalb sind das Reden des Herrn, wenn er in uns redet; nicht aber, wenn irgendjemand die Schrift anführt, denn das können die Teufel und Gottlosen auch."[32]*

Johannes Calvin verstand die Bibel nicht viel anders:

> *„Die ... Behauptung, dass nicht die menschlichen Autoren der Schrift, sondern ihr Urheber, nicht der Buchstabe, sondern der Geist die ausschlaggebende Instanz sei, war für Calvins reformatorischen Autoritätsbegriff maßgebend. Das Evangelium kann nur durch das Zeugnis des Heiligen Geistes verstanden werden. Wo der Geist es uns nicht lebendig macht, ist das geschriebene Wort der Bibel an sich tot und kraftlos. Abgesehen vom Lehramt des Geistes, ist die Verkündigung erfolglos. Je und je macht Gott durch das Wirken seines Geistes die Predigt zu Gottes Wort."[33]*

Wo Gottes Geist spricht, hören wir ein Wort Gottes, sagen die Reformatoren. Die Bibel ist lediglich das eine Wort Gottes, an dem wir alle anderen messen sollen, sie ist die oberste Norm. Aber diese Norm anzuwenden ist ein lebendiger Lernprozess, kein schematischer Abgleich, und auch er ist auf den Geist Gottes angewiesen. Fertig wird man damit nie, Gott sei Dank. Gerade weil im Kanon viele Zeugen zu Wort kommen, viele Blickrichtungen vertreten sind und viele Weltbilder den Hintergrund bilden, ist die bunte Vielfalt ungeheuer fruchtbar und ein Leben lang nicht ausschöpfbar. Man kann die Bibel nicht auswendig lernen und hat sie dann ein für alle Mal verstanden. Oder, anders gesagt, es gibt keine „biblische Lehre", die man aus der Bibel heraus destillieren könnte. Wann welches Wort durch Gottes Geist wirksam wird, ist nicht vorhersehbar, so, wie das Leben insgesamt nicht vorhersehbar ist. Die Bibel ist kein Lehrbuch, sondern ein Lebensbuch. Der Umgang mit ihr ist eine, für Evangelische sogar die wichtigste Form christlicher Spiritualität. Ein bewundernswerter Zeuge dieser Spiritualität ist der Dichter und Zeitungsmacher Matthias Claudius (1740 bis 1815):

> *„Wir wissen so wenig, wo wir herkommen, als wo wir hingehen, noch was wir hier eigentlich sollen und sind: und wir haben nichts in Händen, darauf wir uns verlassen und damit wir uns trösten und unser Herz stillen können. Aber Gott hat unser Herz gestillt durch seine Schrift, die er selbst frommen und heiligen Männern eingegeben hat, und die darum die Heilige Schrift, die Offenbarung oder die Bibel, das Buch der Bücher, genannt wird. In diesem Buch finden wir Nachrichten und Worte, die kein Mensch sagen kann, Aufschlüsse über unser Wesen und über unseren Zustand und den ganzen Rat Gottes von unserer Seligkeit in dieser und jener Welt. So hoch der Himmel ist über der Erde, dieser Rat über alles, was in eines Menschen Sinn kommen kann; und ihr könnet diese Schrift nicht hoch und wert genug haben und halten. Doch ist sie, versteht sich, immer nicht die Sache, sondern nur die Nachricht von der Sache."*

Claudius hat die Gabe, zweifellos eine Gabe des Heiligen Geists, den Nagel auf den Kopf zu treffen: Man kann als Christ die Bibel nicht hoch genug schätzen. Aber sie ist nicht selbst Grund des Glaubens, sondern berichtet vom Grund des Glaubens. Man kann es auch fachlicher ausdrücken. Der Theologe Christoph Raedel formulierte das Anliegen der evangelikalen Theologie 2014 so:

> *„Evangelikale Theologie möchte auf der Grundlage der Bibel, in der Verantwortung vor den Grundentscheidungen reformatorischer Theologie, und im Kontext eines erwecklich-missionarischen Lebens in Kirchen und Gemeinden*

dazu betragen, dass der geoffenbarte dreieinige Gott und sein Weg mit dieser Welt die Mitte aller Theologie und das Herzstück christlicher Verkündigung bleibt."[34]

Wenn das, was Raedel und der Arbeitskreis für evangelikale Theologie (AfeT) sich vorstellen, evangelikale Theologie ist, dann ist die Theologie der Chicago-Erklärungen jedenfalls etwas anderes. Wenn in der evangelikalen Bewegung davon gesprochen wird, die „Autorität der Schrift zu bewahren", müsste deshalb dazu gesagt werden, was darunter zu verstehen ist: die Autorität eines „ewigen Lehrbuchs" oder die Autorität eines Zeugnisses, für dessen Verlässlichkeit Gottes Geist einsteht? Man kann den 2014 von zwölf Repräsentanten der evangelikalen Bewegung publizierten Aufruf „Zeit zum Aufstehen"[35] daraufhin befragen. Dort heißt es unter Punkt 4:

> *„Die ganze Bibel ist Gottes Wort – durch sie spricht Gott zu uns; er zeigt uns, wer er ist und was er will. Wir stehen ein für das Vertrauen in die Heilige Schrift. Gottes Wort und menschliche Worte sind in ihr untrennbar verbunden. Einheit und Vielfalt ihres Zeugnisses finden ihre Mitte in Jesus Christus. Wir stehen auf für die Wahrheit des Wortes Gottes und gegen die Kritik an der Bibel als Autorität für die Lehre der Kirche und das Leben der Christen. Die Bibel ist immer aktueller als der jeweilige Zeitgeist. "*

Damit kann man sich theologisch anfreunden. Aber es gibt viele Evangelikale, die eher den Chicago-Erklärungen zuneigen und deshalb den Begriff „Autorität der Bibel" anders verstehen, nämlich als eine Sammlung von absolut wahren Antworten auf Fragen zu Mensch und Welt. Diese Unklarheit hat für die Bewegung schwerwiegende Folgen. Denn man greift ständig auf die Bibel zurück, man argumentiert mit ihr, man sucht in ihr Vorbilder, sodass Unterschiede im Schriftverständnis das Glaubensleben in unterschiedliche Richtung prägen. Man kann deshalb durchaus fragen, ob die Gemeinsamkeiten der evangelikalen Bewegung, was Theologie und Praxis angeht, nicht wesentlich weniger wiegen als die inneren

Unterschiede. Wenn es dennoch so etwas wie eine gemeinsame, evangelikale Theologie gibt, lässt sie sich jedenfalls nicht anhand des Umgangs mit der Bibel fassen. Wie steht es dann mit dem evangelikalen Verhältnis zur akademischen Theologie? Darüber werden wir im nächsten Kapitel nachdenken.

Zusammenfassung

Das wichtigste Merkmal der evangelikalen Bewegung ist die Orientierung an der Autorität der Bibel. Sie ist oberste Norm in Fragen des christlichen Glaubens. Wie ihre Autorität zu verstehen ist, wird allerdings sehr unterschiedlich gesehen. Auf der einen Seite steht der protestantische Fundamentalismus, den die Chicago-Erklärungen formulieren. Aus seiner Sicht hat die Bibel göttliche Eigenschaften, nämlich Unfehlbarkeit und Zeitlosigkeit. Dieses Bibelverständnis ist modern und entspricht nicht der christlichen Tradition. Auf der anderen Seite steht das Bibelverständnis der Reformation, nach dem die Heilige Schrift das der Kirche von Gott geschenkte Zeugnis von dem ist, was Gott tut. In der Mitte steht das, was „Christum treibet". Zum Wort Gottes wird die Bibel danach durch das Wirken des Heiligen Geistes. Die pietistische Schriftspiritualität ist eine praktische Anwendung dieses reformatorischen Bibelverständnisses. Bisher ist es der Bewegung nicht gelungen, diese fundamentale Differenz zu klären und zu einem weithin zustimmungsfähigen, evangelikalen Bibelverständnis zu kommen.

9. Die ungläubigen Theologen und die ungläubigen Weltmenschen

Der Schweizer Jugendschriftsteller und Pastor Niklaus Bolt (1864 bis 1947) erzählt von seiner theologischen Ausbildung in Basel in den 1880er-Jahren:

> *„Es passte mir gar nicht, dass mein Studium nicht ausschließlich an der Universität erfolgen sollte. Ich musste in die „Predigerschule". Es gab Studenten, die meinten die Nase rümpfen zu müssen über eine solche Anstalt, die theologisch nicht auf der Höhe sei... Der Wille der Mutter aber hatte, auf Zuspruch unseres geistlichen Beraters, in der Entscheidung stark mitgewirkt. Sie bangte noch immer, mein Glaube könnte an der Klippe des Intellektes scheitern. Sie wusste, dass in der Predigerschule vor allem die Bibel dem Studium zugrunde liege, und ein Geist wehe, der ihrem Innersten entsprach.* "[36]

Die Basler Predigerschule war erst 1876 gegründet worden und wurde bereits 1915 während des Ersten Weltkriegs wieder geschlossen. Sie stand dem erwecklichen Neupietismus nahe, ähnlich wie die ebenfalls in Basel ansässige Chrischona-Bewegung, und galt als konservativ. Daher war sie eine „evangelikale" Alternative zur Universitätstheologie, von der man annahm, wie Niklaus Bolts Mutter, dass sie den Glauben der jungen Menschen nicht in Wanken bringen würde.

Die Bibel als Grundlage der Theologie

Aber was bedeutet es praktisch, wenn wie damals in Basel „die Bibel dem Studium zugrunde liegt"? Es bedeutet erst einmal einen Widerspruch gegen die historisch-kritische Methode, aber das ist nur ein negatives Merkmal. Wie soll stattdessen an einer Hochschule mit der Bibel umgegangen werden? Das Albrecht-Bengel-Haus in Tübingen und die Staatsunabhängige Theologische Hochschule Basel (STH) gelten zum Beispiel beide als evangelikal. Was den Umgang mit der Bibel angeht, liegen (oder lagen) sie jedoch auseinander. Die STH wurde als Freie Evangelisch-Theologische Hochschule 1970 gegründet, ihr Bibelbekenntnis lautete damals so:

> *„Die Bibel Alten und Neuen Testaments ist in allen ihren Aussagen vom Heiligen Geist inspirierte göttliche Offenbarung und daher die einzige maßgebliche Quelle von Wahrheit und Glauben und die uneingeschränkte Autorität in jeder Hinsicht, namentlich für Lehre und Leben. Sie ist das auf allen Gebieten völlig zuverlässige, sachlich richtige, wahre, widerspruchsfreie Wort Gottes. Ihre Voraussagen (Prophezeiungen) sind echt und haben sich erfüllt oder werden sich noch erfüllen.“*

Das ist ein Bibelfundamentalismus, der noch über die wenig später verfassten Chicago-Erklärungen hinausgeht, mit denen wir uns in Kapitel 8 beschäftigt haben. Im Unterschied dazu orientierte sich das 1969, also fast gleichzeitig, gegründete Albrecht-Bengel-Haus an der traditionell pietistischen Schriftspiritualität. Auf seiner Homepage wird heute mit einem Motto von Johann Albrecht Bengel (1687 bis 1752) geworben:

> *„Die Schrift erhält die Kirche, die Kirche schützt die Schrift. Wenn die Kirche stark ist, erstrahlt die Schrift. Wenn die Kirche krank ist, verrostet die Schrift. Daher pflegt das Angesicht von Kirche und Schrift zusammen entweder gesund oder krank auszusehen.“ (Gnomon)*

Beide Gründungen und eine Reihe anderer Aktivitäten waren eine Reaktion auf den „Streit um die Bibel" in den 1960er-Jahren. Man wollte sich wie die Pietisten in Basel vor dem Ersten Weltkrieg am Unternehmen „wissenschaftliche Theologie" beteiligen, aber als evangelikales Korrektiv. Dass sich die evangelikale Bewegung der Universitätsausbildung nicht verweigerte, war eine wichtige und gute Entscheidung, denn die wissenschaftliche Theologie war eine notwendige Antwort der christlichen

Kirchen auf die Herausforderungen der Neuzeit. Natürlich handelte es sich um ein riskantes Unternehmen. In dieser Welt ist alles riskant, was Christen tun, und alles fällt irgendwie bruchstückhaft und vorläufig aus. Das ist kein Grund, es nicht zu tun, sondern einer, es immer wieder und besser zu tun. Viele der Fehler, die in der neuzeitlichen Theologie gemacht wurden, sind nach meinem Eindruck heute mehr oder weniger überwunden. Zum Beispiel ist das zuversichtliche Vertrauen in die Kraft logischer Schlüsse bei der Analyse biblischer Texte einer Vorsicht gewichen, die letztlich viel vernünftiger ist. Angeblich echte und unechte Jesusworte im Neuen Testament werden nicht mehr so freihändig unterschieden wie im 19. Jahrhundert, ebenso werden angebliche „Gemeindebildungen" nicht mehr automatisch als unhistorisch gewertet. Rationalistische und naturalistische Deutungen der Bibeltexte gibt es immer noch, aber sie werden meist (nicht immer) als Deutung der Systematischen Theologie ausgewiesen. Es ist auch weithin anerkannt, dass die Kriterien der Quellenscheidung, mit deren Hilfe man Vorstufen eines Textes zu konstruieren sucht, oft subjektiv sind und nahezu beliebige Hypothesen zulassen usw. Ich bin selbst kein Theologe und letztlich nicht imstande, mir über das Innenleben der akademischen Theologie ein Urteil zu bilden. Aber für mich sieht es so aus, als hätten Evangelikale heute weniger Grund als vor 50 Jahren, sich von der akademischen Theologie fernzuhalten. Dagegen sehe ich gute Gründe dafür, sich an ihr zu beteiligen. Allerdings trifft man in der akademischen Theologie auch heute noch eine Haltung der Bibel gegenüber an, die Evangelikale nicht akzeptieren können. Ein 2016 erschienener Artikel zur christlichen Sexualethik mit dem provozierenden Titel „Grenzen der Bibel" beginnt zum Beispiel so:

> *„Wer die biblischen Texte genau liest, stößt auf ihre Zeitbedingtheit. Deshalb können bestimmte Gebote heute nicht mehr als Grundlage moralischen Handelns dienen."*[37]

Gemeint sind alttestamentliche Rechtsvorschriften sowie am Rand die zehn Gebote und einige wenige Stellen des Neuen Testaments. Was im

Folgenden dargelegt wird, ist historisch weitgehend nachvollziehbar. Die alttestamentlichen Vorstellungen über das Verhältnis von Mann und Frau, über Ehe und Ehebruch, über rechtliche Sanktionen usw. sind heute nicht mehr anwendbar und wären teilweise verwerflich, würde man sie anwenden. Aber nach meinem besten Wissen betrachtet sie auch niemand durchweg als „Grundlage moralischen Handelns". Ich kenne unter Fundamentalisten, die auf dem Boden der Chicago-Erklärungen stehen, niemanden, der zum Beispiel verlangt, dass man eine Frau steinigen soll, die nicht als Jungfrau in die Ehe geht (5. Mose 22, 21) oder dass man einen Mann hinrichten soll, der Geschlechtsverkehr mit einem Tier hatte (2. Mose 22, 18). Ich bin immer wieder mit diesen Mitchristen im Gespräch, sie wären über solche Vorstellungen hell entsetzt. Natürlich wählen sie aus, was sie für gültig halten und was nicht, wie es alle Bibelausleger tun. Dadurch geraten sie in Widerspruch zu ihrer Bibeltheorie, die eigentlich nicht vorsieht, dass zwischen gültigen und ungültigen Geboten zu unterscheiden ist. Das kann man ihnen gelegentlich sagen, muss man aber nicht. Mit gedanklichen Widersprüchen leben auch andere Christen. Viel wichtiger ist, welche Maßstäbe sie tatsächlich an ihre Ethik anlegen. Warum ist Sex vor der Ehe aus ihrer Sicht heute noch verboten, so wie ihn alttestamentliche Regeln (in manchen Fällen) verbieten? Warum ist Polygamie heute verboten, obwohl Rechtsvorschriften im Alten Testament sie ausdrücklich erlauben? Sind es biblische Maßstäbe, die entscheiden, und wenn ja, welche? Werden einzelne Bibelstellen gegeneinander aufgerechnet, oder urteilt man von der Mitte der Schrift her, in diesem Fall von der Nachfolge Christi her? Zählen vielleicht kulturelle oder traditionelle Maßstäbe, die nur scheinbar christlich sind? Diese Maßstäbe gilt es offenzulegen und zu diskutieren. Das gilt aber auch für die Maßstäbe der „Zeitzeichen"-Autorin. Sie verwendet den beschreibenden Begriff „zeitbedingt" nämlich als Wertung; er bedeutet bei ihr „überholt". Es bleibt aber ebenso unklar wie bei meinen fundamentalistischen Freunden, warum das eine Gebot weiter gelten soll und das andere nicht. Denn die alttestamentlichen Regelsammlungen enthalten neben Vorschriften, die wir heute verwerfen müssen, auch solche, die wir auf keinen Fall aufgeben wollen. So wird vorgeschrieben, dass

Fremde im Land wie Einheimische zu behandeln seien. Denen, die sozial Benachteiligte (Witwen und Waisen) ausbeuten, wird Gottes Gericht angedroht. Man kann sich ausmalen, wie ein Sprecher der Pegida-Bewegung sich die „Zeitzeichen"-Argumente zunutze machen könnte: „Sicher, die Bibel befiehlt, Flüchtlinge aufzunehmen und gesellschaftliche Randgruppen zu versorgen. Aber das sind eben die Grenzen der Bibel, diese Vorstellungen sind zeitbedingt. Sie gehören zum mythologischen Weltbild einer antiken Ackerbaukultur. Für uns als aufgeklärte Europäer gilt, dass man das christliche Abendland bewahrt, indem man an der Grenze auf Flüchtlinge schießt und nutzlose Esser in Arbeitslager steckt."

Wenn die eine Seite Gebote, die ihr nicht passen, unter Hinweis auf die Grenzen der Bibel aussortieren darf, dann darf die andere Seite das auch. Offensichtlich muss eine Ethik, die den Namen „christlich" verdient, vom Zentrum des Glaubens her entwickelt werden. Und dafür sollte man nicht auf die Bibel herabschauen, sondern in sie hinein. Wenn man in dem gleichen Heft ein wenig blättert, findet man einen Artikel, der das tut und begründet, warum Maßstab für die Ethik ist, „was Christum treibet".[38] Evangelikale sollten also, bevor sie in Pauschalurteile verfallen, das ganze Spektrum theologischer Arbeit zur Kenntnis nehmen. In allen Wissenschaften (auch im Urbild der modernen Wissenschaft, der Naturwissenschaft) gibt es nicht nur solide wissenschaftliche Arbeit, sondern ideologische Strömungen, die Wissenschaft interessengeleitet und verformt darbieten. Das gilt für die Theologie wie für jede andere Disziplin. Das akademische System belohnt Leute, die Zuschüsse und Publikationen einbringen. Das erreicht man nicht nur durch gute Arbeit, sondern auch indem man schreibt, was mächtige Leute hören wollen und was Größen des Fachs in den Kram passt. Querdenker haben im akademischen Betrieb selten eine Chance. Seilschaften sind nicht die Ausnahme, sondern die Regel, und Herausgeber von Fachzeitschriften und Sammelbänden achten darauf, dass ihre Lieblingsmeinungen verbreitet werden und andere nicht. Solange es an den Universitäten Geld und Posten für Theologen zu verteilen gibt, wird es so bleiben. Vieles von den Missständen der akademischen Theologie, die Evangelikale auf die historisch-kritische Methode oder sogar auf Unglauben zurückführen, sind Missstände des akademischen Betriebs. Das ist, wie gesagt, kein Grund, diesem Betrieb fernzubleiben, sondern ein Grund, es besser zu machen. Vielleicht sollten die Evangelikalen deshalb konstruktiver und weniger empfindlich auf akademisch-theologische Ausrutscher antworten. Wenn sich die Theologie der Möglichkeiten und Grenzen ihrer Methoden bewusst bleibt und solide wissenschaftlich arbeitet, leistet sie Erstaunliches und ist für eine Kirche in der modernen Welt unverzichtbar. Aber nicht jeder Artikel in einer Zeitschrift ist das letzte Wort der Wissenschaft. Und wissenschaftliche Theologie ist mehr als das, was einem Theologen eine Stelle an einer deutschen Universität einbringt. Jede Theologie, die Glaubenszeugnisse mit historischen, literarischen, psychologischen usw. Methoden untersucht und daraus vor dem Hintergrund des christlichen Bekenntnisses ihre Schlüsse zieht, ist wissenschaftlich (oder keine ist es). Man hat als Außenstehender nicht den Eindruck, dass die deutschen Universitäten das Spektrum dieses Unternehmens abdecken. Deshalb ist es berechtigt, dass es in der evangelikalen Bewegung eigene theologische Organisationen und Ausbildungsstätten gibt. Je besser sie arbeiten, desto besser für die evangelische Kirche. Eine Reihe evangelikaler Ausbildungsstätten hat inzwischen nach einem Akkreditierungsprozess durch den Wissenschaftsrat die Anerkennung als Hochschulen erreicht.[39] Die gründliche Prüfung ihrer Ausbildung hat diesen Hochschulen nach meinem Eindruck sehr gutgetan und ihre theologische Position (ob ausgesprochen oder unausgesprochen) näher an die Mitte der reformatorischen Bekenntnisse gerückt. Es wäre an der Zeit, dass die staatlichen Fakultäten von ihrer bisherigen Haltung überlegener Abgrenzung zur Kooperation übergehen. Nach meinem Eindruck hören sie bisher den eigentlich trivialen Satz, dass beide Seiten voneinander lernen können, ebenso ungern wie viele Evangelikale.

Man sollte sich verdeutlichen, dass die akademische Theologie trotz aller Ausrutscher und Engführungen nicht die Quelle der Religionskritik ist, die Christen in unserer Kultur ständig begegnet. Bei vielen Evangelikalen gibt es die Vorstellung, dass eine „bibeltreue" Theologie und Verkündigung anstatt einer liberalen die Kirchen wieder glaubwürdig machen würde. Das ist unwahrscheinlich – warum, wird im folgenden Teil III begründet werden. Die akademische Theologie hat kaum einen Einfluss auf das, was Massenmedien als „öffentliche Wahrheiten" verbreiten. Die „ungläubigen Theologen" sind nicht schuld an den ungläubigen Weltmenschen.

Die technisch-wissenschaftliche Lebenswelt und das Evangelium

Zahllose Male liest und hört der Zeitungsleser, Fernsehkonsument und Internetnutzer: „So kann man sich Gott heute nicht mehr vorstellen." Das bedeutet automatisch: „Deshalb kann es Gott bzw. einen solchen Gott nicht geben." Logisch könnte man ebenso schließen, dass man seine Vorstellung ändern müsste. Aber das kommt natürlich nicht infrage. Genauso automatisch bedeutet der Satz „Die Wunder des Neuen Testaments sind mit dem wissenschaftlichen Denken nicht vereinbar" für den heutigen Menschen: „Es kann solche Wunder nicht geben." Wiederum wäre logisch ebenso möglich zu schließen, dass das „wissenschaftliche Denken", so, wie es dieser Satz versteht, nicht dazu taugt, die ganze Wirklichkeit der Welt zu erfassen. Aber das ist für die meisten Menschen nun wirklich undenkbar.

Als ich vor langer Zeit Gymnasiast und im lokalen CVJM aktiv war (meist im ziemlich ungeistlichen, sportlichen Zweig der Arbeit), war der „Streit um die Bibel" in vollem Gang (siehe Kapitel 3). Ich bin mir nicht mehr sicher, ob ich den bekannten Kernsatz Rudolf Bultmanns damals schon hörte oder erst einige Jahre später. Jedenfalls habe ich ihn schon sehr lange im Kopf:

„Man kann nicht elektrisches Licht und Radioapparat benutzen, in Krankheitsfällen moderne medizinische und klinische Mittel in Anspruch nehmen und gleichzeitig an die Geister- und Wunderwelt des Neuen Testaments glauben. Und wer meint, es für seine Person tun zu können, muss sich klarmachen,

dass er, wenn er das für die Haltung des christlichen Glaubens erklärt, damit die christliche Verkündigung in der Gegenwart unverständlich und unmöglich macht."[40]

Dass ich die angebliche „Geister- und Wunderwelt" des Neuen Testaments nicht so sehe, wie Bultmann sie 1948 sah, habe ich bereits in den Kapiteln 3 und 4 erläutert. Ich habe auch versucht zu erläutern, warum man Bultmanns Theologie nicht auf diese eine Passage reduzieren sollte. Jetzt kommt es mir auf etwas anderes an: Wir wuchsen in den 1960er-Jahren in einer von Technik dominierten Welt auf, wenngleich das damals noch nicht Smartphone und Internet bedeutete, sondern Moped, Auto, Münztelefon und Fernsehen. Ich kann mich nicht erinnern, dass diese Tatsache die christliche Verkündigung (die ich in einer gemäßigt pietistischen Form erlebte) unverständlich oder gar unmöglich machte. Als sicherlich übertrieben selbstsicherer Jugendlicher wollte ich damals genau das tun, was man laut Bultmann nicht tun konnte. Ich machte mir Gedanken über die Harmonie zwischen Naturwissenschaft und Schöpfungsglauben und war mir sicher, dass man diese Harmonie beschreiben könne. Dann begann ich mein Studium und geriet in die Turbulenzen der 68er-Bewegung. Bultmann und der „Streit um die Bibel" waren für niemand mehr in meinem Alter ein Thema. Als ich fast zwanzig Jahre später in der Evangelischen Zentralstelle für Weltanschauungsfragen (EZW) zu arbeiten begann, hatte sich die Gesprächslage völlig verändert. Die Ex-68-er pilgerten nach Indien und meditierten zu Füßen seltsamer Gurus, die Esoterik-Bewegung hatte ihren ersten, großen Aufschwung unter dem Namen „New Age" und in der Psychoszene arbeitete man intensiv daran, sich durch pseudopsychologische Kunstgriffe in einen rundum glücklichen und erfolgreichen Menschen zu verwandeln. Außerdem bekam ich es mit Esoterikern zu tun, die mit den biblischen Wundern keine Probleme hatten. Wenn man Rasierapparat und Laptop benutzen und gleichzeitig an Naturgeister und Pyramidenenergie glauben kann, stört man sich nicht an einer Lappalie wie der wunderbaren Heilung eines Gelähmten. Hand in Hand damit ging zunehmend ein subjektiver Wahrheitsbegriff, mit dem praktisch alles glaubhaft wurde (siehe Kapitel 4). Das „moderne Weltbild" hatte sich in Luft aufgelöst oder war (soziologisch gesprochen) postmodern geworden. Man traf immer häufiger auf eine Gleichgültigkeit gegenüber allgemeinen Wahrheiten (Relativismus), die nicht selten an einen Anti-Realismus grenzte: Es gibt gar keine Realität außer der, die ich mir selbst bilde. Und die kann ich so bilden, dass sich Smartphones und Wunderheilungen widersprechen, oder auch nicht. Nur eins steht absolut fest: Dass mir niemand dabei hineinreden darf. Diese Entwicklung hat sich bis heute noch verstärkt.

Später tauchten die Neuen Atheisten als Gesprächspartner auf, für die es nur eine Wahrheit gab, die naturwissenschaftliche. Für so etwas wie liberale Theologie hatten sie nur Spott übrig. Was sollte das auch anderes sein als ein Versuch, durch die Abschaffung von ein paar unwichtigen Wundern von der Absurdität der christlichen Grundüberzeugung abzulenken, nämlich dass es Gott gibt, dass diese Welt seine Schöpfung ist, und dass dieser Gott etwas mit den Menschen zu tun haben will? Es ist schade, dass die Neuen Atheisten nicht schon 1960 da waren, um die streitenden Theologen daran zu erinnern, dass sie (um ihnen ein biblisches Bild in den Mund zu legen) Mücken aussiebten und Kamele verschluckten. Wenn man imstande ist die Absurdität zu glauben, dass im Menschen Jesus von Nazareth ein Urbild des Menschen nach Gottes Willen als Primat unter Primaten im Nahen Osten herumlief – kommt es dann noch darauf an, ob man glaubt oder nicht, dass dieser Primat über Wasser laufen konnte? Atheisten, die so reden, haben völlig recht: Es kommt nicht darauf an. Unrecht haben sie mit ihrer Überzeugung, dass man geistig verwirrt sein müsse, um überhaupt an Gott und an Christus zu glauben. Man kann dabei durchaus bei normalem Verstand sein, sollte sich allerdings bewusst machen (und wenn es geht, ebenso den atheistischen Gesprächspartnern), was der normale Verstand leisten kann und was nicht. Er kann zum Beispiel religiöse Überzeugungen nicht „wissenschaftlich" widerlegen. Die Neuen Atheisten versuchen es dennoch, aber sie sind selbst eine kleine Minderheit.

Der *Homo oeconomicus* und der *Homo religiosus*

Aus der Sicht der Mehrheit und der Medienindustrie muss man es nicht begründen, dass religiöse Überzeugungen mit der realen Welt nichts zu tun haben. Selten wird auch nur andeutungsweise gefragt, ob eine religiöse Weltsicht wahr sein könnte, oder gar wahrer als die unreligiöse Perspektive. Diese Perspektive wird nicht formuliert oder gar diskutiert, sie wird selbstverständlich vorausgesetzt. Da jedoch für religiöse Menschen umgekehrt die Frage nach der Wahrheit ihrer Überzeugung im Mittelpunkt ihres Denkens steht, verkürzt und verzerrt man ihre Wirklichkeit. Selbst wenn Glaubensvorstellungen ausdrücklich abgefragt werden, wie im Fall der dreiteiligen ARD-Serie „Was glaubt Deutschland?" im August 2015, erkennt der Moderator Steffen König als „eigentlichen" Kern aller Religionen nur ein moralisches Motiv, nämlich ein guter Mensch zu sein. Und er meint, dass die Grundmotive der Gläubigen über die Religionen hinweg die gleichen seien: zum Beispiel Hoffnung zu schöpfen und Halt zu finden.[41] Er hat recht, aber nur deswegen, weil er nicht unrecht haben kann. Warum investieren Menschen ihre Kraft in ihre Karriere, in ihr Aussehen oder in möglichst befriedigenden Konsum? Warum suchen sie bei teuren Fachleuten und noch teureren Quacksalbern nach Rezepten gegen ihre Ängste und Nöte? Genau, sie wollen Hoffnung schöpfen und Halt finden. An der Frage, warum manche Menschen sich dafür der Religion zuwenden und andere nicht, geht man so völlig vorbei. Und selbstverständlich wollen fast alle Menschen sich selbst als gute Menschen sehen und bei anderen dafür gelten. Es dürfte nicht viele geben, die den Ehrgeiz haben, einen schlechten Charakter zu entwickeln. Der Journalist sagt also, ohne es zu merken, dass religiöse Menschen die gleichen Ziele verfolgen wie unreligiöse. Damit sagt er auch, dass es aus seiner Sicht religiöse Ziele „eigentlich" nicht gibt. Die Frage, ob die Religionen die Realität von Welt und Mensch richtig oder falsch verstehen, ist schon vorab gegen die Religion beantwortet.

Was ist das für ein Menschenbild? Der Mensch, wie ihn die Medien, aber auch wie ihn Politik und Wirtschaft mehrheitlich sehen, ist ein *Homo oeconomicus*, ein wirtschaftender Mensch, ein Nutzenmaximierer, der imstande ist, seine Ziele klar zu ordnen (Präferenzen zu bilden) und sein Handeln so zu steuern, dass der Nutzen für seine Ziele möglichst groß ist. Was er tut, wird davon bestimmt, welche Gewinne und Verluste er erwartet. Diese müssen nicht materiell sein. Die Ziele können sich auf den sozialen Status beziehen, auf inneres Wohlbefinden, auf das Vermeiden von Ängsten, auf moralische und ethische Zustände usw. Ein gruseliges Beispiel liefert uns die sogenannte Glücksforschung, die untersucht, ob Kinder glücklich machen oder nicht. Anhand von Selbsteinschätzungen befragter Eltern stellten die Forscher fest, dass bei kleinen Kindern unter zwei Jahren – gemessen an der Präferenz Lebensglück – der Nutzen überwiegt. Bei älteren Kindern ist die Erziehung aber mit so viel Stress verbunden, dass sie das Lebensglück beeinträchtigen. Das Ergebnis lässt dem *Homo oeconomicus* nur die Wahl (wenn er seine Kinder nicht mit zwei Jahren abschaffen will), auf Kinder ganz zu verzichten oder seine Ziele zu ändern. Aber wer will schon das Ziel „Lebensglück" herabstufen? Religiöse Menschen wollen das vielleicht tatsächlich und gewichten moralische Ziele höher. Religion lässt sich nämlich in dieses ökonomische Denken einfügen. Auch religiös motiviertes Verhalten kann man, gemessen an den religiösen Zielsetzungen, anhand von Gewinnen und Verlusten betrachten. Wenn die Präferenz „Erleuchtung" an oberster Stelle steht, handelt der buddhistische *Homo oeconomicus* so, dass er der Erleuchtung näher kommt. Wenn oberstes Ziel ist, das Reich Gottes zu fördern, handelt der christliche *Homo oeconomicus* entsprechend.

Alles ist klar, alles ist verständlich, nur was Religion ist, wird damit völlig verfehlt. Der Mensch ist kein *Homo oeconomicus*, nirgends, und schon gar nicht in der Religion. Wenn ein Mensch sich nach dem Überweltlichen, dem Ewigen ausstreckt, wenn der Mensch von dem berührt wird, was seine Existenz gleichzeitig erschüttert und erfüllt, orientiert er sich nicht an einer Rangfolge von praktischen Zielen. Dann hören alle Kosten-Nutzen-Rechnungen auf, auch die scheinbar religiösen. Religion bedeutet Verwandlung und Neuwerdung, auch Neuwerdung aller Ziele, sie bedeutet eine Reise in das Unbekannte. Die tiefsten Ängste des Menschen sollen gestillt werden, die man selbst kaum kennt. Die tiefsten Sehnsüchte sollen hervortreten, von denen man noch nichts weiß. Ein glaubender Mensch will auf die Reise gehen, er kennt das Ziel aber allenfalls in Form von Bildern und Ahnungen. Sein Ziel erschließt sich nach und nach, indem er unterwegs ist. Er handelt auf Vertrauen hin, obwohl Ertrag nicht abschätzbar ist. Der *Homo religiosus* ist keine Variante des *Homo oeconomicus*. Man könnte sagen, dass er transrationale Gründe für sein Handeln hat, also nicht nur irrationale, die emotionaler und intuitiver sind als die innerweltliche Rationalität, sondern solche, die über die Welt hinausgreifen. Aber auch irrationale, nämlich emotionale, intuitive und körperliche Beweggründe haben ihr Recht in der Religion. Der *Homo religiosus* kann durchaus, wenn auch nicht nur, irrational sein. Da er sein Handeln nicht anhand von innerweltlich rationalen Präferenzen steuert, kann er Gefühle, Intuitionen und Visionen zulassen. Er kann sie in sein Abenteuer integrieren und ihre motivierende Kraft nutzen.

Wird der *Homo religiosus* auf den *Homo oeconomicus* reduziert, steht er ohne Religion da. Man redet dann über die „realen" psychologischen, politischen und wirtschaftlichen Gründe für sein Tun und übersieht das, was er ist. Diese Gründe können positiv dargestellt werden, wie zum Beispiel meist beim Dalai Lama. Der Dalai Lama, wie er in den Medien präsentiert wird, ist ein weiser Friedenspolitiker, kein buddhistischer Priester aus Tibet, der seine Anhängerschaft zur Erleuchtung führen will. (In Wirklichkeit ist er beides und noch mehr.)

Am meisten Aufmerksamkeit erhalten religiöse Gruppierungen, vor denen gewarnt werden kann. Die Warnungen sind zum Teil berechtigt, oft aber auch nicht, oder sie sind überzogen. Über die religiösen Beweggründe der Akteure erfährt man nichts oder Falsches. Das fällt besonders auf, wenn über sogenannte Sekten berichtet wird, zum Beispiel über Jehovas Zeugen. Es wird mit Recht herausgestellt, dass es sich um ein autoritäres System von Zwängen und Abhängigkeiten handelt. Aber warum bleiben die Leute dennoch dabei? Die meisten Zeugen (außer denen, die von ihrer Macht im System profitieren) lieben autoritäre Systeme genauso wenig wie die Journalisten. Sie verdrängen diese Seite ihrer Gemeinschaft und leugnen sie nach außen, denn sie erleben ihre Treue zu Gott Jehova und ihr moralisch untadeliges Verhalten als erfüllenden Lebenssinn. Dass sie sich damit das ewige Leben im irdischen Paradies verdienen, wirkt allerdings wie ein „ökonomisches" Handeln. Tatsächlich sind Jehovas Zeugen diejenige christliche Gemeinschaft, bei der man am ehesten den Eindruck gewinnt, Religion sei ein Geschäft mit Gott auf Gegenseitigkeit. Aber ich bin mir sicher, dass dieser Eindruck trügt. Wären die Beweggründe der Zeugen ökonomisch rational, würde die Gemeinschaft nicht mehr existieren. Wegen der Aussicht auf ein tolles Leben in der Zukunft würde niemand den Alltag eines Zeugen ertragen. Auch bei einem Zeugen werden dunkle Ängste aufgenommen und kanalisiert, wenn auch nicht gestillt. Auch seine Sehnsucht nach der „neuen Welt" hat Tiefen, die ihm nicht bewusst sind. Nur von „transrationalen", religiösen Motiven her lässt sich letztlich verstehen, was ein Zeuge Jehovas ist und tut. Religion ist, nicht nur in diesem Fall, eine gewaltige, eigenständige Macht im Leben. Auch Evangelikale lassen sich letztlich nur als das verstehen, was sie sind: vom Geist Christi durch die Neuzeit bewegte Menschen.

Zusammenfassung

Die evangelikale Bewegung steht dem Hauptstrom der universitären Theologie kritisch gegenüber. Teile der evangelikalen Bewegung lehnen die wissenschaftliche Theologie völlig ab, andere Teile versuchen, mit alternativen Methoden und Konzepten wissenschaftlich-theologisch zu arbeiten. Eine wissenschaftliche Beschäftigung mit den gedanklichen und geschichtlichen Grundlagen des christlichen Glaubens ist jedoch im Zeitalter der Wissenschaft für die Kirchen unverzichtbar. Aus der wissenschaftlichen Erforschung dieser Grundlagen ergeben sich im Rahmen des christlichen Bekenntnisses theologische Einsichten, die allerdings (wie jede wissenschaftliche Erkenntnis) vorläufige Konstrukte sind und nicht der Realität an sich entsprechen. Dieses kritische Selbstverständnis fehlt

in der akademischen Theologie häufig, damit provoziert sie fundamentalistische Gegenreaktionen. Die evangelikale Bewegung tut gut daran, sich
dennoch an dem Unternehmen „wissenschaftliche Theologie" mit ihren
eigenen Fragestellungen zu beteiligen. Allerdings hat die akademische
Theologie insgesamt nicht viel Einfluss darauf, wie in unserer Gesellschaft
öffentlich mit Religion umgegangen wird. Das vorherrschende Menschenbild ist das eines *Homo oeconomicus*, der nach vernünftigen Gesichtspunk-
ten mit Kosten und Nutzen rechnet. Dadurch kommen religiöse Beweggründe von vornherein nicht mehr in den Blick.

Der Wissenschaftler analysiert die evangelikale Tradition

Dem Wissenschaftler aus einem fernen Land gelingt es durch teilnehmende Beobachtung und durch viele Gespräche herauszufinden, durch welche religiösen Vorstellungen sich der Stamm der Evangelikalen von anderen christlichen Stämmen im Land unterscheidet. Allerdings stellt er fest, dass die Unterschiede der verschiedenen christlichen Stammesreligionen aus seiner distanzierten Perspektive nicht so groß sind, wie die meisten evangelikalen Clans meinen. Die Clan-Häuptlinge betonen nämlich die Unterschiede, um den Zusammenhalt in ihrem Clan zu stärken. Damit machen sie sich bei anderen christlichen Stämmen oft unbeliebt. Die Betonung von trennenden Merkmalen führt auch zu Kämpfen zwischen den evangelikalen Clans, die oft aggressiver ausgetragen werden als Streitigkeiten nach außen hin.

Seit seinen ersten Forschungen weiß der Wissenschaftler bereits, dass die Neigung der Evangelikalen zur Abgrenzung historische Wurzeln hat: Das Selbstbild des Stamms entstand durch einen Konflikt mit anderen christlichen Stämmen, von denen man sich vor einigen Generationen trennte. Der Wissenschaftler fragt sich, in welcher Weise dieser historische Konflikt weiterwirkt? Hat der Stamm der Evangelikalen immer noch feste Feindbilder, hat er alte oder neue Verbündete? Er weiß aus Erfahrung, dass man darüber am ehesten etwas erfährt, wenn man untersucht, was die anderen Stämme über die Evangelikalen sagen. Also macht er sich daran, Dokumente zur Außensicht auf die Evangelikalen zu sammeln. Aber wie ist die Innensicht? Was sagt der Stamm über sich selbst? Was macht es für die Angehörigen des Stamms gefühlsmäßig zu einer positiven Sache, evangelikal zu sein? Welche herausragenden Ereignisse aus der Geschichte der Evangelikalen werden immer wieder erzählt und ausgeschmückt? Wer sind die evangelikalen Heldengestalten und Vorbilder, von denen Geschichten, Lieder und Gedenkstätten berichten? Welche Rituale und Feste dienen dazu, das evangelikale Bewusstsein zu symbolisieren und zu stärken? Mit anderen Worten: Wie sieht die evangelikale Tradition aus, wie wird diese Tradition gestaltet und gepflegt? Der Wissenschaftler ist froh, dass er eine klare Forschungsfrage gefunden hat. Umso enttäuschter ist er, weil sich die Suche als unerwartet schwierig herausstellt. Sein Notizbuch bleibt fast leer, er kann kaum Bestandteile einer evangelikalen Stammestradition finden. Es gibt kein Fest der Stammesgründung, es gibt keine Geschichten über Helden, die den Stamm aus einer großen Gefahr retteten. Es gibt noch nicht einmal gemeinsame Rituale, mit denen man feiert, dass man evangelikal ist. Das einzige große Ritual, das seinen Gesprächspartnern einfällt, ist ein nur alle paar Jahre wiederkehrender Event namens „Pro Christ". Wie kann der Stamm fast ohne eine eigene Tradition auskommen?

Immerhin stellt der Wissenschaftler fest, dass die verschiedenen evangelikalen Clans, jeder für sich, sehr wohl Traditionen pflegen. Im Clan der Pietisten, dem ältesten unter den evangelikalen Clans, erzählt man dem Wissenschaftler von den Gründungsvätern, die sich vor Jahrhunderten in kleinen Bruderschaften zusammenschlossen und das heilige Buch studierten, um der Bevormundung und Unterdrückung durch ihre Feudalherren zu entgehen. Der Clan praktiziert seither traditionelle Rituale, die seltsame Namen tragen, zum Beispiel „Stunde" oder „Brüderreise". Andere pietistische Heldengeschichten erzählen von reisenden Stammespriestern, die in alle Welt aufbrachen, um ihre Religion zu verbreiten. Aber diese Tradition wird von anderen Clans nicht immer geteilt, sie wird von manchen sogar als altmodisch kritisiert. Der Clan der Pfingstler, ein jüngerer Clan, erzählt dem Wissenschaftler von einem großen Aufbruch ihrer Vorfahren. Diese seien vom Geist Gottes mit wunderbaren Gaben beschenkt worden und seien aus Verachtung und Armut aufgebrochen, um einen ehrenvollen Platz unter den Clans einzunehmen. Es wird ihm von Heldengestalten wie William Branham und Jonathan Paul berichtet, die den jungen Clan zu Ehre und Reichtum geführt hätten. Aber auch diese Tradition wird von anderen Clans nicht immer geteilt. Der pietistische Clan erzählt sogar eine Gegengeschichte, nach der nicht der Geist

Gottes, sondern ein Geist der Verwirrung die Gründer des Pfingst-Clans bewegt hätte.

Immerhin füllt sich das Notizbuch des Wissenschaftlers. Der Clan der Bibelgläubigen berichtet ihm von ihrem großen Helden John Nelson Darby, der vor Jahrhunderten dafür gekämpft habe, die Reinheit des Clans zu bewahren und die Verunreinigung durch die Vermischung mit fremden Clans zu verhindern. Mit Stolz wird ihm von den strengen Regeln und Riten berichtet, mit denen sich die Reinen von den Unreinen abgrenzen. Der wichtigste Ritus heißt „Herrenmahl" und wird jede Woche praktiziert. Die anderen evangelikalen Clans halten John Nelson Darby dagegen eher für einen Antihelden und erzählen Geschichten darüber, wie viel Streit es im Clan der Bibeltreuen gibt, und wie viel Konflikte er mit anderen Clans anzettelte. Das Notizbuch des Wissenschaftlers wird immer voller. Allmählich kommt er zu dem Schluss, dass er das Rätsel der evangelikalen Tradition nur wird lösen können, wenn es ihm gelingt zu verstehen, warum der Stamm keine eigene Tradition ausgebildet hat und dennoch einen gewissen Zusammenhalt nach außen hin aufweist. Ist es Druck von außen, der den Stamm zusammenhält? Haben die unterschiedlichen Clans einen gemeinsamen Feind, den sie gemeinsam abwehren? Und wenn ja, wie gelingt es ihnen trotz ihrer Unterschiede, sich auf ein gemeinsames Vorgehen zu einigen?

Teil III

Die Evangelikalen, die Kirchen und die Welt

10. Die evangelikale Tradition

Im Jahr 1832 wurde der reformierte Theologe Albert Bitzius Pfarrer in dem Dorf Lützelflüh im Emmental, das zum Kanton Bern in der Schweiz gehört. Bitzius war ein wortgewaltiger und tatkräftiger Verfechter politischer Reformen in einer Zeit, in der zwischen Konservativen und Radikalen (so nannte man die fortschrittlichen Kräfte) um die Macht im Kanton gerungen wurde. Das Volk war in Aufruhr und die Umwälzung der Industrialisierung stand vor der Tür. Der Pfarrer begrüßte die neuen Freiheiten, die dem einfachen Volk gewährt wurden, vor allem den ansässigen Bauern, und er bemühte sich darum, das Elend der Landarbeiter und ihrer Familien zu lindern. Inspiriert von dem Reformpädagogen Johann Heinrich Pestalozzi (1746 bis 1827) schuf er eine Ausbildungsstätte für arme Kinder und engagierte sich für die Verbesserung des Schulwesens. Aber der Pfarrer von Lützelflüh war auch nicht blind für die Gefahren des Fortschritts. Je älter er wurde, desto mehr misstraute er der liberalen Politik, da er sehr wohl erkannte, dass sie zur Auflösung der bisher tragenden Werte führte und sich gegen den christlichen Glauben richtete. 1836 verfasste er mit fast 40 Jahren eine große Erzählung, den „Bauernspiegel", die fiktive Lebensgeschichte des Jeremias Gotthelf. Unter diesem Namen schrieb er seine weiteren Erzählungen und Romane. Im „Bauernspiegel" finden wir eine außerordentlich scharfsichtige, aber auch bittere Beschreibung des Volkslebens im damaligen Bern. Das 41. Kapitel schildert den Einbruch der Erweckungsbewegung[42] in die ländliche Welt des Emmentals und seiner Bauern:

„Es erschienen Leute unter ihnen und in der Umgegend, und wie sie hörten im ganzen Lande, welche Buße predigten und Bekehrung auf eigene Weise, welche alles Bisherige verdammten... Sie hatten einen Schein der Gottseligkeit und schlichen in die Häuser, die Weiblein gefangen zu führen, die mit Sünden häufig beladen sind und durch mancherlei Lüste getrieben werden. Man sah sie nicht eben Christo dienen mit ihrem eigenliebenden, geizigen, ruhm-

rätigen, hoffärtigen, schmähsüchtigen, unversöhnlich wilden Wesen, sondern ihrem Bauche, aber durch süße Worte und Schmeichelreden betrogen sie die Herzen der Einfältigen. Sie machten sich selbst groß und vernichtigten die Andern und sprachen: ,Wir danken dir, Gott, dass wir nicht sind wie die andern Leute.' Sie machten großen Eindruck auf die einfältige Menge, weil sie mit gar großer Kraft und Bestimmtheit selig priesen, Seligkeit verhießen und wieder verdammten und in die Hölle schickten ... Sie pflanzten den Glauben, der dem schwachen Menschen so wohl tut, dass wer ihnen angehöre, mehr sei als andere. Wie gerne ist das arme Menschenkind vornehm, tut vornehm, sieht auf andere herab und hat hochmütig keine Gemeinschaft mit denen, welche es gemeiner glaubt! Tausende hatten kein Geld, vornehm zu tun, und Tausende hatten das wenige Geld, welches sie besaßen, mit Vornehmtun vertan und waren wieder gemein geworden. Ach, wie tat ihnen das weh! Nun kamen die und lehrten, wohlfeil, wie man wohlfeil vornehm sein, wie man wohlfeil zu dem Vorrecht kommen könne, sich von Andern abzusondern und hochmütig auf die große Menge, auf Große und Reiche herabzusehen. ,Haltet euch zu uns', sprachen sie, ,so seid ihr mehr als alle Andern, dürft nicht mehr Gemeinschaft haben mit ihnen, nicht mehr am gleichen Tisch das heilige Abendmahl genießen, sonst entwürdigt ihr euch, macht euch gemein vor Gott. Ihr seid die Auserwählten Gottes ...'"[43]

Dann schildert Gotthelf an vielen Beispielen, wie die Erweckungsprediger Familien auseinanderrissen, Männer und Frauen dazu brachten, die Vorsorge für sich und ihre Kinder zu vernachlässigen und menschliches Elend zurückließen, während sie selbst sich bereicherten. Der Pfarrer von Lützelflüh hat kein gutes Wort für sie übrig. Nun war Albert Bitzius nicht nur für seinen Scharfblick bekannt, sondern auch für seine schroffe Art, mit der er Missstände geißelte. Wir können deshalb annehmen, dass die Erweckung im Emmental auch eine andere Seite hatte, dass sie eine Antwort auf geistliche Not war, die der Dorfpfarrer nicht wahrnahm. Aber das macht seine Beobachtungen nicht falsch. Das Elend der erwecklichen Kreise, das er schildert, entstammt seiner seelsorgerlichen Erfahrung und wird von ihm glaubhaft dargestellt.

Die evangelikale Bewegung und
der gesellschaftliche Wandel

Die evangelikale Bewegung hatte, wie alle religiösen Entwicklungen, auch andere als theologische Ursachen. Soziale und politische Missstände waren an ihrer Entstehung maßgeblich beteiligt. Das war schon im älteren Pietismus der Fall gewesen. Die sogenannten radikalen Pietisten des 17. und 18. Jahrhunderts verweigerten sich dem Staat und der Staatskirche gleichermaßen, was zu ihrer Unterdrückung und zu einer Auswanderungswelle führte. Auch die „Stundenleute" des gemäßigten, innerkirchlichen Pietismus sammelten sich in der Regel gegen den Willen der Obrigkeit, und es war ihnen ein Anliegen, in Jesus Christus einen besseren Herrn zu finden, als es ihre weltlichen und kirchlichen Herren waren. Die Erweckungsbewegungen des 19. Jahrhunderts waren zum großen Teil ebenfalls soziale und politische Protestbewegungen, aber sie konnten sich als solche auch gesellschaftlich etablieren. Das hatte einen simplen Grund, nämlich den Siegeszug des politischen Liberalismus. Man konnte sich gegen die herrschende Kirche wenden und neben ihr religiöse Bewegungen organisieren, weil diese nicht mehr – oder nicht mehr energisch – mit staatlicher Macht unterdrückt wurden. Eigene Organisationen, Werke und Freikirchen entstanden im 19. Jahrhundert, weil sie politisch geduldet wurden. Es ist ein wenig paradox, dass der kulturelle Wandel, gegen den Erweckungsbewegungen auf der religiösen Ebene protestierten, nämlich eine aufgeklärte Liberalität, ihnen auf der politischen Ebene überhaupt die Existenz ermöglichte. Wenn man zeitgenössische Dokumente liest, gewinnt man den Eindruck, dass sich in den Erweckungsbewegungen neben dem (immer spürbaren) Einsatz für den christlichen Glauben so gut wie alle politischen und sozialen Probleme der Zeit bündelten: Die festgeschriebenen Standesunterschiede führten dazu, das Menschen unterprivilegierter Schichten religiöse Radikalität als Möglichkeit sahen, gesellschaftlichen Einfluss und Geltung zu erreichen. Fromme Agitatoren riefen zur Auswanderung auf, um sich in der Ferne eigene Machtbereiche zu schaffen. Ausbeuterische Arbeitsbedingungen ließen es verlockend erscheinen, mit religiösen Gründen daraus auszubrechen. Die Industrialisierung führte zu Migrationsbewegungen, und die Arbeitsmigranten brachten radikale religiöse Ideen mit. Die untergeordnete Rolle der Frau machte es attraktiv, in einer Verkünderinnen- und Prophetinnenrolle religiöse Autorität zu haben und so weiter und so fort. Die erwecklichen Kreise waren eine gemischte Gesellschaft, ein „corpus permixtum", wie es alle christlichen Gruppen und Kirchen sind. Ihre Geschichte ist keine Heldengeschichte, und die Geschichte der kirchlichen Obrigkeit keine Schurkengeschichte. Nicht selten reagierte diese Obrigkeit gemäßigt und sogar seelsorgerlich auf die erwecklichen Bewegungen, sie zeigte Entgegenkommen und war gesprächsbereit. Wenn ich in meiner eigenen Heimatgemeinde im Schwarzwald die Visitationsberichte lese, die um das Jahr 1900 entstanden, also zwei oder drei Generationen nach den ersten Erweckungsbewegungen des 19. Jahrhunderts, ist darin viel von „methodistischen Umtrieben" die Rede. Methodistische Prediger agierten gegen die württembergische Staatskirche, und zwar oft mit üblen Diffamierungen. Daraus entstanden Hauskreise, und die Pfarrer wurden angehalten, mit diesen Kreisen ins Gespräch zu kommen und, soweit möglich, daran teilzunehmen. Von amtlichen Unterdrückungsmaßnahmen ist zu dieser Zeit nicht mehr die Rede. In der evangelikalen Bewegung tut man gut daran, solche Berichte zur Kenntnis zu nehmen. Das Prinzip „auditur et altera pars" (Man höre auch die andere Seite.) gilt nicht nur vor Gericht.

Hinzu kommt, dass die Modernisierung der europäischen Kultur im 19. Jahrhundert, bis in die erste Hälfte des 20. Jahrhunderts hinein, soziale Folgen hatte, die mit der kirchlichen Obrigkeit nichts zu tun hatten und die dennoch maßgeblich an der Entstehung der evangelikalen Bewegung beteiligt waren. Das Anwachsen der großen Städte (Urbanisierung) und die Industrialisierung bedrohten nicht direkt den christlichen Glauben, sehr wohl aber gewohnte Lebensformen, soziale Besitzstände und politische Machtpositionen. Das wird besonders in der Kirchengeschichte der USA deutlich, wo eine „kirchliche Obrigkeit" im europäischen Sinn nicht existierte. Dort entstand in der Zeit der Industrialisierung, die besonders rücksichtslos und ausbeuterisch verlief und das protestantische Kleinbürgertum immer mehr in die industriellen Zentren drängte, als Gegenbild die Vision eines altbewährten Glaubens, einer am Wort Gottes orientierten, selbstverständlich wahren und heilsamen Religion, die das Kind auf dem Schoß der Mutter aus der Bibel lernt und die das Leben des Einzelnen, der Familie und des Staates nach dem Willen Gottes ordnet. Der ideale Ort dieses Lebens ist die „family farm", das selbstgenügsame, arbeitsreiche, aber zufriedene Landleben der Kernfamilie.

Ein bekannter Gospel von 1873 drückt mit seinem Refrain diese Fantasie der „old-time religion" so aus: „Give me that old-time religion, it's good enough for me." Der Gospel ist ein fester Bestandteil des protestantischen Liedguts in der englischsprachigen Welt. Sein Bild einer einfachen, allen Menschen durch die Bibel zugänglichen, das Leben bewahrenden Religion symbolisiert die Sehnsucht nach einer vertrauten Lebensordnung, in der die Spannungen und Konflikte des modernen Lebens ausgeschlossen bleiben. Es steht für ein patriarchalisches, von festen Rollen und gegenseitiger Liebe bestimmtes Familienleben, für eine ländliche, bürgerliche Lebensweise ohne die Zwänge des industriellen Erwerbslebens, für eine geordnete Biografie ohne Brüche und wirtschaftliche Zwänge. Es steht aber erstaunlich wenig für christliche Inhalte im engeren Sinn. Über die sagt der Gospel so gut wie nichts aus, Jesus und das Evangelium werden nicht erwähnt. Schon hier wird deutlich, dass es sich weniger um ein religiöses Projekt handelt als vielmehr um einen in Liedern und Geschichten verfassten Sehnsuchts- und Erinnerungsort, den das traditionell protestantische Bürgertum in den USA konstruierte, um sich selbst etwas über die eigene Geschichte und Identität zu erzählen. Es handelt sich um ein Element der „Erinnerungskultur" einer zur Gründerzeit der USA vorherrschenden gesellschaftlichen Gruppierung in den USA, nämlich des weißen, protestantischen Kleinbürgertums. Diese Schicht verlor durch die Modernisierung an Bedeutung, und ihre Mitglieder waren von sozialem Abstieg bedroht. Sie reagierten unter anderem mit religiösem Protest darauf. Religionssoziologen und Historiker haben vielfach untersucht, wie die Zusammenhänge zwischen der Entstehung des protestantischen Fundamentalismus in den USA und den gesellschaftlichen Umwälzungen der Industrialisierung und Urbanisierung aussehen. Ähnliche Zusammenhänge lassen sich auch für die evangelikale Bewegung in Europa auffinden. Die Gründung der Evangelischen Allianz fällt nicht zufällig mit der Industrialisierung Englands und etwas später des übrigen Europas zusammen. Solche „weltlichen" Ursachen gibt es immer, wenn religiöse Lebensorientierungen infrage gestellt werden und wenn unterschiedliche religiöse Richtungen (oder auch unreligiöse Ideologien) miteinander konkurrieren. Wäre es nicht so, hätte das Geschehen keinen geschichtlichen und gesellschaftlichen Ort.

Die evangelikale Tradition erfinden

Aber wie wird die Geschichte ihrer eigenen Ursprünge von den Evangelikalen heute erzählt? Ist es eine Geschichte, in der aus schwierigen Anfängen durch Gottes Gnade eine segensreiche Bewegung entstand? Ist es eine Geschichte, in der Gott durch seine vollmächtigen Zeugen Licht in das Dunkel der lauen Kirchenchristen fallen ließ? Ist es eine Geschichte des Auszugs eines erwählten Volks aus der ägyptischen Gefangenschaft der Amtskirche? Eine Tradition entsteht erst dadurch, dass die Geschichte erinnert wird, dass es sprachliche und andere Bilder gibt, die sie darstellen, dass man sich von ihr erzählt. Damit sagt man sich selbst, wer man ist und wer man sein will, und man sagt es anderen. Aus der Sicht der Religionswissenschaft[44] ist eine religiöse oder konfessionelle Tradition dadurch gekennzeichnet, dass es verbindende Rituale gibt, mit denen die „Gemeinschaft der Glaubenden" ihre Identität erlebbar macht. Weiterhin gehört dazu, dass sogenannte Erinnerungsorte mit emotionaler Bindungskraft „erfunden" werden. Das sind Feste und Feiertage, Geschichten und Legenden, Dokumente mit den sie begleitenden Geschichten, die man sich als glaubender Mensch positiv zu eigen macht. Die Bezeichnung als Erfindung ist nicht abwertend gemeint und bedeutet nicht, dass die Geschichten und Dokumente Träumereien, Fantasien oder gar Lügen sind. Manche erinnern an einen Tagtraum, wie die amerikanische „old-time-religion“. Aber viele „Erinnerungsorte“ haben eine geschichtliche Grundlage. Sie sind eine „Erfindung“ insofern, als sie durch die Gestaltung, Pflege und Weitergabe in der Tradition und durch ihre positive Gefühlsbesetzung identitätsstiftend werden.

Wenn man nach Erinnerungsorten der evangelikalen Bewegung fragt, findet sich nicht viel. Das Etikett „evangelikal“ wird durchaus mit positiver Bedeutung benutzt, aber es bleibt inhaltlich unbestimmt und hat wenig Gewicht. Fast immer wird es erst dadurch näher bestimmt, dass sich jemand als Freikirchler versteht, als Baptist oder Mennonit oder als Pietist des Brüderbunds, als Pfingstkirchler der „Gemeinde Gottes“ und so weiter. Der Grund dafür liegt auf der Hand: Das Wort signalisiert von der Geschichte der Bewegung her mehr oder weniger eine Abgrenzung gegen andere Christen, mehr so bei den Bekenntnis-Evangelikalen, weniger bei den Allianz- und charismatischen Evangelikalen. Es war zwar in Teil II dieses Buchs möglich, gemeinsame Überzeugungen zu beschreiben, aber immer musste auch auf die begrenzte Reichweite dieser Gemeinsamkeiten hingewiesen werden. Die Unterschiede zu nicht evangelikalen Christen erwiesen sich, was positive Überzeugungen angeht, als durchaus vorhanden, aber nicht unbedingt von entscheidendem Gewicht für den Glauben. Dadurch fehlt es an Stoff für typisch evangelikale, positiv besetzte Erinnerungsorte. Die Allianzbasis als häufig angeführtes Dokument trägt zwar zur evangelikalen Identität bei, aber ihre emotionale Wirkung ist gering. Am ehesten können große evangelistische Events als gemeinsame, evangelikale Rituale gelten: Pro Christ, JesusHouse und das Christival für junge Menschen, die Christustage in Württemberg usw. Früher hatten regionale und überregionale Missionskonferenzen eine ähnliche Funktion, aber die haben inzwischen ihre Bedeutung eingebüßt.

Das eher geringe Gewicht der gemeinsamen, inhaltlichen Überzeugungen bringt die Gefahr mit sich, dass die Abgrenzung nach außen ein problematisches Übergewicht erhält. Die evangelikale Bewegung ist durch ihre innere Vielfalt und durch ihre schwache Tradition anfällig für Feindbilder, die festlegen, was man nicht sein will, die also eine negative Identität erzeugen. Ich riskiere einen etwas gewagten Vergleich: Die Erfahrungen mit der evangelikalen Bewegung erinnern an die mit einem Menschen, der ein schwaches Selbstbewusstsein hat. Wird dieser Mensch nicht infrage gestellt oder kritisiert, kommen seine Stärken zum Tragen. Er ist angenehm im Umgang und verhält sich konstruktiv. Wird er nicht geschätzt oder sogar angegriffen, reagiert er über, entweder durch Rückzug in die eigene Welt (fachlich: Internalisierung) oder durch übermäßige Attacken (Externalisierung). Natürlich ist beides nicht an sich schlecht. Das gesunde Selbstbewusstsein zeichnet sich vielmehr dadurch aus, dass man sich je nach Situation zurückhalten kann, aber auch Konflikte austragen kann, wenn es sein muss. Entscheidend ist die realistische Wahrnehmung sowohl der eigenen Bedürfnisse und Befindlichkeiten als auch die der anderen. Wenn diese Wahrnehmungen stimmen, bleiben offensive und defensive Verhaltensweisen im sozial verträglichen Rahmen und passen auf die Situation. Ein Mensch mit schwachem Selbstbewusstsein ist dagegen übermäßig kränkbar und zieht sich schon aus Beziehungen zurück, bevor diese wirklich belastet sind. Oder er nimmt Feindschaft wahr, wo sie gar nicht oder nur in geringem Maß vorhanden ist, und reagiert übermäßig aggressiv. Die Wahrnehmung des eigenen Zustands und die des Gegenübers stimmen nicht mehr.

Nun darf man einen solchen Vergleich nicht überziehen. Eine Gruppe oder eine Bewegung sind kein Individuum, aber es gibt dennoch so etwas wie ein Gemeinschaftsbewusstsein oder eine gemeinsame Identität. Das Innenleben der Evangelikalen, von Pietismus, CVJM und so weiter, erlebe ich oft als erfreulich und ermutigend. Wenn man unter sich ist, kommen das zuversichtliche Gottvertrauen und die Verbundenheit miteinander zum Vorschein und tragen Früchte. Für den Christustag in Stuttgart, der in den Deutschen Evangelischen Kirchentag 2015 integriert war, hatte ich nur zwei Stunden Zeit. Aber in diesen zwei Stunden habe ich eine hilfreiche Verkündigung erlebt. Es gab kein „Bibel-Hopping", sondern eine gute, seelsorgerliche Anrede. Was ich an „Orientierungstagen" zu dem Impuls „Zeit zum Aufstehen" miterlebt habe, war ermutigend und gut. Das Engagement von Evangelikalen für leidende Mitmenschen könnte stärker sein, aber nur deswegen, weil es davon nie genug gibt. Ich habe mich gefreut, als ich erfuhr, dass die Apis in Württemberg eine Anlaufstelle „Hoffnungs-haus" im Stuttgarter Rotlichtviertel betreiben wollen. Sich dem Elend dort zu stellen erfordert Mut und Liebe; ein besseres Zeugnis für das Evange-lium kann ich mir nicht vorstellen. Ähnliche Beispiele gibt es viele. Aber sobald die Evangelikalen nicht unter sich sind, sondern sich mit Anders-denkenden oder mit Kritik auseinandersetzen müssen, sind diese Stärken oft wie weggeblasen. Allerdings ist es in vielen Fällen so, dass Evangelikale auf solche Probleme gar nicht von der (schwachen) evangelikalen Tradi-tion her reagieren, sondern von ihrer stärkeren und positiveren Identität als Pfingstbewegung, als Pietisten, als Methodisten oder Baptisten etc., und sich daher ausgewogen und hilfreich verhalten. Aber wenn man sich in Konflikten die wenig positiv gefüllte und von Abgrenzung geprägte evangelikale Identität zu eigen macht, besteht die Gefahr des „überkom-pensatorischen Kampfes", wie es in der Tiefenpsychologie heißt. Man reagiert sehr wohl auf reale Missstände, aber unangemessen und so, dass sich die Übel vergrößern, anstatt abzunehmen. Das bestärkt natürlich wie-derum die Kritik an den Evangelikalen, denn Außenstehende sind nicht immer gutwillig. Es gibt genug Mitmenschen (auch in den Kirchen und den Medien) die eine Nase für solche Schwächen haben und sie auszunut-zen wissen. Dann bestärken sich die Feindbilder gegenseitig, und das trau-rige Hickhack lässt die Fetzen fliegen. Wir werden uns leider mit solchen Beispielen befassen müssen.

Eine Hoffnung weniger

Ende 2015 gab der Vorsitzende der DEA, Michael Diener, der eben in den Rat der EKD berufen worden war, der Tageszeitung „Die Welt" und dem evangelischen Magazin „Pro" zwei Interviews. Das Ergebnis war ein innerevangelikaler Konflikt. Michael Diener habe, so hieß es, Homo-sexualität nicht als Sünde bezeichnet, er habe damit die bisherige Position der evangelikalen Bewegung aufgegeben, er habe den Islam nicht deutlich genug als Irrglauben bezeichnet, und er habe die evangelikale Bewegung zu kritisch dargestellt, obwohl er sie doch selbst repräsentiere. Tatsächlich hatte Michael Diener die Abschottung der Evangelikalen nach außen hin kritisiert. Die Angriffe gegen ihn kamen nicht nur vom fundamentalistischen Rand der Bewegung, sie kamen aus ihrer Mitte. Die „Bekenntnis-Evangelikalen" schossen sich auf Michael Diener ein. Der langjährige Prediger von Pro Christ, Ulrich Parzany, schrieb in einem offenen Brief vom 16.12. 2015:

> *„Was soll die Berufung auf die Heilige Schrift, wenn Du sie der Beliebigkeit subjektiver Sichten auslieferst? Ich dachte immer, die Gemeinschaftsbewegung und die freien Werke wären deshalb in der Kirche, dass sie dort gegen Irrlehre und Gleichgültigkeit die Wahrheit der Heiligen Schrift bekennen und leben … Ich frage das auch, weil ich mit der Initiative ,Zeit zum Aufstehen' die Hoffnung verbunden sah, dass deutschlandweit eine gemeinsame Widerstandsbewegung gegen die Irrlehren in den evangelischen Kirchen entstehen könnte. Nun aber nehme ich mehr Beschwichtigung und Anpassung als Aufstehen, Bekenntnis und Widerstand wahr. Und das ausgerechnet in einer Zeit, in der die EKD aus Anlass des Reformationsjubiläums die Grundlagen des evangelischen Glaubens demontiert…"*

Die von der Allianz daraufhin publizierte Erklärung spricht aus, woran es in der Bewegung fehlt, und ruft dazu auf, konstruktiver miteinander umzugehen: Es fehle an Sachlichkeit und an der Fähigkeit, intern mit unterschiedlichen Standpunkten zu leben.[45] Eigentlich bestätigte diese Erklärung die Kritik, die Michael Diener an der Bewegung äußerte, auch wenn das nicht ausdrücklich gesagt wird. Auch der Vorstand des Gnadauer Verbands und damit der Pietismus stellte sich hinter seinen Präses Diener. Der württembergische Api-Vorsitzende Steffen Kern bezeichnete das Netzwerk „Bibel und Bekenntnis", auf das wir gleich noch zu sprechen kommen werden, als überflüssig. Inzwischen erklärte Michael Diener seinen Rücktritt als Vorsitzender der Evangelischen Allianz zum Jahresende 2016. Der Rücktritt steht nicht im Zusammenhang mit dem innerevangelikalen Streit, sondern war schon vorher geplant. Aber er wird nun im Zusammenhang mit diesem Streit wahrgenommen. Der Vorsitzende geht nicht als jemand, der Gräben überbrückt und mehr Verbundenheit in der evangelischen Kirche geschaffen hat, sondern als jemand, der mit diesem Versuch an inneren Widerständen der evangelikalen Bewegung gescheitert ist. Ich bin mit einigen Mitchristen im Gespräch, Evangelikale und Nicht-Evangelikale, die große Hoffnungen auf Michael Diener setzten. Sie sind nun enttäuscht. Für mich ist allerdings das Bild, das Parzany von der evangelischen Kirche zeichnet, besonders ärgerlich. Ich bin weit davon entfernt, alles gut zu finden, was Theologen in EKD-Schriften äußern. In Kapitel 9 habe ich das deutlich gemacht. Aber wenn man alles zusammennimmt, was in der evangelischen Kirche öffentlich zum christlichen Glauben gesagt und getan wird, kann von einer Demontage nicht die Rede sein. Ich habe in über 30 Jahren Dienstzeit Hunderte von Fach- und Sachartikeln im evangelischen Raum gelesen, Hunderte von Vorträgen und Predigten gehört und Hunderte selbst geschrieben oder gehalten. Was das Luther-Jubiläum angeht: Von der EKD ist Margot Käßmann als Botschafterin für das Jubiläum 2017 berufen worden. Sie hat eine unvergleichlich viel größere Außenwirkung als die (tatsächlich ärgerlichen) Schriften, die Parzany zitiert. Verbreitet Frau Käßmann aus Anlass des Reformationsjubiläums Irrlehren, demontiert sie die Grundlagen des christlichen Glaubens? Parzany pickt sich das heraus, was er für sein Feindbild braucht, und lässt alles andere weg. Das ist, so ungern man so etwas sagt und hört, Merkmal eines „überkompensatorischen Kampfes". Die Unterstellung, dass Michael Diener die Heilige Schrift der Beliebigkeit subjektiver Sichten ausliefert, bestätigt diesen Eindruck. Von dem, was der DEA-Vorsitzende in seinen Interviews sagte, führt kein Weg zu einem Bibelverständnis, das man als „subjektiv und beliebig" bezeichnen könnte. Eigentlich sollten die Evangelikalen wissen, dass man so mehr zerstört als heilt, denn sie werden selbst von außen oft „überkompensatorisch" angegriffen. (Damit werde ich mich im nächsten Kapitel befassen.) Nun wäre das alles von wenig Belang, wenn Ulrich Parzany nur für sich spräche. Das tut er aber nicht. Seinem Aufruf zur Gründung eines „Netzwerks Bibel und Bekenntnis" im Januar 2016 folgten 65 führende Leute aus der evangelikalen Bewegung. Sie verlangten von der Initiative „Zeit zum Aufstehen" (siehe Kapitel 8), dass sie sich kritischer gegen die EKD wenden müsse. Die 12 Initiatoren lehnten dies ab. Oberflächlich gesehen ging es dabei um mehr oder weniger, um schärfere oder mildere Kritik an der evangelischen Kirche. Aber genau genommen ging es um das Selbstbild der Evangelischen Allianz bzw. der Initiative „Zeit zum Aufstehen", um das, was ihre Identität ausmacht. Die Initiative wollte ursprünglich die Verbundenheit mit anderen Christen stärken, sie wollte Spaltungen und Absonderungen entgegenwirken.[46] Wenn man das will, muss man Gesprächsbereitschaft signalisieren. Dann ist nicht nur die Position der anderen, sondern auch die eigene Gegenstand des Dialogs. Konkret: Wenn die Evangelikalen die Genderforschung in der EKD kritisch ansprechen, darf diese auch kritisch nach dem evangelikalen Frauenbild fragen. Wenn von evangelikaler Seite der Umgang mit der Bibel in EKD-Schriften kritisiert wird, kann man vonseiten der EKD den Bibelfundamentalismus in der evangelikalen Bewegung kritisieren usw. Die Initiative „Zeit zum Aufstehen" hat diese Möglichkeit zwar nicht ausdrücklich, aber indirekt eingeräumt. Wenn die Gemeinschaftsbewegung und die freien Werke aber – wie Parzany schreibt – in der Kirche sind, um dort „gegen Irrlehre und Gleichgültigkeit die Wahrheit der Heiligen Schrift zu bekennen und zu leben", ist ein Dialog nicht möglich. Denn damit wird festgeschrieben, dass die Wahrheit der Heiligen Schrift dort ist, wo die Evangelikalen sind. Was das Netzwerk „Bibel und Bekenntnis" will, und was die Initiative „Zeit zum Aufstehen" will, schließt sich praktisch aus. Entweder will man eine „Widerstandsbewegung gegen die Irrlehren in den evangelischen Kirchen" sein oder man will voneinander lernen und gemeinsam vorankommen. Beides geht nicht. Ob die Initiative allerdings jemals eine Chance hatte, die Verbundenheit der evangelikalen Bewegung mit anderen evangelischen Christen zu stärken, lässt sich schwer sagen. Jetzt hat sie diese Chance sicher nicht mehr. Eigentlich hatte sie aber das Potenzial gehabt, Gräben zu überbrücken und Verständigung zu schaffen. Sie vertrat die traditionelle Position der evangelikalen Bewegung in gesprächsfähiger Form. Und niemand wird ernsthaft bestreiten wollen, dass die evangelische Kirche eine ständige Erneuerung benötigt und dass es Zeit ist (Es ist immer Zeit!) die Mitte des Glaubens neu zu entdecken. (Der Text findet sich mit einer Einleitung in Anm. 44.) Aber ständige Erneuerung benötigt die evangelikale Bewegung ebenso wie die ganze Kirche. Evangelikale, die meinen, andere Christen dazu nicht zu brauchen, leben tatsächlich, wie Michael Diener es im Interview sagte, hinter einer unsichtbaren Mauer.

„Die Evangelikalen, wie sie wirklich sind"

Wenn man nach dem Selbstbild der Evangelikalen fragt, wird man vonseiten der Allianz und von vielen anderen auf die Broschüre „Die Evangelikalen, wie sie wirklich sind" verwiesen. Was steht in dieser Selbstdarstellung? Als Erstes fällt auf, dass die meisten Autoren nicht der gängigen Darstellung der evangelikalen Bewegung folgen, die auch in diesem Buch (Kapitel 1 usw.) benutzt wurde. Sie setzen die evangelikale Tradition mehr oder weniger mit dem Pietismus gleich. Die anderen Strömungen der Bewegung kommen kaum vor. Der protestantische Fundamentalismus wird sogar aus ihr herausdefiniert. Die Broschüre behauptet nämlich, Fundamentalisten seien nur solche, die Gewalt und Terror befürworten. Da die Bibelfundamentalisten fast alle friedlich sind, sind es eben keine Fundamentalisten. Die gibt es demnach nur unter Muslimen und Hindus, nicht unter Evangelikalen. Das ändert nichts daran, dass die Tradition, die man gemeinhin als bibelfundamentalistisch bezeichnet, zur evangelikalen Bewegung gehört und sich erheblich von der pietistischen und methodistischen unterscheidet. Auch die reformierte bzw. puritanische Tradition wird in der Broschüre nicht erwähnt. Das gilt ebenso für die Heiligungsbewegung und die pfingstkirchliche Tradition, die in der Broschüre auf S. 20 in einem Halbsatz erwähnt wird, dann nie wieder. Der Herausgeber erklärt stattdessen, engagierte und an der Bibel orientierte Christen jeglicher Konfession und aus allen Zeiten seien eigentlich evangelikal, auch wenn sie selbst nichts davon wüssten bzw. gewusst hätten. Das geht nun wirklich nicht. Denn eine Bewegung hat ihren historischen Ort und ihre Zeit, und das mindeste, was sie ausmacht ist, dass es an ihrem Ort und in ihrer Zeit gemeinsame Motive und Ziele gibt, die den Menschen bewusst sind und die – wenn auch vielleicht nur lose – eine Zugehörigkeit stiften. Theresa von Avila war nicht evangelikal, obwohl sie die persönliche Gottesbeziehung betonte, der Begriff lässt sich auf eine Katholikin des 16. Jahrhunderts schlicht nicht anwenden. Die Bruderschaft von Taizé ist auch nicht evangelikal, weil sie es selbst nicht sein will, und weil es neben den Gemeinsamkeiten bedeutsame Unterschiede gibt – zum Beispiel beim Kirchenbild und bei der Haltung zur Ökumene. Christoph Morgner, ein anderer Autor der Broschüre, ist realistisch:

> … *evangelikal ist ein sogenannter Containerbegriff. Da hat alles Mögliche Platz: vom beinharten Fundamentalisten über den martialischen Gotteskämpfer bis hin zum exaltierten Pfingstler. (S. 29)*

Genau so ist es.[47] Ansonsten bietet die Broschüre interessante Informationen in kurzer Form, über die Geschichte der Weltmission, die evangelikale Kinder- und Jugendarbeit, die Rolle der Musik in der Bewegung und so weiter. Selbstkritik findet sich nur an zwei Stellen in wenigen Zeilen, und sie betrifft nur drittrangige Probleme. Was andere Christen über die Evangelikalen sagen, ob kritisch oder nicht, wird im Vorwort pauschal abgetan. Danach tauchen Anfragen von außen nicht mehr auf. Ob es um das politische Engagement der Evangelikalen geht, ihren Umgang mit Frauen und Kindern, um die Mission und so weiter und so fort – es gibt keine evangelikalen Defizite. Besonders ärgerlich ist, dass die Broschüre versucht, sich von der gemeinsamen Geschichte der Christen abzusondern. Die Elendsgeschichte ist die Geschichte der großen Kirchen, die Segensgeschichte ist die eigene. So wird behauptet, die historische Verbindung von staatlicher Macht und Kirche (siehe Kapitel 2) sei „nicht das Problem der Evangelikalen, deren Vorfahren eher auf Seiten der Opfer dieser Machtkonstellation standen" (S. 56).

Wie wäre es mit einem Blick über den Atlantik, zur evangelikalen Bewegung in den USA, die historisch immer politisiert war, und heute vielleicht stärker politisiert ist als jemals zuvor? Gilt die „Tea Party" nicht als Verbindung von „Thron und Altar"? Solche offenkundigen Sachverhalte werden in der Broschüre ignoriert. Stattdessen zählt der Autor die Schandtaten der großen Kirchen auf, die nach seiner Ansicht am Niedergang des westlichen Christentums schuld sind, nämlich „vor dem Hintergrund von Zwangschristianisierungen, Inquisition, Religionskriegen und Staatsreligion …"

Es mag ja sein, dass diese Übel zur neuzeitlichen Abkehr von der Religion beitrugen. Aber die Evangelikalen haben nicht nur in der Gegenwart, sondern auch in der Geschichte durch ihre Vorläufer und unter ihrem eigenen Namen Anteil daran. Muss man sich wirklich der unerfreulichen Aufgabe unterziehen, die Evangelikalen an die Schattenseiten ihrer Geschichte zu erinnern? Vielleicht muss man es, aber dann möglichst knapp.

Die Schuldgeschichte der europäischen Christen

Im England des 17. Jahrhunderts waren es die Puritaner, Vorfahren der Evangelikalen, die einen blutigen Religionskrieg anzettelten und einige Jahrzehnte die politische Macht an sich rissen. In Irland wurde die katholische Mehrheit der Bevölkerung von ihnen so gnadenlos verfolgt, dass manche Historiker von einem Völkermord sprechen. Keine Frage ist, dass die Verdrängung der indianischen Urbevölkerung in Nordamerika durch die europäischen Kolonisten im 18. und 19. Jahrhundert dort besonders brutal war, wo sich die britischen Puritaner und Dissenter ansiedelten. Ausnahmen gab es, wie den Quäker William Penn, aber der konnte auf Dauer den Genozid nicht verhindern. Im katholischen Neufrankreich (das heutige Kanada und das Tal des Mississippi) waren die Beziehungen zu der Urbevölkerung friedlicher und konstruktiver.

Die evangelikale, vor allem pietistische Weltmission im 18. und 19. Jahrhundert war ein lebendiger Ausdruck des christlichen Glaubens und (auch wenn oft etwas anderes behauptet wird) meist ein Segen für die Menschen, die das Evangelium erreichte. Sie war aber auch mit der Geschichte des europäischen Kolonialismus verbunden. Haben die pietistischen oder später die erwecklichen Missionsgesellschaften dagegen protestiert, dass die europäischen Mächte die Staaten und Völker Afrikas und Asiens militärisch eroberten und wirtschaftlich ausbeuteten? Haben die deutschen Missionsgesellschaften die brutale Eroberungspolitik des Deutschen Reichs als widergöttlich und sündhaft bezeichnet, haben sie gegen diese Politik die Bergpredigt ins Feld geführt? Haben sie zur Buße wegen des grauenhaften Völkermords an den Herero und Nama in Südwestafrika aufgerufen? Haben sie den dafür verantwortlichen General Lothar von Trotha (1848 bis 1920) als das bezeichnet, was er war: ein Massenmörder? Mir ist davon nichts bekannt. Man wird vielleicht entgegnen, dass die Missionare damals so nicht reden konnten, sie waren Kinder ihrer Zeit. Ganz richtig. Aber Kind seiner Zeit zu sein bedeutet auch, die Schuld dieser Zeit zu tragen. Von „Zwangschristianisierung" kann man eben nicht nur mit Blick auf die spanischen Conquistadores in Südamerika oder auf die Eroberungen des Deutschordens in den slawischen Gebieten Osteuropas sprechen. Auch der britische und deutsche Kolonialismus rechtfertigte sich damit, dass den Heiden der christliche Glaube (und die europäische Kultur) gebracht werden sollte. Viele der deutschen Koloniegründer waren üble Antisemiten und Rassisten, und die Missionsgesellschaften standen ihnen keineswegs immer kritisch gegenüber. Vielmehr war die Beziehung zwischen Mission und Kolonialherrschaft kompliziert, es gab Gegnerschaft und Komplizenschaft. Beide gehören zur Geschichte der evangelikalen Bewegung.

Als in Australien Kinder der Aborigines im 19. Jahrhundert zwangsweise aus ihren Familien geholt wurden, um sie zu „zivilisieren", wurden diese geraubten Kinder zum Teil von evangelikalen Missionsgesellschaften aufgenommen. Dass sie gegen diese menschenverachtende Praxis gekämpft hätten, ist mir nicht bekannt. Auch heute ist die evangelikale Mission in Lateinamerika, Afrika und Asien keineswegs unpolitisch. Im Gegenteil, es gibt zahlreiche Beispiele dafür, dass evangelikale Werke und Gruppierungen ihnen genehme politische Kräfte unterstützen und bestimmte politische Interessen durchzusetzen versuchen. Sie müssen hier nicht aufgeführt werden, man kann sie leicht aus der Zeitgeschichte dieser Weltregionen entnehmen.

Der Kampf gegen den Sklavenhandel im 19. Jahrhundert im britischen Weltreich ist ein Ruhmesblatt der Erweckungsbewegungen. Aber in den USA gab es im 18. und 19. Jahrhundert unter den (damals bereits so genannten) „evangelicals" Befürworter und Gegner der Sklaverei, in den Südstaaten eine Mehrheit von Befürwortern. Ein großer Teil der Evangelikalen dort betrachtete die Herrschaft der Weißen über die Schwarzen als göttliche Ordnung. In der o. g. Broschüre ist davon kein Wort zu lesen, dort sind die Evangelikalen nur Vorkämpfer gegen die Sklaverei (S. 47f.). Nach der Abschaffung der Sklaverei in den USA waren evangelikale Kirchen in den Südstaaten maßgeblich daran beteiligt, den Schwarzen ihre Bürgerrechte zu verweigern und die Rassentrennung aufrechtzuerhalten. Das „civil rights movement" nach dem Zweiten Weltkrieg wurde von ihnen überwiegend bekämpft, unterstützt wurde es von „liberalen" Christen aus dem Norden.

Nach dem Ersten Weltkrieg setzten die „Evangelikalen" eine Reihe von politischen Reformen in den USA durch, darunter die Prohibition (ein Alkoholverbot), sowie in einigen Staaten ein Verbot der Evolutionstheorie im Schulunterricht. Die Folgen dieser spezifisch amerikanischen Verbindung von „Thron und Altar" waren katastrophal. Die Prohibition erwies sich als ein Konjunkturprogramm für das organisierte Verbrechen, und der Kampf gegen die Evolutionstheorie machte (und macht bis heute) den christlichen Glauben in den Augen vieler gebildeter Menschen lächerlich. Die tiefe Spaltung der US-Kultur zwischen „Liberalen" und „Konservativen" samt dem geballten Hass auf beiden Seiten geht zum erheblichen Teil auf den Versuch „bibelgläubiger" politischer Kreise zurück, dem ganzen Land ihre Ideologie aufzuzwingen.

Darf es etwas mehr sein? Den Mitbegründer der deutschen Diakonie, Friedrich von Bodelschwingh den Älteren, kann man für seine tätige Nächstenliebe nur bewundern. Aber diesen großen Mann verband eine persönliche und politische Freundschaft mit dem Antisemiten Adolf Stöcker (1835 bis 1909). Im Jahr 1885 warb von Bodelschwingh beim preußischen Kronprinzen Friedrich um Verständnis für Stöcker, indem er schrieb, sein Freund kämpfe gegen das „das beste Mark unseres Volkes aussaugende Börsenjudentum".[48] Stöcker stand bei den Evangelikalen in hohem Ansehen und wurde ungeachtet seines Judenhasses viel gelesen und zu Evangelisationen eingeladen. Friedrich von Bodelschwingh gehört nicht nur mit seinem großen LieBeswerk in Bethel zur evangelikalen Geschichte, sondern auch mit seinem Antisemitismus, ebenso der Judenhasser Adolf Stöcker. Übrigens geht der Antisemitismus der Erweckungsbewegungen bis zu den radikalen Pietisten des 17. Jahrhunderts zurück. Ihr wichtigster Vertreter Gottfried Arnold (1666 bis 1714) bezeichnete die in seinen Augen abgefallene, evangelische Kirche als „Neues Heiden- und Judentum". Er gebrauchte also die Bezeichnung „Jude" als Schimpfwort.

Wie wenig ruhmreich die Rolle der Evangelikalen im Dritten Reich war, wurde bereits erwähnt.

Wir wollen es dabei belassen. Die evangelikale Bewegung unterliegt den Irrtümern ihrer Zeit und der Versuchung der Macht wie alle anderen christlichen Kirchen und Gruppen auch. Warum sollte uns das überraschen? „Die Sach und Ehr, Herr Jesu Christ, nicht unser, sondern dein ja ist…" (Ev. Gesangbuch 246) singen Christen seit Jahrhunderten. Es ist überaus offensichtlich, dass sie damit recht haben. Eine Bewegung, die sich auf den reformatorischen Glauben beruft, widerspricht ihrer eigenen Theologie, wenn sie ihre Geschichte so erzählt, dass sie als die Bewegung der Guten dasteht. Sie ist es nicht, niemand ist es. Das schließt nicht aus, sich an die guten Vorbilder der eigenen Geschichte zu halten und von ihnen zu erzählen, sich auf die Geschichte der Inneren Mission zu berufen, auf die der pietistischen Diakonie, die des Widerstands gegen die Sklaverei im britischen Weltreich usw. Gute Vorbilder sind für jede Gruppierung und Bewegung wichtig. Aber sich selbst auf die Schulter zu klopfen ist eine unchristliche Übung.

Zusammenfassung

Die Identität der evangelikalen Bewegung ist eher schwach ausgebildet und ist daher anfällig für Feindbilder. Feindbilder haben eine große Bedeutung für den Zusammenhalt. Positive Beweggründe und Inhalte finden sich vor allem bei den unterschiedlichen Strömungen der Bewegung, im Pietismus, in der Pfingstbewegung usw. Die Gesprächsfähigkeit der Evangelischen Allianz nach außen hin wird dadurch ebenfalls eingeschränkt. Es besteht die Gefahr der Selbstidealisierung und der Abwertung anderer Christen. Die für die Kommunikation mit der Umwelt nötige Fähigkeit, Kritik von außen konstruktiv aufzunehmen und die eigene Bewegung selbstkritisch zu reflektieren, ist gering ausgebildet. Zurzeit scheint eine stärkere Verbundenheit mit anderen Christen deshalb nicht möglich zu sein. Die theologischen und ethischen Unterschiede im Innern sind so groß, dass sie die Bewegung weitgehend lähmen. Die Herausbildung einer gemeinsamen Identität würde deshalb offene Diskussionen und Selbstkritik erfordern. Die Reforminitiative „Zeit zum Aufstehen" hätte dazu eine Chance geboten, die jedoch durch internen Streit verspielt wurde.

11. Die Evangelikalen in der Öffentlichkeit

Außenstehende meinen mit dem Wort „evangelikal" nicht das, was die Evangelikalen selbst darunter verstehen. Oft ist Kritik an der evangelikalen Bewegung überhaupt nicht an theologischen und praktischen Einzelheiten interessiert, sondern ist schlicht Kritik am Konservativismus. Die Evangelikalen werden aus dieser Perspektive vor allem als die „religiöse Rechte" wahrgenommen, das heißt als eine Bewegung, die für ihren Konservativismus eine religiöse Begründung hat. Deshalb wird vieles von dem, was aus der liberalen und progressiven Sicht an „den Evangelikalen" kritisiert wird, ebenso an anderen konservativen Positionen kritisiert, die eine andere religiöse Begründung haben (zum Beispiel konservativer Katholizismus und Islam) oder auch gar keine. Dadurch wird der Blick schief, denn weder sind alle Evangelikalen politisch konservativ noch ist der politisch konservative Protestantismus immer evangelikal. Es gibt konservativ eingestellte Protestanten, die keineswegs die in Teil II behandelten theologischen Positionen teilen, vor allem nicht das Bekehrungs- und Glaubensverständnis. Viele lehnen ein fundamentalistisches Bibelverständnis ab und stehen der akademischen Theologie prinzipiell positiv gegenüber. Auch das Kirchenverständnis ist bei solchen Personen in der Regel nicht evangelikal. Der Kirche und ihrer Autorität wird eine hohe Bedeutung beigemessen. Es wird etwas anderes kritisiert, nämlich dass konservative politische und moralische Positionen nicht mit kirchlicher Autorität unterstützt werden. Die Kirchenleitungen und die Funktionärsebenen werden als politisch und gesellschaftlich einseitig liberal bis libertär wahrgenommen. Das sind sie auch wirklich, allerdings nicht ausschließlich.

Man erinnere sich daran, dass die evangelikale Bewegung insoweit nicht konservativ, sondern modernistisch ist, als sie individualistisch und erfahrungsorientiert ist (Teil II). Wertkonservative sind damit nicht automatisch einverstanden. Leider sind viele Journalisten nicht bereit, ihr eigenes Feindbild der „rechten Evangelikalen" kritisch zu überprüfen. Das führt gelegentlich zu purem Alarmismus. Die „Evangelikalen", so wird behauptet, breiten sich rasant aus und bedeuten eine Bedrohung für bürgerliche Freiheitsrechte. Dass davon keine Rede sein kann, belegen bereits die in Kapitel 1 genannten Zahlen. Höchstens 2% der Bevölkerung sind evangelikal, davon können wahrscheinlich weniger als 1 Prozent zum Fundamentalismus gezählt werden. Selbst mit Jehovas Zeugen und diversen Splittergruppen ähnlicher Prägung kommt man auf höchstens 1 Prozent. Politisch und kulturell ist das bedeutungslos, weil die Gruppen kaum gemeinsam für politische oder gesellschaftliche Ziele mobilisierbar sind. Von einem raschen Wachstum – oder überhaupt von Wachstum – kann ebenfalls keine Rede sein. Man muss also gar nicht erwähnen, dass die Mehrheit der Evangelikalen die Demokratie und das Grundgesetz hochhält, obwohl auch das richtig wäre. Schon solche Zahlen hätten diese Journalisten eines Besseren belehrt.

Evangelikale und die „rechten Themen"

Evangelikale bejahen tatsächlich überwiegend die politische Demokratie. Die Religionsfreiheit im religiös neutralen und freiheitlichen Verfassungsstaat wird von der Mehrheit nicht kritisiert, sondern hochgehalten. Die Behauptung, es sei anders, beruht auf dem Versuch, alle Konservativen in den rechten Topf zu befördern. Die „Welt" titelt in diesem Sinn: „Christen und Pegida eint die Angst vor dem Islam."[49] Der Untertitel lautet: „Evangelikale Christen, AfD und Pegida-Aktivisten haben eines gemein: die Islam-Angst."

Für diese Aussage ist mir keine Datengrundlage bekannt. Natürlich gibt es unter Evangelikalen wie unter allen Christen und in der ganzen Bevölkerung Angst vor dem Islam. Wie sollte es anders sein, wenn sich nach einer Umfrage von 2012 mehr als die Hälfte der deutschen Bevölkerung vom Islam bedroht fühlt? Aber dass diese Angst unter Evangelikalen stärker oder verbreiteter ist als sonst, ist meines Wissens nicht belegt. Einen ähnlichen Ton schlägt die FAZ an, wenn sie behauptet:[50]

„Konservative Katholiken und Evangelikale haben endlich eine politische Kraft gefunden, die zu ihnen passt: die AfD. Sie machen Stimmung gegen Flüchtlinge und den Papst."

Die Verfasserin führt in einem langen Artikel kein Beispiel an, das eine Kooperation von evangelikalen Werken oder Kräften mit Pegida und AfD belegt. Sämtliche Beispiele stammen aus dem Rechtskatholizismus oder sind konfessionell nicht zuzuordnen. Ich wüsste auch kein passendes Beispiel. Es gibt einzelne profilierte Evangelikale, die sich bei der AfD engagieren. Wie sie deren Programm mit einer christlichen Ethik zusammenbringen, ist mir ein Rätsel. Aber diese Einzelfälle reichen bei weitem nicht aus, um von einer politischen Verbindung zu sprechen. Das Problem solcher Meldungen ist, wie eigentlich immer, dass die verschiedenen Strömungen der evangelikalen Bewegung nicht wahrgenommen werden. Es gibt sicherlich eine Nähe zwischen vielen Evangelikalen und Rechtspopulisten bei bestimmten politischen Themen, unter anderem bei der Ablehnung der sogenannten Gender-Ideologie und der rechtlichen Gleichstellung von homosexuellen Partnerschaften. Diese thematische Nähe führt aber meist (nach meiner Ansicht bei der Mehrheit) nicht zu einer politischen Nähe zur AfD oder gar zu Pegida. Zum Beispiel sind die meisten Evangelikalen nicht bereit, die Flüchtlings- und Asylpolitik der AfD zu unterstützen. Rassismus wie in der AfD gibt es bei ihnen kaum. Wenn es überhaupt eine politische Nähe der evangelikalen Mehrheit zu einem politischen Lager gibt, dann ist es die gute alte CDU/CSU. Nur der fundamentalistische Rand der Bewegung steht auch politisch der AfD nahe. Aus ihm hört man durchaus polemische Grundsatzkritik an den Institutionen des demokratischen Staats und an der Pressefreiheit. Die gleichen Stimmen äußern auch die Sympathie für autoritäre Regierungen in Osteuropa, die für das rechte politische Lager typisch ist. In den sozialen Netzwerken sind diese Stimmen sehr laut und sehr unangenehm. Aber daraus kann man nicht schließen, dass sie die Mehrheit in der evangelikalen Bewegung sind. Im Gnadauer Verband und in den evangelikalen Freikirchen ist das sicher nicht der Fall. Die Medien könnten den Evangelikalen und unserer Gesellschaft einen guten Dienst tun, wenn sie zwischen Fundamentalisten und Frommen besser unterscheiden würden. Eine Anmerkung dazu am Rand: Mir scheint es eine Fehlwahrnehmung von „Pegida" zu sein, wenn man der Szene unterstellt, sie wolle das „christliche Abendland" verteidigen. Bei den Initiatoren war ursprünglich nicht von „christlich" die Rede, sondern nur vom „Abendland". Erst später und eher selten taucht das Adjektiv „christlich" auf. Die meisten Evangelikalen wissen sehr wohl, dass die Anhängerschaft von Pegida überwiegend nicht aus Christen und Kirchenmitgliedern besteht. Es gibt daher nur einige wenige, die versuchen, sich an die Protestbewegung anzuhängen, wie Heidi Mund in Frankfurt. Die örtliche Evangelische Allianz distanzierte sich prompt von ihr, als sie 2015 zu einer Pegida-Demonstration aufrief.

Dennoch spielt die Präsenz von zahlreichen Muslimen in Deutschland für alle Evangelikale – nicht nur für den fundamentalistischen Flügel – eine wichtige Rolle. Ihr Bild des Islam ist in mancher Hinsicht problematisch, allerdings mehrheitlich nicht im Sinn des Rechtspopulismus. Die meisten Evangelikalen wollen weniger das Abendland retten, mit dem sie selbst ihre Schwierigkeiten haben (siehe das vorige Kapitel 10), sondern sie wollen in der Auseinandersetzung mit dem Islam die Wahrheit des christlichen Glaubens beweisen. Dabei werden Unterschiede betont und manchmal auch konstruiert, Gemeinsamkeiten der beiden Religionen werden heruntergespielt. Beispiele möchte ich mir ersparen, wer will, kann seine Recherche mit dem monatlichen Magazin der Apis „Gemeinschaft" vom Juli 2015 beginnen, mit dem Thema „Was glauben Muslime?". Das Magazin ist online einsehbar. Man sollte allerdings nicht nur die beiden Hauptartikel zur muslimischen Theologie und zum Islamismus lesen, sondern auch das gute Editorial des Api-Vorsitzenden Steffen Kern. Dass die Muslime im Land von Evangelikalen als Herausforderung für die christliche Mission betrachtet werden, versteht sich schließlich von selbst. Diese Haltung richtet sich nicht gegen den Islam, sondern gehört – wie in Kapitel 7 erläutert – zur evangelikalen Identität. Aber die wird aus Gründen, die nun mehrfach diskutiert wurden, in den Medien meist nicht differenziert genug dargestellt.

Das Bild der Evangelikalen in den Medien

Auch wenn sich die Medien speziell mit den Evangelikalen befassen, und sie nicht einfach als einen Teil des politischen Konservativismus betrachten, ist das Ergebnis oft unbefriedigend. Ein Beispiel war der 2013 erschienene, große Artikel in der „Süddeutschen Zeitung am Wochenende" von Oliver Rezec mit dem Titel:

> *„Im Namen des Vaters und des Vaters – Eine Frau in Jeans ist des Teufels. Ein Mann hat seine Kinder zu züchtigen. Und das Ende ist nah. Zu Besuch bei den Evangelikalen im Hessischen Hinterland.* "[51]

Der Journalist hatte sich im sogenannten Hinterland umgesehen. So nennt man eine Region Mittelhessens um die ehemalige Kreisstadt Biedenkopf, in der es viele protestantische Freikirchen, Sondergruppen und unabhängige Gemeinden gibt. Sie werden von Rezec pauschal als Evangelikale bezeichnet, d. h. er benutzt das Wort wirklich als Containerbegriff. Das wäre noch vertretbar, aber dann unterstellt er sämtlichen Gruppen, mit denen er es zu tun hat, die gleichen Vorstellungen und Praktiken, egal ob es sich um eine ältere Freikirche wie die „Freien Evangelischen Gemeinden" handelt oder um eine isolierte Sondergruppe von Darbysten. In dem Artikel wird geschildert, wie „evangelikale" Gemeinden ihre Mitglieder moralisch unter Druck setzen:

> *Offener Zwang sei nicht nötig, wenn es mit Schuldgefühlen ebenso leicht geht. „Schau mal, was Jesus für dich gemacht hat. Der ist am Kreuz für dich gestorben. Und du willst am Sonntag nicht den Gemeinde-Parkplatz fegen? Junge!" Mit jedem Widerwort wendet sich der Junge gleich gegen zwei Autoritäten: den Vater und den Vater. So erstickt das Aufbegehren von selbst, ohne Drohung… Mancher Gläubige maßregelt allerdings weniger subtil… Wer seine Rute schont, der hasst seinen Sohn, wer ihn aber lieb hat, der züchtigt ihn beizeiten. „Das ist eine Sache, da muss ich Gott mehr gehorchen als*

der Obrigkeit"… Sein ältester Sohn habe inzwischen selbst Kinder, aber der schlage sie nicht. Der andere Sohn wohl. „Die fünf Kinder, wie die spuren, das glauben Sie gar nicht! Wenn die jetzt reinkämen und ich setz die da hin – die sagen keinen Ton. "

Ist es also „evangelikal", Gott als pädagogisches Druckmittel zu verwenden und im Namen der Bibel Kinder zu schlagen? Ganz anders klingt das Themenheft der Zeitschrift „Eins" der Evangelischen Allianz vom Januar 2011, „Wie erziehen Christen ihre Kinder?" Körperliche Strafe wird in dem Heft unmissverständlich abgelehnt. Bernd Brockhaus schreibt (S. 14):

Anders als für die Generationen von Eltern, für die (bis nach dem Zweiten Weltkrieg) die Rute ganz natürlich zur Kindererziehung dazugehörte, ist eine Prügelpädagogik für uns heute zu Recht ein Ding der Unmöglichkeit, und wir dürfen nicht wieder dahinter zurück. Doch auch wenn man Kinder heute nicht mehr schlägt – an die Stelle der alten groben Methoden der Gewaltanwendung sind neue, diffizilere getreten. Sie können einem Kind nicht weniger Schmerz zufügen als Schläge. Wie die Liebe, so findet auch die Lieblosigkeit ihre Wege, sich auszudrücken; es müssen nicht immer Prügel sein. Was Kinder unserer Zeit und aller Zeiten brauchen, ist die Liebe ihrer Eltern. "

Was ist also evangelikale Pädagogik? Gilt die „moderne" Pädagogik von Bernd Brockhaus oder die „bibeltreue" im hessischen Hinterland? Offenbar gilt beides je nach der Szene oder Gruppe, in der man sich befindet. Die Bewegung macht intern keine Anstalten, die schwarze Pädagogik der angeblich Bibeltreuen in ihre Schranken zu weisen. Das führt unter anderem dazu, dass viele Journalisten diese Pädagogik mit allen Evangelikalen identifizieren. Ebenso steht es mit einer Reihe anderer Themen, die von außen oft mit der evangelikalen Bewegung in Verbindung gebracht werden, und bei denen nach innen nichts klar ist. Wie wird zum Beispiel mit dem Versprechen von Wunderheilungen umgegangen? Eine Webseite aus der Schweiz sagt dazu:

Jesus vergibt uns also nicht einfach alle unsere Sünden, sondern er heilt auch alle unsere Krankheiten ... Wir müssen Krankheiten nicht mehr „als von Gott gegeben" hinnehmen. In dem Moment, indem wir Jesus unser Leben überge-ben, treten wir in das Evangelium von Jesus ein. Wir unterstehen nicht mehr den zehn Geboten und deren Konsequenzen, wenn wir etwas falsch gemacht haben. Denn wir kehren um und erfahren die Vergebung ... Ich glaube daran. Seit dem Jahre 2007 war ich nicht mehr krank. Und ich kann diese Heilung im Namen Jesu jedem anderen zusprechen oder lehren.[52]

Demgegenüber stellte der Hauptvorstand der Evangelischen Allianz 1988 in einer Erklärung lapidar fest:

Die einzigartige Vollmacht Jesu zu heilen können wir nicht beliebig auf uns übertragen. Wir warnen davor, durch Glauben und Gebet Gott zu heilendem Eingreifen zwingen zu wollen.

Ob das vom Allianzvorstand heute noch so vertreten wird, ist unsicher. Der Vorstand hat sich pfingstlich-charismatischen Gruppen angenähert, die das praktizieren, was 1988 abgelehnt wurde: Sie übertragen die Voll-macht Jesu zu heilen auf sich selbst und nicht selten sogar auf autoritäre Leitungspersonen. Gilt also die Abgewogenheit des Allianzvorstands von 1988, gilt die „Alles-geht-Haltung" des heutigen Allianzvorstands, oder gilt die Wundersehnsucht vieler charismatischer Gemeinden? Nicht nur hier wird das, was als „evangelikal" bezeichnet wird, theologisch und mora-lisch zu einer immer bunteren Mixtur. Andere Streitpunkte sind zum Bei-spiel die Taufe, die richtige Gestalt der Kirche, das Verhältnis zur Wissen-schaft, vor allem zur Evolutionstheorie (siehe Kapitel 12), die theologische Bedeutung von Satan und Hölle sowie die Dämonenlehre (siehe Kapitel 4), der Umgang mit ekstatischen Erlebnisformen im Gottesdienst und so weiter und so fort. Das gilt ebenso für eine Reihe ethischer und praktischer Punkte, wie für die Rolle der Frau in der Gemeinde und der Familie, es gilt für den Umgang mit Scheidung und Wiederheirat, mit jugendlicher Sexualität und mit Homosexualität. Es ist für die Medien schwer, aus diesem bunten Eintopf differenziert zu berichten, auch wenn man sicherlich mehr Sorgfalt als in dem oben erwähnten Artikel walten lassen kann.

Zu den meisten der genannten Fragen christlicher Ethik soll hier nichts weiter gesagt werden, da sie (oft abhängig vom unterschiedlichen Bibelverständnis) unterschiedlich beantwortet werden und deshalb wenig über die evangelikale Bewegung insgesamt aussagen. Die Themen Homosexualität und Abtreibung haben allerdings einen besonderen Stellenwert. Sie sind Kampf- und Abgrenzungsthemen, die Gründe für die Ablehnung der Evangelikalen von außen liefern, und umgekehrt Gründe für die Evangelikalen, sich von der Mehrheit abzugrenzen. Der Norddeutsche Rundfunk publizierte 2013 folgende Information in einem Info-Kasten:

Für evangelikale Christen ist die Bibel Grundlage für alle Lebens- und Glaubensfragen. Sie leiten strenge Lebensregeln daraus ab. Abtreibung zum Beispiel lehnen sie entschieden ab. Sie machen sich für Ehe und die klassische Familie stark, Homosexualität gilt als Sünde.[53]

Mehr stand nicht da. Die einzigen Beispiele für „strenge Lebensregeln" waren also neben einer Hochschätzung von Ehe und Familie das Verbot von Abtreibungen und die Ablehnung der praktizierten Homosexualität. Sie stehen gleichrangig nebeneinander, weil sie aus der Sicht der Medienmacher gleichermaßen Ausgrenzungsgründe sind. Die Botschaft ist, dass Leute, die Frauen das Recht auf Abtreibung verweigern und die „homophob" sind, in unserer Gesellschaft nicht als zugehörig anerkannt werden.

Homosexualität: ein Ausgrenzungsthema

Bevor wir einen Blick auf die Reaktionen von evangelikaler Seite werfen, muss dazu etwas klargestellt werden: Die beiden „Ausgrenzungsthemen" sollten für Christen keineswegs gleichrangig sein. Das Thema „Abtreibung" bzw. „Lebensschutz" hat ein viel höheres Gewicht für die christliche Ethik als der Umgang mit Homosexualität. Die Sexualethik ist zwar für Christen nicht unwichtig, sie steht aber nicht im Mittelpunkt dessen, was zu tun und zu lassen ist. Dem wird oft – auch von evangelikaler Seite – mit dem Argument widersprochen, dass die Polarität von Mann und Frau, ihre Zusammengehörigkeit und Unterschiedlichkeit, im Mittelpunkt des biblischen Menschenbilds steht. Das ist richtig, bereits der Anfang der biblischen Urgeschichte (1. Mose 1-4) beschreibt das Geschöpf Mensch, das Gegenüber Gottes, wesenhaft als Mann und Frau. Daraus ergeben sich aber nicht so direkt und so klar moralische Regeln, wie sie in der Geschichte oft aufgestellt (und wieder missachtet) wurden. Wer es bezweifelt, möge sich mithilfe einer Konkordanz durch die Bibel arbeiten. Nirgends ist so auffällig wie in Fragen der Sexualmoral, dass ein fundamentalistisches Bibelverständnis an der realen Bibel vorbeigeht. Wie wir bereits in Kapitel 9 diskutiert haben: „Die Bibel sagt" in den mosaischen Heiligkeitsgesetzen (3. Mose 17-26) und an vielen anderen Stellen Dinge, die offensichtlich nicht mehr für uns gelten können. Hin und wieder sagt sie auch gar nichts – zum Beispiel zur Frage der jugendlichen Sexualität, eine Frage, die sich in den biblischen Lebenswelten schlicht nicht stellte. Die „biblische Lehre" (siehe Kapitel 8) ist im Fall der Sexualmoral noch mehr als sonst eine Konstruktion, die von außen an die Bibel herangetragen wird. In der Bergpredigt – dem zentralen ethischen Text des Neuen Testaments – kommt Sexualität als ein eigenes Thema zum Beispiel nicht vor, sondern nur Ehebruch und Scheidung, also die eheliche Beziehung (Matthäus 5,27-32). In den Seligpreisungen (Matthäus 5,1-12) spielt der Umgang mit Sexualität keine Rolle. Demut, Barmherzigkeit, Friedfertigkeit und die Liebe zur Gerechtigkeit sind dort die Orientierungspunkte für die Nachfolge Jesu. Als Christ muss man diesen Sachverhalt ernst nehmen. Jesus hat nicht aus Versehen vergessen, eine weitere Seligpreisung anzufügen des Inhalts, dass diejenigen selig sind, die sich sexuell rein halten. Vielmehr sollen die Maßstäbe der Bergpredigt, also Menschlichkeit, Barmherzigkeit, Gerechtigkeit und Friede, für die Beziehung zwischen Mann und Frau einschließlich ihrer Sexualität ebenso gelten wie für jeden anderen Lebensbereich. Das bedeutet nicht, dass Sexualmoral für Christen kein Thema ist. Es bedeutet, dass sie sich nach bestem Wissen und Gewissen aus der Nachfolge Jesu ergibt und dass sie – wie gesagt – nicht im Mittelpunkt dessen steht, was Nachfolge bedeutet. Von außen wird Christen dagegen oft unterstellt, dass Körper- und Sexualfeindlichkeit typisch für ihren Glauben seien. An dieser verzerrten Wahrnehmung sind die Christen, auch die Evangelikalen, durchaus mit schuld. Viel zu oft riecht die christliche Verkündigung nach Körperfeindlichkeit. Auf die Bibel kann man sich dabei nicht berufen. Der Umgang mit Homosexualität wiederum ist innerhalb der christlichen Sexualethik ein Spezialthema, das in den vier Evangelien überhaupt nicht und in den übrigen Schriften des Neuen Testaments nur am Rand auftaucht, nämlich in drei Paulusbriefen jeweils als ein Beispiel für sexuelle Verirrungen bzw. für eine zerstörerische Leidenschaft. Wie damit moralisch umzugehen ist ... siehe oben. Diese gelassene Haltung bedeutet nicht, dass Homosexualität menschlich und seelsorgerlich kein Gewicht hätte. Betroffene Menschen können unter ihrem homosexuellen Empfinden sehr leiden, ihnen kann von außen viel Leid zugefügt werden. Es gibt aus christlicher Sicht nicht die geringste Entschuldigung dafür, sie kirchlich, gesellschaftlich oder gar in der staatlichen Rechtsordnung zu benachteiligen. Das ergibt sich aus der eben erwähnten Forderung Jesu nach Menschlichkeit und Gerechtigkeit. Was die christliche Moral angeht, sollte das Thema dagegen vorsichtig behandelt werden. Allerdings habe ich das ungute Gefühl, dass solche Argumente zurzeit in den Wind gesprochen sind. Der „progressive" oder liberale Flügel der evangelischen Kirche beteiligt sich völlig kritiklos an der Ausgrenzung von „Homophoben". Viele Evangelikale reagieren ebenso unkritisch, indem sie den Satz „Homosexualität ist Sünde" zu einem Prüfstein für den richtigen Glauben machen. In der Kampagne gegen den Allianz-Vorsitzenden Michael Diener (siehe Kapitel 10) war seine abwägende Haltung gegenüber Homosexualität der wichtigste Grund, ihm mangelnde „Bibeltreue" vorzuwerfen. Glücklicherweise gibt es auch andere evangelikale Stimmen. Das „Weiße Kreuz", ein auf sexuelle Probleme spezialisiertes, evangelikales Seelsorgewerk, erweist sich mit einer Anti-Diskriminierungserklärung als sprach- und differenzierungsfähig.[54] Das Themenheft „Toleranz" der Apis vom November 2015 breitet in mehreren Artikeln den unterschiedlichen

Umgang mit dem Thema Homosexualität in der evangelikalen Bewegung aus. Einige Beiträge stellen es in den weiteren Rahmen der Frage, was „Toleranz" für Christen bedeutet, und relativieren das Gewicht des Themas von daher.[55] Ein anderer Beitrag versucht umgekehrt, das mosaische Heiligkeitsgesetz doch als für Christen gültig darzustellen und es mit den erwähnten Aussagen in den Paulusbriefen zu verbinden. Mit dieser Vielfalt kann man in einer christlichen Bewegung leben, da es – wie gesagt – nicht um Kernfragen des Glaubens geht. Nun möchten manche Leser vielleicht wissen, was der Autor dieses Buches dazu meint, auch wenn es sich um ein ethisches Nebenthema handeln mag. Das werden sie nicht erfahren, und zwar weil ich der Überzeugung bin, dass man das in der gegenwärtigen Atmosphäre nur schwer vernünftig diskutieren kann, weder in der breiten Öffentlichkeit noch in der evangelischen Kirche. Das Beste, was man vielleicht im Moment tun kann, ist abzuwarten, bis sich die Aufregung auf beiden Seiten totläuft und man ungehindert von öffentlicher Schaumschlägerei menschlich und hilfreich mit den betroffenen Menschen umgehen kann.

Das Leben Ungeborener

Interessanterweise war die öffentliche Polemik gegen „Homophobie" in den letzten Jahren lauter und schriller als gegen die christliche Lebensrechtbewegung. Vielleicht ist das deswegen so, weil die große Mehrheit der Menschen, auch der Christen, von Homosexualität nicht direkt betroffen ist. Viele haben nicht persönlich mit homosexuell empfindenden Menschen zu tun oder sie wissen es nicht. Und die meisten „Progressiven" haben noch nie mit denjenigen Evangelikalen oder Katholiken oder Muslimen usw. gesprochen, die sie lautstark als „homophob" verurteilen. Ohne persönliche Erfahrung lässt es sich unbefangen polemisieren, man sieht ja nichts von den Folgen. Das ist anders, wenn es um Leben und Tod ungeborener Kinder geht. Auch wenn man nicht selbst oder bei nahestehenden Menschen erlebt hat, dass eine Abtreibung erwogen wurde oder dass sie vorgenommen wurde, werden allein von dem Gedanken daran tiefe menschliche Ängste und Sehnsüchte berührt. Auch religionsferne Menschen spüren, dass ihre eigene Existenz mit infrage steht, wenn es um den geheimnisvollen Beginn des menschlichen Lebens und um sein gewaltsames Ende geht. Viele, wenn auch leider nicht alle Menschen empfinden deshalb eine Scheu davor, über eine Entscheidung, die so tief in das Leben eingreift, allzu laut und rechthaberisch zu sprechen. Für Christen stehen jedenfalls die Würde des Menschen, auch des ungeborenen Menschen, und die tiefe Achtung vor dem von Gott geschenkten Leben im Zentrum ihres Menschenbilds. Es gibt kein Ausweichen davor, dass jede Abtreibung vor Gott und den Menschen ein zutiefst tragisches Geschehen ist, das alle Beteiligten in schwere Schuld verstrickt. Allerdings verbietet sich genau deswegen jede Rechthaberei und jedes moralische Urteilen. Vor allem männliche Rechthaberei betroffenen Frauen gegenüber ist unerträglich. Die endlose, sich durch die Jahrhunderte erstreckende Leidensgeschichte der Frauen, die ungewollt schwanger und von den Erzeugern des Kindes und von ihren Familien im Stich gelassen wurden, verwehrt Männern jedes Moralisieren. Aus der christlichen Ethik lassen sich auch keine direkten Forderungen an das staatliche Recht ableiten. Mit dem lauten Ruf nach dem Strafrecht haben sich viele Christen – wiederum vor allem Männer – außerhalb dessen gestellt, was Jesus selbst vorlebte. In dieser Frage wünsche ich mir das Schweigen der Männer. Lassen wir Frauen zu Wort kommen, lassen wir sie anderen Frauen helfen und tun wir alles, um Situationen zu verhindern, die es einer Frau unmöglich erscheinen lassen, ein Kind auszutragen. Wenn progressive bzw. liberale Medien meinen, Christen, die „Abtreibung entschieden ablehnen", wegen ihrer Haltung ausgrenzen zu müssen, dann ist es eben so.

Die „entschiedene Ablehnung" von Abtreibungen ist auch kein besonderes Kennzeichen der evangelikalen Bewegung. Dass in Bezug auf Abtreibungen die meisten Katholiken und Orthodoxen ebenso denken wie sie, wissen viele Evangelikale. Historisch und weltweit gesehen teilten und teilen jedoch fast alle Christen ihre Haltung, mit wenigen Ausnahmen unter progressiven, westlich geprägten Christen. Nicht nur das, sondern auch die großen Religionen denken ebenso, wiederum mit wenigen Ausnahmen im hoch technisierten Westen. Das heißt die Achtung vor dem ungeborenen Leben ist nicht einmal typisch christlich, sondern typisch religiös. Deshalb richtet sich dieses „Abgrenzungsthema" genau genommen gegen die große Mehrheit aller anderer Religionen und Kulturen. Unsere progressiven Mitmenschen wollen eigentlich nicht „eurozentrisch" sein, sie wollen andere Kulturen respektieren. Was dieses Abgrenzungsthema angeht, sind sie jedoch so eurozentrisch, dass mehr Eurozentrik nicht geht. Sie sollten wenigstens zur Kenntnis nehmen, dass sie ihre ethischen Vorstellungen in diesem Fall „contra mundum" vertreten, gegen die ganze Welt, und entsprechend vorsichtig sein. Die Mehrheit hat zwar nicht unbedingt recht, aber die Minderheit auch nicht.

Es gibt viel zu tun – Evangelikale sollten mithelfen

Das Bild, das die Massenmedien von den Evangelikalen zeichnen, macht für sie Image- und Statusfragen zum Thema, mit denen sie sich früher kaum befassen mussten. Der Präses des Mülheimer Verbands und zweite Vorsitzende der Deutschen Evangelischen Allianz, Ekkehart Vetter, sagte kürzlich, dass der Umgang mit den Medien inzwischen ein großes Problem für die in der VEF verbundenen Freikirchen sei.[56] Das gilt noch mehr für die unabhängigen Gemeinden, vielleicht weniger für die landeskirchlichen Evangelikalen, die sich im Schonraum der Volkskirche aufhalten. Insgesamt sind die Evangelikalen zwar ein regelmäßiges, aber kein großes Medienthema. Wenn man die Berichterstattung mit der über die katholische Kirche vergleicht, ist sie im Umfang sehr bescheiden. Zum Beispiel bleiben die Evangelikalen fast immer unter der Interessensschwelle der „Bild"-Zeitung – ein Segen, den sie nicht hinreichend würdigen. Ekkehart Vetter hat dennoch recht, denn lose Dachverbände wie die VEF und (von der Funktion her) die Evangelische Allianz passen nicht zu den Regeln der Medienindustrie. Auch abgesehen vom Problem des undeutlichen inhaltlichen Profils beider fehlt es an „Gesichtern" und Repräsentanten. Die Massenmedien sind hochgradig bildlastig und ihre Berichte sind stark personalisiert, wichtig sind deshalb öffentlich bekannte Sympathieträger. Die hat die evangelikale Bewegung in Deutschland (anders als in den USA) nicht zu bieten. Die meisten Massenmedien transportieren inhaltlich nichts als Schlagworte und kurze Schlagzeilen. Die lassen sich nur produzieren, wenn es markante „offizielle" Äußerungen zu brisanten und aktuellen Themen gibt, also Äußerungen, hinter denen Autorität steht. Eine solche Autorität hat niemand in der evangelikalen Bewegung. Eigentlich kommt nur die Evangelische Allianz als öffentlicher Ansprechpartner infrage. Die Repräsentanten von Teilen der Bewegung können zwar ebenfalls eine Rolle spielen: der Präses des Gnadauer Verbands, die Vereinigung Evangelischer Freikirchen usw. Aber deren Wirkung wird immer begrenzt sein, und die Aufmerksamkeit der Öffentlichkeit ebenso. Gemessen daran ist die Empfindlichkeit von Evangelikalen erstaunlich hoch. Man empfindet die gelegentliche und meist nur kurzfristig wirksame Medienkritik fast wie religiöse Verfolgung und reagiert mit hektischen Defensivaktionen, die nichts oder das Gegenteil dessen bewirken, was sie sollen. Darin zeigt sich wiederum die Anfälligkeit der Bewegung für Feindbilder. Denn alle Religionen und religiösen Ereignisse werden von der Medienindustrie mehr oder weniger verzerrt dargestellt, da so gut wie immer aus einer säkularistischen Perspektive berichtet wird. Die Gründe wurden in Kapitel 9 erläutert. Die Evangelikalen sind davon inhaltlich nicht weniger, aber auch nicht mehr betroffen als Katholiken und andere Evangelische. Quantitativ kommen sie ziemlich gut davon. Den Katholiken geht es in den Medien schlechter als ihnen, den anderen Evangelischen vielleicht etwas besser. Dazu kommt ein wichtiger politischer Punkt. Die Medien sind in unserer Gesellschaft eine „vierte Gewalt", neben den traditionellen Institutionen der Legislative, der Exekutive und des Rechts. Sie sind in einer Demokratie unverzichtbar; nur die in der Verfassung verankerte und praktisch bestehende Pressefreiheit macht eine effektive Kontrolle der drei anderen „Gewalten" möglich. Die Medien haben Macht und müssen sie behalten. Aber Macht korrumpiert, und die Medien sind davon nicht ausgenommen. Sie streiten nicht uneigennützig für Wahrheit und Gerechtigkeit, sondern sie tun das, was ihnen Geld bringt und was ihnen Einfluss gewährt. Wie jede menschliche Einrichtung, selbst die beste, ist auch die freie Presse ein Segen mit üblen Nebenwirkungen. Sie muss im „Regiment zur Linken" (Martin Luther) sein, aber sie ist auch eine Last. Wir alle, Kirchen, Parteien, Sportvereine usw., tragen diese Last mit, das gilt auch für die Evangelikalen. Sie sollten anpacken und mithelfen. Bisher ist diese Last nämlich für Christen erträglich, und wir sollten gemeinsam daran arbeiten, dass es so bleibt. Ich will zum Schluss ein Beispiel anführen, das einige Hintergrundinformationen erfordert.

Gewalt in Familien

In den Jahren 2007 und 2008 führte das Kriminologische Forschungsinstitut Niedersachsen (Hannover) eine groß angelegte Schülerbefragung[57] durch mit dem Ziel, die Gewalterfahrungen von Jugendlichen zu untersuchen. Die Stichprobe umfasste fast 45 000 15 Jahre alte Schülerinnen und Schüler in ganz Deutschland, 2011 folgte eine weitere Untersuchung mit der Befragung von Erwachsenen ab 16 Jahren. Daraus ergab sich unter anderem eine Teilstudie „Christliche Religiosität und elterliche Gewalt", in der nur Jugendliche deutscher Herkunft aus Westdeutschland untersucht wurden. Diese Stichprobe umfasste jeweils über 11 000 katholische und evangelische Jugendliche und 431 Jugendliche (ca. 2 %), die sich als evangelisch-freikirchlich bezeichneten. Um welche Kirchen bzw. Gemeinden es sich handelte, wurde nicht erfragt. Daher blieb offen, wer sich in diese Kategorie einordnete. Infrage kommen klassische Freikirchen, unabhängige Gemeinden und Pfingstkirchen, die sich alle „freikirchlich" nennen, aber auch neuapostolische Jugendliche oder Mitglieder von Jehovas Zeugen, die sich normalerweise nicht so bezeichnen würden, für die es aber keine passende Kategorie gab. Bei der Auswertung der Ergebnisse muss man die Heterogenität dieser Gruppe im Auge behalten.

Zuerst einmal ergab sich, dass familiäre Gewalterfahrungen unter „evangelisch-freikirchlichen" Jugendlichen signifikant häufiger und schwerer waren als bei evangelischen und katholischen, die sich in diesem Punkt statistisch nicht unterschieden. 17,4 % der evangelisch-freikirchlichen Schüler hatten schwere elterliche Gewalt erlebt, verglichen mit 11,8 bzw. 11,9 % der Katholiken und Evangelischen. Das ist ein Unterschied von rund einem Drittel. Allerdings ging dieser Effekt überwiegend auf Familien unterhalb des akademischen Bildungsniveaus zurück, bei Familien mit akademischen Berufen war er weit geringer. Außerdem hing die Häufigkeit und Schwere von familiärer Gewalt direkt mit der Wichtigkeit der religiösen Erziehung in den Familien zusammen.

Ein Viertel (25,6 %) der aus sehr religiösen Nicht-Akademiker-Elternhäusern stammenden Schüler berichtet von schweren elterlichen Gewaltübergriffen; bei den nicht religiösen freikirchlichen Jugendlichen beträgt die Quote nur 7,3 % (S. 7).

Je religiöser die Familien, desto häufiger und schwerer war statistisch also die familiäre Gewalt. Interessant ist, dass das in der (viel größeren) katholischen Stichprobe nicht der Fall war, dort waren Gewalterfahrungen bei den engagierten Katholiken seltener als im Durchschnitt. Bei den evangelischen Familien war es wieder anders. Es gab eine kleine Gruppe sehr religiöser Eltern, bei denen 16,9 % der evangelischen Schüler von massiver Gewalt berichteten. Das Ergebnis entspricht fast dem der „sehr religiösen" freikirchlichen Familien. Die Erwachsenenbefragung von 2011 bestätigte im Übrigen, soweit sie reichte, sämtliche Ergebnisse. Auffällig war auch, dass die „evangelisch-freikirchlichen" Jugendlichen, die familiärer Gewalt ausgesetzt waren, deshalb nicht stärker zu eigener Gewalt und zu Delinquenz (Kriminalität) neigten. Normalerweise findet man diesen Zusammenhang: Jugendliche, die Opfer von Gewalt waren, sind selbst gewalttätiger und haben ein höheres Risiko, kriminell aufzufallen. Nicht so bei den „evangelisch-freikirchlichen" Jugendlichen, sie scheinen die familiäre Gewalt passiv hinzunehmen. Allerdings war bei ihnen die ebenfalls gemessene „Lebenszufriedenheit" statistisch am niedrigsten, sogar auffällig niedrig, wenn man sie mit der katholischen und evangelischen Stichprobe vergleicht. Nebenbei: Die höchste Lebenszufriedenheit gab es bei katholischen Jugendlichen in traditionellen katholischen Familien, die Evangelischen erreichten dieses Niveau nicht ganz. Auch die Prävention jugendlicher Gewalt gelingt diesen Familien am besten. Das sollte vielleicht ein paar Leuten an der Spitze der EKD zu denken geben. Aber das ist jetzt nicht unser Thema.

In der Studie werden Vermutungen über die Ursachen der familiären Gewalt geäußert. Angeführt wird, dass es im freikirchlichen Spektrum einzelne Gruppen gibt, die unter Berufung auf die Bibel die Prügelstrafe als christliche Pflicht von den Eltern verlangen. Das ist unstrittig der Fall, der Journalist Oliver Rezec begegnete im hessischen Hinterland solchen Leuten (siehe oben). Allerdings weiß niemand, wie viele es sind, die so denken und handeln. Weiterhin weisen die Autoren darauf hin, dass eine solche Prügelpädagogik früher weitverbreitet war. Man kann auch vermuten, dass eine kulturelle Ungleichzeitigkeit vorliegt: Unter den „evangelisch-freikirchlichen" und in einer Anzahl evangelischer Familien könnte es Milieus geben, bei denen sich die gesellschaftliche Entwicklung in dieser Sache nicht oder noch nicht auswirkt, sodass sie früher weitverbreitetes Erziehungsverhalten immer noch tradieren. Die Studie stellt als Fazit fest: Im Vergleich zu katholischen und evangelischen Familien…

> *„… fallen die klaren Trends, die sich aus den Antworten der Mitglieder von evangelisch-freikirchlichen Gemeinden ablesen lassen, völlig aus dem Rahmen. Sie sprechen dafür, dass in einem beachtlichen Teil solcher Gemeinden die Eltern dazu aufgerufen werden, in der Erziehung ihrer Kinder Schläge gezielt einzusetzen. Die Befunde aus der Schülerbefragung lassen ferner die Interpretation zu, dass solche auch religiös bedingten Erziehungstraditionen in akademisch geprägten Elternhäusern eher überwunden werden als in nicht akademischen."*

Das Fazit ist für die Evangelische Kirche nicht besonders schmeichelhaft, und für die Freikirchen noch weniger. Ich war dabei, als die Ergebnisse im

Rahmen einer Tagung von einem Mitarbeiter des Instituts referiert wurden. Dabei gab es die Gelegenheit, in der Diskussion darauf hinzuweisen, dass das Problem familiärer Gewalt wahrscheinlich kein Problem der größeren, ökumenisch eingestellten Freikirchen ist. Wer sie kennt, hat den Eindruck, dass sich die familiäre Kultur bei Mennoniten, Methodisten, Baptisten und FeG kaum von der in der Evangelischen Kirche unterscheidet. Der Eindruck mag täuschen, aber das würde mich wundern. Das gilt auch für die Neuapostolische Kirche, falls sie in der Stichprobe überhaupt mit enthalten war. Der Referent bestritt das nicht, sagte allerdings auch, dass solche Differenzen unter den 2 % Christen außerhalb der großen Kirchen aus statistischen Gründen nicht berücksichtigt werden konnten. Falls es aber stimmen sollte, dass die Familienkultur der etablierten Freikirchen der evangelischen ähnelt, sodass ein großer Teil der Stichprobe von 431 Jugendlichen aus „durchschnittlichen" protestantischen Familien kam, ergibt sich die zwingende Folgerung, dass im anderen Teil dieser Stichprobe familiäre Gewalt umso verbreiteter und schwerer war. Falls es also nicht die genannten Freikirchen sind, wer ist es dann? Ich habe aufgrund meiner früheren Tätigkeit in der evangelischen Weltanschauungsarbeit eine Vermutung, wie die Antwort lautet: Wir hatten mit einer Vielzahl von Seelsorgefällen zu tun, in denen familiäre Gewalt ein wichtiges Thema war, und die ließen sich bestimmten Milieus zuordnen. Aber ich werde die Vermutung nicht äußern, solange es an differenzierten, quantitativen Untersuchungen fehlt. Wer ähnliche seelsorgerliche Erfahrungen hat, wird sich seine eigenen Gedanken machen.

Wie man mit schlechten Nachrichten schlecht umgeht

Natürlich wurde die Studie in den Medien aufgegriffen und es erschienen die zu erwartenden, mehr oder weniger undifferenzierten Artikel und Radiobeiträge.[58] Sie waren nicht besser, aber auch nicht schlimmer als bei anderen Anlässen. Die Freikirchen und vielleicht auch die Allianz hatten allen Grund, öffentlich darauf hinzuweisen, dass sie familiäre Gewalt nicht befürworten. Leider taten sie noch mehr. Sie versuchten alles, was in ihrer Macht stand, um die Studie fragwürdig und unseriös erscheinen zu lassen. Der Präsident der Vereinigung Evangelischer Freikirchen (VEF) sagte zum Beispiel öffentlich, dass sich seine Mitgliedskirchen theologisch und praktisch für das Kindeswohl und für eine gewaltfreie Erziehung einsetzten, so der Bund Evangelisch-Freikirchlicher Gemeinden und die Methodisten, und dass die Ergebnisse der Studie deshalb nicht zutreffen könnten. Die Beispiele, die von dem Institut genannt worden seien, seien ihm völlig fremd. Das mag ja sein, aber die VEF vertritt nicht das ganze freikirchliche Spektrum, sondern nach Mitgliedern gerechnet nur ungefähr die Hälfte. Wenn die Vereinigung für alle ihre Mitgliedskirchen die Hand ins Feuer legen will, ist das ihr Risiko. Für die anderen kann sie bestimmt nicht sprechen.

Durchweg bemängelten die Kritiker der Studie, dass bei der Befragung überhaupt die Kategorie „evangelisch-freikirchlich" benutzt wurde. Sie sei „schlicht falsch" oder der Begriff „freikirchlich" sei nicht richtig bestimmt. Aber für eine solche Untersuchung muss man so fragen, dass Jugendliche antworten können. Das heißt, man muss ihre Selbstbezeichnung benutzen. Und es ist nun einmal so, dass fast alle Protestanten außerhalb der evangelischen Kirche sich selbst als Freikirchen und als evangelisch bezeichnen, auch winzige unabhängige Gemeinden. Wer es nicht glaubt, zücke seinen Laptop und gehe die Internet-Präsentationen dieser Gemeinden in einem Dutzend deutscher Städte durch. Alle sind aus ihrer eigenen Sicht evangelische Freikirchen, manchmal auch freie evangelische Gemeinden, von der charismatischen Arche in Ahausen bis zum bibeltreuen Zentrum in Zhausen. Das mag für die VEF ein Ärgernis sein und sie hat deshalb vielleicht ein PR-Problem. Aber dafür kann das Institut in Hannover nichts. Ob es sinnvoll und rechtlich zulässig gewesen wäre, auch noch direkt nach der Zugehörigkeit zu bestimmten Gruppierungen im freikirchlichen Spektrum zu fragen, weiß ich nicht. Heikel wäre es auf jeden Fall gewesen und eine statistische Auswertung so kleiner Zahlen wäre nicht möglich. Es sind Detailuntersuchungen mit anderen Methoden nötig, um die familiäre Gewalt im freikirchlichen Spektrum genauer zu verorten.

Alle Kritik änderte nichts an dem Ergebnis: Rund 23 000 Jugendliche wurden befragt und 431 davon bezeichneten sich selbst als evangelisch-freikirchlich. Unter ihnen gab es viel mehr, die von schwerer familiärer Gewalt berichteten als unter den evangelischen und katholischen Jugendlichen. Dieses Ergebnis lässt sich nicht wegdiskutieren. In der Öffentlichkeit entstand der peinliche Eindruck, dass aus Sicht der VEF und der Evangelischen Allianz nicht die prügelnden Mitchristen, wer auch immer sie sein mögen, an ihrer schlechten Presse schuld waren, sondern diejenigen, die auf diese prügelnden Mitchristen aufmerksam machten. Das riecht nach dem fatalen Verhalten, den Boten zu beschuldigen, der die schlechte Nachricht bringt. Für die Kinder und Jugendlichen, die in sich freikirchlich nennenden Familien einer gewalttätigen Erziehung ausgesetzt sind, hatten VEF und Allianz kein Wort des Mitgefühls übrig. Kein Wort der Betroffenheit darüber, dass junge Menschen dem christlichen Glauben in einer so entstellten Form begegnen, kein Wort dazu, dass die Bibel dafür missbraucht wird. Zu diesem Teil der Studie herrschte bezeichnendes Schweigen. Jede öffentliche Kritik an der Studie hätte aber mit einem Wort des Bedauerns darüber beginnen müssen, dass es so viel Gewalt in christlichen Familien gibt. Mir standen, als ich die evangelikalen Reaktionen mit ziemlichem Entsetzen in den Medien verfolgte, die Menschen vor Augen, die in Beratung und Seelsorge zu mir gekommen waren, die ihre Angst und ihren Groll vielleicht zum ersten Mal jemand anvertrauen konnten, die verzweifelt versuchten, ihr entstelltes Gottesbild abzulegen und sich dem barmherzigen Gott anzuvertrauen. Die Repräsentanten der Freikirchen und der Allianz hatten dazu nichts zu sagen, weil sie es nicht wahrhaben wollten, dass es im freikirchlichen Spektrum und damit auch in der evangelikalen Bewegung ein Problem mit familiärer Gewalt gibt. Mir selbst steht durch meine Lebensgeschichte und meine theologische Überzeugung innerhalb der evangelikalen Bewegung der Gnadauer Gemeinschaftsverband am nächsten. Sein pädagogischer Arbeitskreis (jetzt: Arbeitskreis Erziehung und Bildung) leistet seit vielen Jahren hervorragende Arbeit. Die Gnadauer hätten aus diesem Anlass durchaus öffentlich sagen können, dass sie die guten Pädagogen sind. Sie haben es meines Wissens nicht getan, dafür bin ich ihnen dankbar.

Zusammenfassung

Die evangelikale Bewegung wird in den letzten Jahren häufiger öffentlich kritisiert, als es früher der Fall war. Oft handelt es sich eher um Kritik am Konservativismus allgemein, das heißt, Evangelikale werden als politische „religiöse Rechte" verstanden. Das wird der Bewegung nicht gerecht, wie das Beispiel „Evangelikale und Islam" zeigt. Das Bild der evangelikalen Bewegung in den Medien nimmt auch meist keine Rücksicht auf die moralischen und theologischen Unterschiede innerhalb der Bewegung. Die Themen „Homosexualität" und „Abtreibung" dienen gegenüber den Evangelikalen als Ausgrenzungsmerkmale. Allerdings reagieren die Repräsentanten der evangelikalen Bewegung auf die insgesamt immer noch seltene und gemäßigte Kritik außerordentlich empfindlich und oft wenig konstruktiv. Darin zeigt sich wiederum ihre mangelnde positive Identität und die Betonung der Abgrenzung nach außen hin.

12. Immer Ärger mit der Evolution

Es muss Ende der 1970er-Jahre gewesen sein, ich war als junger Naturwissenschaftler an der Universität Freiburg im Breisgau und in der badischen Landeskirche engagiert. Mein Forschungsgebiet war die Ethologie menschlichen Verhaltens und damit auch die Evolutionstheorie. Damals gab es einen regen Austausch mit der katholischen Theologie (eine evangelische Fakultät gibt es an der Universität nicht), ein Verdienst des Genetikers Carsten Bresch, der sich intensiv mit der Theologie des Jesuiten und Paläontologen Teilhard de Chardin beschäftigte. Folglich hörte ich ebenfalls Bresch und las Teilhard mit großem Gewinn, auch wenn ich seine Theologie nicht übernahm. Es war für mich aber wie für Teilhard selbstverständlich, dass Christen das gewaltige Geschehen der Evolution als Ausdruck des Schöpfungshandelns Gottes betrachten. Das war nicht einmal neu für mich, denn ich kam aus dem württembergischen CVJM, und dort hatte der heute fast vergessene Lehrer und Evangelist Paul Müller (1896 bis 1983) einen großen Einfluss gehabt. Müller hatte eine ziemlich kuriose, spekulative Naturtheologie und seltsame Vorstellungen von der Entwicklung der Lebewesen, aber für ihn war das Evolutionsgeschehen an sich kein Glaubensproblem. Außerdem stand auf meinem Bücherregal ein kleiner Band des Tübinger Paläontologen Friedrich von Huene (1875 bis 1969). Er war der deutsche Saurierexperte seiner Zeit und gleichzeitig ein frommer Pietist. Mit dem großen Theologen Karl Heim (1874 bis 1958) war er eng befreundet. Gemeinsam mit ihm entwickelte er eine Naturtheologie, die Evolutionsgeschichte und Schöpfung harmonisierte, und die auch im Pietismus akzeptiert wurde. Die Theologie übernahm ich ebenso wenig wie die Teilhards, Karl Heim im Original las ich erst viel später. Aber die gelehrten Tübinger Pietisten standen wieder für die Möglichkeit, Naturwissenschaft und Schöpfungstheologie zusammenzudenken, ohne den christlichen Glauben einzuschränken und der Wissenschaft Gewalt anzutun.

Kreationismus – Importware der 1970er

Es mag heutige Evangelikale überraschen, aber der deutsche Pietismus hatte bis in die 1970er-Jahre kaum Probleme mit der biologischen Abstammungslehre, mit den langen Zeiträumen der Evolution und der gemeinsamen Abstammung aller Lebewesen. Das hatten nur die wenigen freikirchlichen Bibelfundamentalisten und Jehovas Zeugen. Erst in den 1970er-Jahren begannen evangelikale Verlage, die sich zur Telos-Verlagsgruppe zusammenschlossen, kreationistische Schriften aus dem Englischen zu publizieren, vor allem Werke von Arthur E. Wilder-Smith (1915 bis 1995). Die waren mir bekannt und durch sie auch der „scientific creationism" aus den USA. Aber Wilder-Smith war aus der Sicht eines promovierten Biologen so offensichtlich unwissend, dass ich damals irrtümlich meinte, niemand würde ihn ernst nehmen. Der Chemiker aus England verstand etwas von Biochemie, aber die theoretischen Grundlagen der damaligen Evolutionsbiologie hatte er nicht verstanden. Seine Einwände beruhten durchweg auf Missverständnissen. Dennoch war Wilder-Smith immer noch besser informiert als die Kreationisten aus den USA. In den evangelischen Studentengemeinden (damals hießen sie noch so) und in der Studentenmission (SMD), die ich sehr gut kannte, lachte man über diese Leute. Darum war ich leicht irritiert, als mir zu Ohren kam, dass sich ausgerechnet in meiner Heimatstadt in Württemberg eine Initiative gegründet hatte, deren Ziel es war, die krudeste Form des Kreationismus aus den USA in den deutschen Sprachraum zu bringen. Es handelte sich um die 1978 ins Leben gerufene und bis heute aktive Studiengemeinschaft „Wort und Wissen". Ich hatte damals guten Kontakt zu einem evangelischen Theologen in Freiburg, der später ziemlich bekannt wurde. Ihm erzählte ich von der neuen Entwicklung. Seine Antwort war dem Sinn nach (wörtlich weiß ich sie nicht mehr):

Das ist ein Werk des Teufels, der uns davon abhalten will, das zu tun, was wir tun sollen, nämlich den Menschen das Evangelium nahe zu bringen.

Ich war ziemlich überrascht, denn mein Freund ist kein Evangelikaler und hatte nicht die Angewohnheit, kirchliche Probleme dem Teufel in die Pferdehufe zu schieben. Heute, fast vier Jahrzehnte später, weiß ich, dass ich damals ein prophetisches Wort gehört habe. Nur Gott weiß, oder vielleicht die Erzengel, die Kirchen und Völker begleiten, wie viel Energie Christen mit dem Kampf gegen die Naturwissenschaft verschwendet haben, wie viel Bitterkeit dadurch unter Christen entstand, wie vielen Menschen das Evangelium dadurch unglaubwürdig wurde und wie viele andere sich in einer kreationistischen Wagenburg verschanzten, anstatt als Zeugen des Glaubens offen auf ihre Mitmenschen zuzugehen. Wenn es eine Intrige des Teufels war, war sie erfolgreich.

Natürlich gab es und gibt es Religionskritiker, die mit der Evolutionstheorie gegen den christlichen Glauben argumentieren, es gab Thomas Huxley und Ernst Haeckel zur Zeit Darwins, und heute gibt es die „Neuen Atheisten". Man muss sich als Christen in dieses Gespräch begeben und ihren ideologischen Evolutionismus kritisieren. Aber der Anlass für die Gründung von „Wort und Wissen" war nicht das Aufkommen der evolutionistischen Religionskritik. Die war damals viel weniger stimmgewaltig als heute; von den „Neuen Atheisten" hatte noch niemand etwas gehört. Treibende Kraft hinter der Gründung von „Wort und Wissen" war vielmehr der kürzlich verstorbene württembergische Pfarrer Horst W. Beck, der (wie er selbst es später formulierte) durch ein intellektuelles Bekehrungserlebnis Kreationist geworden war. Vorher hatte er mehr oder weniger die Position von Karl Heim geteilt. In der Folge kam es zur Spaltung innerhalb der erst vier Jahre vorher gegründeten Karl-Heim-Gesellschaft. Deren Mehrheit lehnte den Kreationismus ab, und zwar unter anderem mit dem Argument, dass die Arbeiten von Wilder-Smith unwissenschaftlich seien. Die Minderheit um Beck begründete ihre kreationistische Theologie nicht damit, dass sie für die Auseinandersetzung mit dem Atheismus nötig sei. Er sah sich vielmehr in einen innerkirchlichen Streit um die theologische Wahrheit verwickelt und machte die Evolutionstheorie für den (aus seiner Sicht) schlechten Zustand der evangelischen Kirche verantwortlich:

Parallel wuchs die Erkenntnis bei einigen von uns, daß das Rahmenbild der heutigen Biologie, die sogenannte „Evolutionslehre" (sic!) eine der für Christen unbewältigten Größen in der Gegenwart darstellt. Die Situation in Gemeinden, Familien, im Religionsunterricht etc. ist sehr notvoll. Den im Kuratorium Verantwortlichen wurde in den letzten Jahren immer deutlicher, daß wir mit Publikationen, öffentlichen Vorträgen, Tagungen, Preisausschreiben, Vorträgen und anderen Aktivitäten nicht allein die Klärungen erbringen können, die heute anstehen.[59]

Gemeint ist das Kuratorium der Karl-Heim-Gesellschaft, das Beck in der Folge verließ und dem heute – eine kleine Ironie der Zeitgeschichte – ich selbst angehöre. Von einer durch die Evolutionstheorie erzeugten, notvollen Situation in den landeskirchlichen Gemeinden, im Religionsunterricht, im CVJM oder gar in Familien habe ich damals nichts bemerkt. Mit den Methodisten vor Ort hatte ich guten Kontakt, und denen drückte die Evolutionstheorie auch nicht auf das Befinden. Das ist umso kurioser, als ich genau dort aufwuchs, wo Beck lebte und arbeitete. Nun war meine Perspektive als Abiturient und später als junger Wissenschaftler sicherlich einseitig. Aber ich vermute, Becks Wahrnehmung war es ebenso.

Dem Zeitablauf nach kann man sogar vermuten, dass der Kreationismus der evolutionistischen Religionskritik den Boden bereitete. Denn zuerst wurde der Kreationismus aus den USA (und aus den Niederlanden) nach Deutschland importiert, dann folgten die „neuen Atheisten" nach. Die Vermutung liegt auch deshalb nahe, weil Kreationisten und „Neue Atheisten" in einem zentralen Punkt übereinstimmen, nämlich dass sich die Wahrheit oder Unwahrheit des Glaubens naturwissenschaftlich beweisen lässt. Von Wilder-Smith ist mir nur noch dieser Punkt präsent. Der englische Kreationist war davon überzeugt, dass die Naturwissenschaft nur richtige Ergebnisse liefern könne, wenn sie den Schöpfungsbericht der Bibel als wissenschaftliche Tatsache behandelt. Wenn die Evolutionstheorie zutreffen würde, schließt der Kreationist deshalb, wäre der christliche Schöpfungsglaube widerlegt. Also muss sie falsch sein, es muss eine andere, „christliche" Biologie geben. Der Neue Atheist denkt genauso, er dreht das Argument

nur um: Da die Evolutionstheorie zutrifft, ist der christliche Schöpfungsglaube widerlegt. In diesem Spiel sitzen die Christen unweigerlich am kür-
zeren Hebel, denn sie haben sich auf einen fremden Boden begeben, auf
den des „wissenschaftlichen Weltbilds". Dort gilt nur als wahr, was die
Naturwissenschaft sagt. Die christlichen Versuche, die Naturwissenschaft
das sagen zu lassen, was sie hören wollen, sind von vornherein hoffnungs-
los. Es gibt keine christliche Biologie, allerdings auch keine unchristliche.
Christen sollten sich deshalb auf dieses Spiel gar nicht erst einlassen. Jede
vernünftige Theologie und Wissenschaftstheorie kommt zu dem Ergebnis,
dass die Naturwissenschaft den Schöpfungsglauben weder beweisen noch
widerlegen kann. Alle, Christen wie Nichtchristen, bewegen sich weltanschaulich im Raum von umfassenden Weltdeutungen, von universalen Sätzen (siehe die Kapitel 4 und 7), zwischen denen nicht durch Vernunft und
Erfahrung gedanklich entschieden werden kann. Auf dieser philosophisch
soliden Grundlage kann man mit dem Atheismus ins Gespräch kommen,
man ist auf Augenhöhe und kann sich gegenseitig ernst nehmen.

Warum ist Evolutionskritik attraktiv?

Dass der Kreationismus Christen zu einer Argumentation zwingt, die
scheitern muss, richtet großen Schaden an. Wer Englisch liest, kann sich
von dem frommen Elend ein Bild machen: R. J. Berry hat kürzlich einen
Sammelband herausgegeben *„Christians and Evolution – Christian Scholars Change Their Mind"* (Christen und Evolution – christliche Wissenschaftler denken um).[60] In dem Buch berichten neunzehn Wissenschaftler
vor allem aus dem englischen Sprachraum davon, wie sie in kreationistischen Gemeinden groß wurden, und welche Spannungen und Mühen es
für sie bedeutete, sich vom Kreationismus zu befreien. Die Lehrerin Grace
Buchanan (USA) betrachtete die Evolutionstheorie als liberales, atheis-
tisches Komplott. Als ihr Ehemann, ein Chemiker, unter dem Einfluss
seines akademischen Milieus den Kreationismus zu kritisieren begann,
reagierte sie nach ihrem eigenen Bericht mit Angst und Ärger:

... die meisten Menschen sind eher wie ich: eine komplizierte Mischung aus Unsicherheiten, Schuld, Ängsten und Scham. Wir neigen dazu, das Denken eher dafür zu nutzen, unsere eigenen emotionalen Festungen zu verteidigen, als alle Seiten einer Frage leidenschaftslos zu prüfen, um die Wahrheit zu finden. So war jedenfalls meine Erfahrung.[61]

Grace Buchanan hat recht, das macht den Kreationismus (und auf der anderen Seite den Wissenschaftsglauben) so hartnäckig. Das musste ich selbst feststellen, als ich das Milieu der biologischen Forschung verließ und 1985 Mitarbeiter der Evangelischen Zentralstelle für Weltanschauungsfragen (EZW) wurde. Nahezu sofort hatte ich dienstlich mit dem Kreationismus zu tun. Seither habe ich mich dafür engagiert, dass Christen die Erkenntnisse der Naturwissenschaft in ihre Schöpfungstheologie integrieren. Im Darwin-Jahr 2009 erschien dazu ein Buch im Brunnen Verlag „Und Gott schuf Darwins Welt".[62]

Ich hatte sehr bald verstanden – dabei kam mir mein wissenschaftlicher Hintergrund zugute – dass der Kreationismus nicht imstande ist, sich an der naturwissenschaftlichen Forschung zu beteiligen. Er produziert Pseudowissenschaft, oft auch für Laien erkennbar, manchmal jedoch so ausgestaltet, dass man Fachkenntnisse benötigt, um die Argumente zu durchschauen. Ebenfalls verstand ich schnell, dass es im Kreationismus kein eigenes Interesse an der Naturwissenschaft gibt. Es geht darum, den Bibelfundamentalismus amerikanischer Prägung zu verteidigen, mit dem wir uns in Kapitel 8 beschäftigt haben. „Die Evolution" muss dafür als Feindbild herhalten, obwohl das fundamentalistische Schriftverständnis ebenso mit anderen Wissenschaften kollidiert, zum Beispiel mit Kosmologie und Geologie, aber auch mit Geschichtswissenschaft und Psychologie. Es sind aber nicht die gottlosen Historiker oder Physiker, die man für den Unglauben der modernen Kultur verantwortlich macht, sondern die gottlosen Evolutionisten. Was ich lange nicht verstand, ist, dass in Deutschland seither immer mehr Evangelikale, die theologisch keine Fundamentalisten sind, auf den evolutionskritischen Zug aufsprangen, darunter meines Wissens heute der größte Teil des Hauptvorstands der Evangelischen Allianz.

Anders als in den USA ist deren Evolutionskritik allerdings verhalten und wenig fanatisch. Es handelt sich um so etwas wie ein Raunen in der evangelikalen Welt, dass „die Evolutionstheorie" doch nicht wissenschaftlich sicher sei, dass sie von der Schulwissenschaft aus ideologischen Gründen vertreten werde und dass man deswegen von ihr theologisch nicht beunruhigt werden müsse. Diese anti-wissenschaftliche „stille Post" breitet sich immer mehr aus und ersetzt die seriöse Beschäftigung mit dem Thema. Ein Beispiel: Vom 12. bis 14. Mai 2014 fanden an der Universität Jena die „Jenaer Hochschultage" statt. Die Studentenmission in Deutschland (SMD), der Jugendbund „Entschieden für Christus" (EC) und die „Studenten für Christus" (eine Gruppe der pfingstlichen „Gemeinde Gottes") waren die Veranstalter. Drei Vertreter der Studiengemeinschaft „Wort und Wissen" sollten ein Drittel des Programms gestalten, auch wenn, nach den Themen zu urteilen, nur einer direkt kreationistische Ideen vorgetragen haben dürfte. Dennoch handelte es sich um eine Werbung für den Kreationismus. Entsprechend kritisch bis entsetzt fiel das öffentliche Echo aus, und wie immer mischten sich dabei sachliche Argumente mit wechselseitiger Polemik. Von atheistischer Seite wurde der Vorfall zu einer Generalabrechnung mit dem christlichen Glauben benutzt.

Ein anderes Beispiel: Im Newsletter 2/2014 des in einem weiteren Sinn der evangelikalen Bewegung zuzurechnenden „Professorenforums" verweist der Redaktionsleiter Joachim Hahn zustimmend auf einen Artikel des katholischen Philosophen Josef Seifert.[63] Er nimmt diesen Artikel in seinen Newsletter auf und sieht in ihm einen inspirierenden Gedankenanstoß. In der dreiseitigen deutschen Zusammenfassung findet sich das Urteil, dass die Evolutionstheorie unter einer „extremen Unklarheit" leide und verstanden werden könne entweder als

• „eine naturalistische, materialistische und atheistische Theorie über den Ursprung des Lebens und der Arten" oder als

• „die theistische/deistische Theorie einer nahtlosen Kette der Evolution als Methode der Schöpfung durch einen intelligenten Schöpfer-Gott" oder als

• „Theorie einer eingeschränkten (von einem intelligenten göttlichen Design hervorgebrachten) Evolution (verstanden als Trans-Arten-Entwicklung, durch die eine gegebene Art sich in neue Arten verwandelt)..."

Seifert lehnt alle drei Deutungen ab und behauptet:

> *„Mit anderen Worten, die einzige möglicherweise wahre Theorie einer (begrenzten) Evolution ist Science Fiction, äußerst unwahrscheinlich und in jedem Fall überhaupt nicht „bewiesen". Daher hätte jede Schule, Universität, naturwissenschaftliche Fakultät und Biologieinstitut der Welt nicht nur das Recht, neben der Evolution eine Form von „Intelligent Design" oder Kreationismus zu unterrichten. Sie hätten das Recht es zurückzuweisen, (außer als einflussreiche Kuriosität in der Wissenschaftsgeschichte) eine Theorie zu lehren, die in fast allen Formen nur absurd und dümmlich ist, und in anderen Formen reine Hypothese und leere Spekulation."*[64]

Manche Philosophen wissen alles besser

Seifert beschimpft Wissenschaftler, von denen nicht wenige Christen sind, darunter viele Katholiken. Wo er sich inhaltlich verrennt, ist offensichtlich: Er macht den Fehler, eine biologische Theorie wie ein philosophisches Theorem zu behandeln. Alle drei Formen der „Evolutionstheorie", die er ablehnt, sind naturphilosophische Interpretationen des Phänomens Evolution und haben mit Biologie nur indirekt zu tun. Die Evolutionstheorie, bevor man sie so oder anders deutet, erklärt aber wie jede naturwissenschaftliche Theorie Naturphänomene. Sie erklärt die zeitliche und räumliche Verteilung von Fossilfunden, ihre geologische Ordnung und ihre Beziehung zum Erdalter. Sie erklärt Ähnlichkeiten und Unterschiede lebender Tier- und Pflanzenarten, die geografische Verteilung von Lebewesen, die Verteilung genetischer Information unter den Lebewesen, ihre Ähnlichkeiten und Unterschiede, sie erklärt die Entwicklungsprozesse, durch die aus Keimzellen fertige Organismen entstehen und so fort. Es handelt sich um eine Großtheorie (eigentlich um einen Theorienkomplex) mit enormer Reichweite und Erklärungstiefe und mit zahlreichen Überschneidungen mit anderen Großtheorien der Kosmologie, der Geologie usw. Eine solche vielfach mit der gesamten Naturwissenschaft verbundene Großtheorie musste in der Geschichte der Naturwissenschaft noch nie zurückgenommen werden. Seifert oder sonst jemand müsste all die Phänomene, die von diesem Theorienkomplex erklärt werden, besser als die Evolutionstheorie erklären, bevor er sie verwerfen könnte. Denn die Phänomene (vielmehr das „beschreibende Wissen" über sie) sind da und verschwinden nicht aus der Welt, weil sie einem Philosophen nicht passen. Außerdem müsste er oder sonst jemand die theoretische Physik umbauen, die Geologie neu entwerfen und so weiter und so fort. Das ist die unmögliche Aufgabe, an der Kreationismus und „Intelligent Design" sich seit hundert Jahren versuchen und an der sie natürlich scheitern, nicht nur naturwissenschaftlich, sondern auch theologisch. Um dem Katholiken Seifert einen katholischen Kirchenlehrer entgegenzuhalten: „Ein Irrtum über die Welt wirkt sich aus in einem falschen Denken über Gott" (Thomas von Aquin in „Summa contra gentiles" 2,3). Aquin hat recht. Man muss das naturwissenschaftliche Wissen über die Welt ernst nehmen, um es theologisch sinnvoll zu deuten. Warum verbreitet ein evangelikales Forum einen solchen rechtskatholischen Text? Warum wird die Redaktion nicht von der beleidigenden Sprache abgeschreckt? Die Antwort gibt Joachim Hahn, im Editorial heißt es:

„Der kritische Beitrag des Philosophen Josef Seifert zur Evolutionstheorie verstärkt den Eindruck, dass in der herrschenden Lehrmeinung in diesem Bereich zumindest eine Einseitigkeit vorliegt."

Seifert passt ins evangelikale Konzept, weil man ihn so lesen kann, dass irgendetwas an der Evolutionskritik dran sein muss, auch wenn man die Kritik nicht in Bausch und Bogen übernimmt. Aber wenn sich jemand so erregt, kann man sich darin bestätigt fühlen, dass „zumindest eine Einseitigkeit vorliegt". Das ist die stille kreationistische Post, die sich in der evangelikalen Bewegung inzwischen weit verbreitet hat. Übrigens geht die Koalition zwischen Rechtskatholiken und Kreationismus bis in die Gründungszeit von „Wort und Wissen" zurück. Horst W. Beck arbeitete mit Alma von Stockhausen zusammen, eine der wichtigsten Sprecherinnen dieser Theologie. Vielleicht sollten die Evangelikalen sich informieren, was sie vom Protestantismus hält:

> *Die katholische Scholastik denkt logisch, die protestantische Scholastik denkt dialektisch. Wenn ich aber dialektisch denke, dann heißt das, dass ich das Gute und das Böse als gleichrangig zu betrachten habe, dann gibt es keine Moral mehr... Ich glaube wirklich, dass die Grundlage für diese Dialektik Luther selber ist. Die falsche Theologie... Wenn der Lutherische Gottesbegriff die schrecklichste Dialektik ausdrückt, also den fürchterlichsten Widerspruch, dann muss ich diesen Protestantismus überwinden. Und das, was wir heute machen, dass die katholische Kirche sich der evangelischen anpasst, ist in meinen Augen der Untergang für die katholische Kirche, der schlimmste Trick des Teufels. Wir müssen den Protestantismus überwinden – dann haben wir die Wurzel der Dialektik überwunden.[65]*

Dass die evangelikale Bewegung die Verständigung mit der katholischen Kirche sucht, ist richtig und gut. Aber Leute wie Seifert und Stockhausen sind nicht die katholische Kirche, sie sind Außenseiter. Die Repräsentanten der evangelikalen Bewegung gehen dadurch, dass sie sich immer mehr dem Kreationismus öffnen, fragwürdige Bündnisse ein.

Die Studentenmission und die Existenz Gottes

Vor zwei oder drei Jahrzehnten vertraute die evangelikale Elite mehrheitlich dem, was ihre eigenen Naturwissenschaftler sagten, und die sagten: „Finger weg vom Kreationismus!" Das war auch in der SMD so, deren Entwicklung ich seit meiner Studienzeit verfolge. Vor dem Jahr 2000 setzte man sich in der Studentenmission in Deutschland kritisch mit dem

Kreationismus auseinander. Der Beleg dafür ist die Porta-Studie 6[66], ein umfangreicher Sammelband, der die Weite und Qualität der damaligen Diskussion wiedergibt. Die Akademikerschaft der SMD dürfte in ihrer Mehrheit immer noch hinter dieser Studie stehen, aber die Leitung des Werks in Marburg und die Studentengruppen an den Universitäten nicht mehr. In einer etwas späteren Ausgabe der eigenen Zeitschrift SMD-Transparent (2006/3) zum Thema Fundamentalismus gab es noch ein Interview mit dem baptistischen Theologen Erich Geldbach, in dem er kritisiert, dass „in unseren Kreisen die Unterscheidung zwischen evangelikal und fundamentalistisch nicht genau wahrgenommen wird." Da der Begriff Fundamentalismus missbraucht werde, wolle sich niemand so bezeichnen, deshalb verwende man lieber den Begriff „bibeltreu". Der bedeute aber nichts anderes als ein fundamentalistisches Bibelverständnis. Er habe den Eindruck, „dass die Evangelikalen an dieser Stelle zu flexibel sind und Fundamentalisten kritiklos integrieren".

Aber diese Mahnung hat nicht gewirkt. Die Mehrheitsposition der heutigen SMD dürfte sich in dem 2014 auf Deutsch erschienenen Buch von John Lennox finden: „Sieben Tage, das Universum und Gott. Was Wissenschaft und Bibel über den Ursprung der Welt sagen". Lennox gestaltete maßgeblich die Herbstkonferenz der SMD 2015, sie ist traditionell der Ort der theologischen Bildung und Selbstvergewisserung für die SMD. Das ist für die evangelikale Bewegung bedeutsam, denn die SMD produziert einen Teil ihrer künftigen akademischen Elite. Nun ist John Lennox kein Kurzzeit-Kreationist, aber er befürwortet die Bewegung für ein „Intelligent Design" und er glaubt an die wissenschaftliche Beweisbarkeit Gottes. Am Ende seines Buchs „Hat die Wissenschaft Gott begraben?" (S. 295) sagt er:

„Mein Fazit ist, dass die Wissenschaft keineswegs Gott begraben hat. Denn die wissenschaftlichen Ergebnisse weisen auf seine Existenz hin, und das Unternehmen Wissenschaft als solches verdankt seine Kraft der Existenz Gottes. Wir alle, auch wenn wir keine Wissenschaftler sind, müssen uns für Grundannahmen entscheiden, von denen wir ausgehen. Dafür stehen nicht viele Op-

tionen zur Verfügung – eigentlich nur zwei. Entweder verdankt die mensch-
liche Existenz ihren Ursprung geistloser Materie, oder es gibt einen Schöpfer.
Es befremdet, wenn einige behaupten, dass ihre Intelligenz sie dazu bringt,
Ersteres dem Zweiten vorzuziehen."

Meine eigene Intelligenz – was immer sie wert sein mag – bringt mich
dazu, diese beiden Alternativen als Scheinalternativen zu verwerfen. Was
spricht gegen eine dritte Grundannahme, dass die menschliche Intelligenz
durch Entwicklungsprozesse aus Materie entstand, die selbst nicht intelligent oder meinetwegen auch „geistlos" ist, und dass genau das nach Gottes
Willen geschah? In der Einleitung zu dem erwähnten Buch „Sieben Tage,
das Universum und Gott" beschreibt Lennox Christen, die ähnlich wie er

von der göttlichen Autorität und Inspiration der Bibel überzeugt sind und
schon ein Leben lang in der Wissenschaft tätig sind... Wir glauben daran,
dass wissenschaftliche und biblische Daten, richtig interpretiert, letztendlich
harmonisch nebeneinander bestehen können – schließlich ist Gott doch gleich-
zeitig Urheber der Bibel und des Universums. Tatsächlich war es die Über-
zeugung, dass eine höhere Intelligenz hinter dem Universum und den Natur-
gesetzen steht, die die ersten modernen wissenschaftlichen Bestrebungen des
16. und 17. Jahrhunderts ins Rollen brachte. Darüber hinaus macht die Wis-
senschaft Gott weder überflüssig noch, wie Atheisten häufig versichern, irrele-
vant; ganz im Gegenteil: Sie bestätigt seine Existenz sogar, wie ich in meinem
Buch „Hat die Wissenschaft Gott begraben?" ausführlicher darlege.

Man kann vielem zustimmen, aber es bleibt der falsche Zungenschlag des
Fundamentalismus. Man sollte nicht von „wissenschaftlichen und biblischen Daten" sprechen, so als handle es sich um zwei Lehrbücher, das eine
vorläufig und menschlich, das andere ewig und göttlich. Die Bibel ist kein
„ewiges Lehrbuch" und keine Quelle von Daten im Sinn der Wissenschaft, und die Wissenschaft bestätigt Gottes Existenz nicht. Sie widerlegt
sie auch nicht, sie ist ein menschliches Unternehmen, das nicht über das
menschliche Denken hinausreicht. Damit scheinen sich viele intellektu-

elle Evangelikale nur schwer abfinden zu können. Man würde so gerne wie Lennox mehr tun als nur aufzeigen, dass es gute Gründe gibt, an Gott zu glauben. Man würde gerne beweisen, dass diese Gründe besser sind als die Gründe, nicht an Gott zu glauben. Christen wären dann die besseren Wissenschaftler und – wenn man den Gedanken zu Ende denkt – wäre nur eine „christliche" Wissenschaft wahre Wissenschaft. So ist es aber nicht. Wenn man die Gründe für oder gegen den Glauben vernünftig abwägt, ergibt sich, dass sich Glaube und Unglaube beide in einer Freiheit jenseits der Möglichkeiten menschlichen Argumentierens bewegen. Der Glaube ist keine intellektuelle Leistung und der Unglaube kein intellektuelles Versagen. Man wünscht sich unter den jungen, hochgebildeten Evangelikalen mehr Mut, ohne intellektuelle Krücken für ihren Glauben auszukommen.

Evolution als Symbol des Unglaubens

Erst in letzter Zeit habe ich verstanden, unter anderem durch den erwähnten Band von Berry, dass die Evolutionstheorie für die evangelikale Bewegung Symbolcharakter hat. Sie symbolisiert die Bedrohung des christlichen Glaubens durch das „wissenschaftliche Weltbild" und durch die autonome, natürliche Vernunft. So ähnlich wie der Islam für rechtskonservative Verteidiger des Abendlands das Fremde und Bedrohliche symbolisiert, ohne dass man etwas von ihm weiß, so symbolisiert „die Evolution" den innerweltlichen, alltäglichen Naturalismus unserer Kultur, ohne dass man etwas über die Sache selbst weiß. Dieser Naturalismus ist allgegenwärtig, aber gerade deswegen schwer ins eigene und fremde Bewusstsein zu rufen. Für die nicht christlichen Gesprächspartner ist er meist selbstverständlich und kein Gegenstand des Nachdenkens. Man bekommt als Christ diesen diffusen Widerstand scheinbar zu fassen, indem man ihn „Evolutionstheorie" nennt. Dann kann man alle unchristlichen Tendenzen, die man wahrnimmt, diesem Feindbild anlasten, den Wertezerfall, den Misserfolg von Evangelisationen, die antichristliche Häme in den Medien. Alles wäre anders, wäre die Evolutionstheorie nicht am Werk.

Um dieses Feindbild aufzubauen, muss man nichts von Biologie verstehen, im Gegenteil, Fachwissen würde nur stören. Es genügt, wenn es ein paar Leute gibt, die oberflächlich wissenschaftlich argumentieren wie „Wort und Wissen". Allerdings reagiert die evangelikale Bewegung bei uns (anders als in den USA) eher defensiv. Evolution wird zwar als atheistisch verstanden, aber man will sich nicht damit auseinandersetzen, sondern sich stillschweigend abgrenzen. Wenn andere Christen die Evolution anders sehen, lässt man das stehen. Um auf die Diskussion in Kapitel 10 zurückzukommen: Die deutschsprachige Bewegung internalisiert meist (mit einigen Ausnahmen) das Problem der religionskritischen Umwelt, die viel stärkere angelsächsische Bewegung externalisiert es. Das gilt nicht nur für das Symbol „Evolution", sondern auch in anderen öffentlichen Konfliktfeldern. Dennoch war es auch im deutschen Kreationismus von Anfang an Programm, die Evolutionstheorie mit Glaubenslosigkeit gleichzusetzen. Horst W. Beck schrieb bereits 1979 in einem weitverbreiteten Buch:

> *„Die Evolutionslehre ist zur selbstverständlichen Weltanschauungslehre geworden, so selbstverständlich, daß man darüber nicht mehr nachzudenken pflegt. In diesem verbindlichen geistigen Koordinatensystem, in diesem Paradigma unserer Zeit, wachsen unsere Kinder auf. Der Religionsunterricht ist weitgehend angepaßt. Die Elterngeneration, die noch biblisch orientiert leben und erziehen möchte, zieht sich zum Teil auf eine nicht mehr der jungen Generation vermittelbare Position ‚Und die Bibel hat doch recht' zurück. Andere haben resigniert; wieder andere nehmen die neue Weltanschauung ‚vom Urzeller zum Menschen' als unentrinnbares Schicksal letzter wissenschaftlicher Erkenntnisse hin."*[67]

Klarer kann man es nicht machen. Die Evolutionstheorie ist für „Wort und Wissen" nicht nur Unglaube, sondern die Quelle allen Unglaubens. Man kann nur „biblisch erziehen" oder „evolutionsgläubig" sein, ein Drittes gibt es nicht. Es ist den Kreationisten in der Folge gelungen, dieses Feindbild in der evangelikalen Bewegung zu etablieren. Deren Anfälligkeit für Feindbilder hat den Prozess sicherlich befördert. Und wie alle anderen

Feindbilder der Bewegung ist auch dieses irrational und erfahrungsresistent. Es wird nicht davon angefochten, dass die große Mehrheit der Christen mit der Evolutionsbiologie kein Problem hat und auch früher nicht hatte und dass überzeugte Christen an ihr mitwirken. Es wird auch nicht davon angefochten, dass die Mehrheit derer, die in unserer Gesellschaft ohne Religion auskommen, jahrelang ihren Unglauben leben, ohne einen einzigen Gedanken an die Evolution zu verschwenden, und dass eine erhebliche nicht christliche Minderheit (vor allem Esoteriker und Rechtsextremisten) die Evolutionstheorie ebenfalls ablehnt. Bei Letzteren liegt der Grund in ihrem Rassismus. Die Evolutionstheorie weist allen Menschen und allen sogenannten Rassen einen gemeinsamen Ursprung zu, der stammesgeschichtlich nicht weit zurückliegt. Die biologischen Unterschiede zwischen einem Inuit, einem Massai und einem blonden Deutschen sind, so sagt die Genforschung, oberflächlich und geringfügig. Wir sind aus evolutionärer Sicht alle sehr enge Verwandte. Das ist ganz und gar nicht das, was Rechtsradikale hören wollen. Protestantische Kreationisten haben andere (und wesentlich verständlichere) Gründe für ihre Evolutionskritik, aber auch ihr Feindbild verzerrt die Wahrnehmung. Deshalb ist eine naive Evolutionskritik unter Evangelikalen heute ebenso diffus und allgegenwärtig wie der naive Naturalismus bei der Mehrheit unserer Zeitgenossen. Deshalb wird die Evolutionskritik ebenso gedankenlos festgehalten wie die Kritik an Religion und Kirche von der unreligiösen Mehrheit. Argumente prallen an beiden Seiten ab. Feindbilder sind tief im Gefühlsleben verankert, sie sind immun gegen intellektuelle Kritik. Sie aufzugeben, bedeutet immer eine kleine Bekehrung. Aber gerade Evangelikale könnten ja eine kleine, zusätzliche Bekehrung in Erwägung ziehen.

Zusammenfassung

Die evangelikale Kritik an der Evolutionstheorie (Kreationismus) kam in den 1970er-Jahren aus den USA und den Niederlanden nach Deutschland. Vorher wurde vor allem im Pietismus das Evolutionsgeschehen einschließlich der langen Zeiträume der Stammesgeschichte und der Abstammung aller Lebewesen von Ursprungsformen akzeptiert. Mit der Gründung von „Wort und Wissen" 1978 änderte sich das Bild, die Evolutionstheorie wurde unter Evangelikalen zu einem Symbol für den neuzeitlichen Unglauben, den man durch Evolutionskritik zu bekämpfen meint. Dadurch machen sich viele Evangelikale das Argument des Wissenschaftsglaubens zu eigen, nach dem die Wissenschaft Gott widerlegt. Sie versuchen dieses Argument jedoch in sein Gegenteil zu verkehren. Damit müssen sie letztlich scheitern. Dennoch ist derzeit nicht zu erwarten, dass die evangelikale Bewegung sich vom Kreationismus distanzieren wird.

13. Es brummt nicht

Wenn ich Teil III dieses Buchs selbstkritisch betrachte, fällt mir auf, dass er im Vergleich zu den ersten beiden Teilen mehr Negatives über die evangelikale Bewegung enthält. Das war eigentlich nicht meine Absicht. Das Thema „Die Evangelikalen, die Kirchen und die Welt" führte dazu, weil die Schattenseiten der evangelikalen Bewegung, wie in den Kapiteln 10 und 11 erläutert, in ihren Außenbeziehungen stärker zum Vorschein kommen als im Innern. Im öffentlichen Diskurs, in dem, was nach außen in Gremien, Publikationen und so weiter kommuniziert wird, in Wissenschaft und Forschung, verkaufen sich die Evangelikalen weit unter Wert. Man möchte sich manchmal die Haare raufen angesichts ihrer mangelnden Gesprächsfähigkeit und der Unfähigkeit zur kritischen Selbstbefragung. Dieses harsche Urteil mag an meiner Perspektive als altgedienter Landeskirchler liegen oder an meiner persönlichen Reizbarkeit und am einsetzenden Altersstarrsinn. Aber vielleicht gibt es daneben doch auch einen sachlichen Grund.

Misserfolg erzeugt Missmut

Wie in Kapitel 1 erläutert, ist die evangelikale Bewegung im deutschen Sprachraum schwach, verglichen mit der Situation in der weltweiten Christenheit, z. B. in den USA. Während in Lateinamerika, Asien und Afrika der evangelikale Betrieb brummt, stottert hier der Motor. Nun haben diese Weltgegenden eine andere Religionsgeschichte als Mitteleuropa und auch die USA. Es ist nicht gesagt, dass die Evangelikalen bei uns mehr falsch machen als anderswo. Dass sie in einem Getto von 2 % der Bevölkerung und 3 % der Christen stecken bleiben, ist vielleicht nicht zu ändern. Aber wenn man viel und oft vergeblich arbeitet, kann man dabei misslaunig werden und Fehler machen, die andere vermeiden, nicht weil sie bessere Christen sind, sondern weil es ihnen besser geht. Ist man eine optimistische Seele, läuft man Gefahr, sich etwas vorzumachen und sich in die eigene Tasche zu lügen. Ist man eher pessimistisch gestimmt, läuft man Gefahr, seine Umwelt zu beschuldigen. Diese Gefahr besteht für alle Konfessionen, denn politisch und kulturell, wohl auch geistlich, geht es ihnen allen nicht gut. Und ich fürchte, weder die Evangelikalen noch die anderen Christen entgehen dem Wunschdenken sowie der Fremdbeschuldigung und Selbstrechtfertigung. Zuerst sollten wir allerdings die Diagnose prüfen, ehe wir zur Therapie schreiten, falls es eine gibt. Welche Erfahrungen sind dazu geeignet, Evangelikale missvergnügt zu stimmen? Für die „charismatischen Evangelikalen" liegt ein Grund auf der Hand. Besonders die neucharismatischen Gruppen produzierten in den letzten 30 Jahren eine Serie von Erweckungsprophetien. Angebliche Prophetinnen und Propheten reisten umher und riefen Gebetsoffensiven oder Märsche aus, um dem Geist Gottes Bahn zu schaffen. Jede dieser Prophetien war falsch, es bewegte sich nichts. Es gab keine Erweckung, sondern es entstanden nur ein paar neue christliche Grüppchen. Manchmal wird sogar diese Zersplitterung des freikirchlichen Protestantismus und die Vielzahl unabhängiger Gemeinden als missionarisch vorteilhaft verstanden: je mehr Angebote, desto mehr Kunden. In Wirklichkeit schwächt die Zersplitterung den Protestantismus. In einer Großstadt in der alten Bundesrepublik gibt es heute viel mehr protestantische Gruppen als vor 50 Jahren und viel weniger engagierte Protestanten. Die in Kapitel 1 erwähnte Anskar-Kirche ist ein Beispiel: 1992 erwartete ihr Gründer Wolfram Kopfermann eine Erweckung in Deutschland und ein Wachstum seiner Kirche auf 10 000 Mitglieder. Ich kenne junge Theologen, die sich ihm anschlossen, weil sie dieser Prophetie vertrauten und darauf hofften, dass sich ihnen ein neues, großes Wirkungsfeld eröffnen würde. Es kam anders. Die Anskar-Kirche besteht heute aus 700 Mitgliedern in fünf Gemeinden.[68] Man muss anerkennen, dass Kopfermann diesen Fehlschlag eingeräumt hat, was sonst so gut wie nie geschieht.

Ich war dabei, als die Tübinger Offensive Stadtmission (TOS) 2003 eine Aktion startete: „Der Schwarzwald brennt". Die Prophetie lautete, dass die Gebietsdämonen des Schwarzwalds, die das Land seit der Römerzeit beherrschten, nun durch geistliche Kriegführung vertrieben werden würden, und dass viele neue Gemeinden im Schwarzwald entstehen würden. Man sammelte dafür Spenden und Freiwillige und plante Gebetsmärsche. Ich bin Schwarzwälder und kenne meine Heimat, deshalb war ich daran interessiert, was die Aktion bewirken würde. Viel erwartete ich nicht, aber mit ein paar lokalen Erfolgen rechnete ich schon. Es gab keine, ich konnte nicht eine neue Gemeinde finden, die aus der Aktion entstanden war. Sollte ich irgendwo ein Grillfeuerchen übersehen haben, bitte ich um entsprechende Hinweise. Einen Flächenbrand hätte ich sicher nicht übersehen. Genau der war aber mit prophetischem Pathos versprochen worden.

Diese Beispiele ließen sich beliebig vermehren. Verblüffend ist, dass – nachdem die Begeisterung verpufft ist – kein Mensch mehr fragt, was eigentlich herauskam. Man prüft das Ergebnis nicht, man macht sich keine Gedanken, man geht zum nächsten frommen Hype über. Das wird auch mit dem Kongress „Awakening Europe" nicht anders gehen, der vom 9. bis 12. Juli 2015 in Nürnberg stattfand. Die üblichen Verdächtigen verkündigten dort, dass eine neue Heils- und Errettungsgeschichte in Nürnberg beginnen und ganz Europa ergreifen werde: „Europe will be saved." Man braucht keinen prophetischen Geist, sondern nur ein halbwegs gutes Gedächtnis um zu wissen, was herauskommen wird. Wie Reinhard Hempelmann schreibt: „Die Wirklichkeit, von der nicht alle, aber doch zahlreiche pfingstlich-charismatisch geprägte Christinnen und Christen reden, ist offensichtlich nur für sie selbst erkennbar."[69]

Realitätsverlust hat einen Preis. Die charismatischen Evangelikalen bezahlen ihn, auch wenn sie es nicht wissen, mit ihrer Wirkungslosigkeit nach außen hin. Wer daran arbeiten will, die Realität zu ändern, muss sie wahrnehmen. Und man sollte nicht meinen, die Selbsttäuschung sei vollkommen. Irgendwie wussten auch die 25 000 Teilnehmer von Nürnberg, dass sie sich und anderen etwas vormachten. Dieses Wissen muss man durch immer neue Begeisterung verdecken, und das ermüdet.

Ökumene wäre ein Weg

Viele unabhängige Gemeinden und Freikirchen, die sich keine Illusionen machen, teilen dennoch die Erfahrung, dass ihre großen Erwartungen scheitern. Das Wachstum des Evangelikalismus ist ein Phänomen Lateinamerikas, Afrikas und Asiens, nicht aber Nordamerikas und Europas. Hinzu kommt der bereits erwähnte Sachverhalt, dass die zunehmende Zersplitterung des freikirchlichen Protestantismus sich langfristig gegen ihn richtet. Je mehr protestantische Gruppen vor Ort sind, die es zusammen nur zum Status einer kleinen Minderheit bringen, desto weniger lässt sich ein Selbstverständnis als Erneuerungs- und Erweckungsbewegung durchhalten, desto eher gerät man innerlich und äußerlich in die Defensive. Ein Ausweg wäre Kooperation, also vor allem die Stärkung der Ökumene. In diesem Rahmen kann auch eine kleine Gruppe segensreich wirken. Sie mag nicht viele Mitglieder haben, aber sie kann vergleichsweise mehr Engagement ihrer Basis mobilisieren als die große Volkskirche. Die wiederum kann Gesprächsfähigkeit nach außen bieten, Erfahrung mit innerem Pluralismus, eine Vielfalt von Beziehungen zu Gesellschaft und Kultur und eine lange Erfahrung im geistlichen, künstlerischen und intellektuellen Ausdruck christlichen Glaubens. Entscheidend für die Ausstrahlung ökumenisch verbundener Kirchen und Gemeinden in die Gesellschaft hinein ist, dass die Zuwendung zu den Menschen von ihnen als ein gemeinsamer Auftrag wahrgenommen wird. Sie müssen sich – um fachlich zu reden – ihrer Symbolkraft für ihre Umwelt bewusst sein. Der gemeinsame Auftrag muss wichtiger sein als die Lehr- und Praxisunterschiede. Eine größere Zahl engagierter Leute nützt nichts, wenn sie vorwiegend miteinander streiten. Solange die Unterschiede im Bibelverständnis vielen Gruppen wichtiger sind als der gemeinsame Auftrag, mit der Bibel den Menschen das Evangelium bekannt zu machen, wird man Außenstehende nicht erreichen. Der lieblose Umgang konservativer Gemeinden mit „ungläubigen Pfarrern" und mit Christen, die man für „nicht bibeltreu" hält, bringt Fernstehende dazu, die Finger ganz von der Bibel zu lassen. Eigentlich wird sogar mehr von Christen verlangt, als nicht zu streiten, es wird nämlich verlangt, dass wir uns zuerst über den Glauben anderer Christen freuen, bevor es um Lehr- und Praxisunterschiede geht. „Dass nur Christus verkündigt wird auf allerlei Weise" (Philipper 1,18) ist das Wichtigste. Die Differenzen sind nicht unwichtig, aber dem nachgeordnet. Von der Freude an anders gestrickten Mitchristen ist aber meist wenig zu spüren. Zu oft überwiegen Abgrenzung oder Gleichgültigkeit. Eine solche Haltung wirkt nicht einladend nach außen und stört nach innen die ökumenische Gemeinschaft. Ökumenisches Engagement wäre aber das wirksamste Mittel gegen die Schwäche der evangelikalen Bewegung, nämlich ihre Neigung zu Feindbildern. Gerade deswegen wollen aber manche Evangelikale keine Ökumene. Wenn ich dennoch etwas dazu sage, dann in dem Bewusstsein, dass meine Argumente gegen verbreitete Überzeugungen der Bewegung sprechen. Aber immerhin – es folgt mein erstes Argument:

Es stimmt nicht, dass der Mitgliederverlust der evangelischen Kirche in Deutschland auf ihrem „schwachen Glauben" und auf ihrer moralischen Laxheit beruht. Es stimmt nicht, dass „strikte" Gemeinden und Kirchen mit einer klaren, biblischen Verkündigung auch in der säkularen Gesellschaft Europas Erfolg haben. In der in Kapitel 10 behandelten Broschüre der Evangelischen Allianz heißt es pauschal: Liberale Gemeinden wachsen nicht (S. 57). In der Regel tun sie das in Deutschland wirklich nicht, und zwar deswegen, weil sie nicht mit anderen liberalen Gemeinden (was immer das genau sein mag) um Mitglieder konkurrieren. Evangelikale Gemeinden wachsen manchmal, weil sie genau das tun. Die Bewegung insgesamt wächst aber nicht, und vor allem wächst sie nicht durch Mission. Ein Zusammenhang zwischen „Bibeltreue" und Wachstum lässt sich schlicht nicht feststellen. Die meisten Verluste unter den älteren Freikirchen hatte in den letzten Jahrzehnten die Brüderbewegung, in der entweder konservativ evangelikal oder fundamentalistisch gepredigt wird. Man kann ihnen bestimmt nicht Liberalismus unterstellen, vielleicht jedoch einen hinderlichen Traditionalismus. Die Methodisten, eine ökumenisch offene und gesprächsfähige Freikirche, hatten weniger, wenn auch ebenfalls erhebliche Verluste zu verbuchen. Sie sind sicherlich weder liberal noch traditionalistisch. Auch die Adventisten hatten Verluste, sie sind theologisch sehr konservativ, aber in mancher Hinsicht auch modern und weltoffen. Wachstum weisen diejenigen Gemeinden und Freikirchen auf, die es verstehen, moderne Erlebnisformen zu bedienen. Aber sie wachsen weitgehend auf Kosten anderer Freikirchen und der Landeskirchen. Niemandem gelingt es, kirchen- und glaubensferne Menschen in größerer Zahl zu erreichen. Der Verweis auf die wachsenden evangelikalen Kirchen in Afrika, Asien und Lateinamerika hilft ebenfalls nicht weiter. Man muss bedenken, dass die Alterspyramide in diesen Ländern anders aussieht als in Europa. Eine Kirche, der es gelingt, ihre eigenen Mitglieder zu integrieren, wächst in Brasilien oder Nigeria um 1 bis 2 Prozent pro Jahr, ohne jede Mission. Eine Kirche in Deutschland, der dies ebenso gelingt, verliert dennoch ca. ein halbes Prozent ihrer einheimischen Mitglieder pro Jahr aus demografischen Gründen. Dazu kommt die unterschiedliche Religionsgeschichte dieser Weltgegenden, die einen Vergleich mit Europa sehr schwierig macht.

Sind die USA ein Vorbild für uns?

Das zweite Argument: Die Situation in den USA kann nicht einfach auf Europa übertragen werden. Indifferenz und Atheismus breiten sich dort ebenfalls aus[70], allerdings von einem vergleichsweise niedrigen Stand her. Dennoch wird die Stärke der Evangelikalen in den USA oft auf eine konservative Verkündigung und auf strikte Moralvorstellungen zurückgeführt. Die hohe öffentliche Bedeutung von Religion hat dort jedoch geschichtliche Gründe, die in Europa nicht gegeben sind.[71] In Mitteleuropa wurde der Protestantismus nicht von einer Kultur von Dissentern geprägt, sondern von Staatsnähe und einem glücklicherweise überwundenen Nationalismus, aber auch positiv von Staats- und Weltverantwortung. Der Soziologe Armin Nassehi spricht von einem „korporatistischen Modell" der Beziehung zwischen Religion einerseits und Politik, Recht, Wissenschaft, Wirtschaft usw. andererseits. Ein solches Modell hat es in der Geschichte der USA nie gegeben. Umgekehrt hat es die Situation der USA in Europa nie gegeben, und es besteht nicht die geringste Aussicht, dass sie sich hier einstellen wird. Dass christliche Werte heute in Deutschland immer noch weithin gelten und dennoch die Bindungskraft der Kirchen abnimmt ist, so Nassehi, eine historische Konsequenz des „korporatistischen Modells" unter den derzeitigen gesellschaftlichen Bedingungen:

Ich möchte die These vertreten, dass die Entkirchlichung des individuellen religiösen Erlebens auch ein Resultat des „Erfolgs" des korporatistischen Kirchenmodells ist – des Erfolgs insofern, dass es den Kirchen… gelungen ist, religiöse Mitgliedschaft im Hinblick auf andere Inklusionsverhältnisse in der Gesellschaft zu entdramatisieren. Weder ökonomische noch bildungsmäßige, nicht einmal politische Inklusionen waren Eins-zu-Eins an Kirchenmitgliedschaft gebunden. Diese Entkopplung führte zur „Privatisierung" der Kirchenmitgliedschaftsentscheidung.[72]

Das ist schwer verständliche Fachsprache. Der Spur nach übersetzt sagt Nassehi, dass der religiöse Individualismus und die Freiheit, religiöse Überzeugungen beliebig zu organisieren, ein Ergebnis dessen ist, dass man sich für oder gegen die Kirchen entscheiden kann, ohne dass dies für die Person wirtschaftliche, politische oder sonstige soziale Konsequenzen hat. Und er sagt – was viele Evangelikale überraschen dürfte – dass diese Freiheit eine Folge des Bündnisses von Kirche und modernem, freiheitlichem Verfassungsstaat ist. Wenn er auch nur annähernd recht hat, wäre es vonseiten der evangelikalen Bewegung ein Fehler, gegen diese Kooperation zu polemisieren oder sie als Grund für den Unglauben der Menschen zu betrachten. Sie ist es, die der Bewegung ihre Möglichkeiten eröffnet, die es erlauben, immer neue unabhängige Gemeinden und Kleinkirchen zu organisieren und sich innerhalb oder außerhalb der Volkskirche selbstbestimmt zu betätigen. Ohne dieses „korporatistische" Verhältnis der Gesellschaft zur Religion wäre, so die Schlussfolgerung, die Ablehnung durch religionsferne, gesellschaftliche Kräfte wesentlich stärker. Das Verhältnis von Glaube und Unglaube wäre polarisierter und von mehr gegenseitiger Aggressivität geprägt. Dieses schiedlich-friedliche Verhältnis setzt allerdings die Volkskirche (bzw. die große katholische Kirche) voraus und hätte – falls es so kommt – bei einem künftigen Nebeneinander einer kleinen Landeskirche und vieler winziger Freikirchen keine Grundlage mehr. Mit ihm schwinden, so die These, die Wirkungsmöglichkeiten der evangelikalen Bewegung und der Freikirchen.

Bevor man diese ärgerliche These von sich weist, sollte man sich in unserem Land umsehen. Im Osten Deutschlands ist diese Situation nämlich bereits zum Teil Realität. Die evangelische Kirche verschwindet allmählich aus der Wahrnehmung der Menschen. Sie wird nicht mehr als Mitspieler im gesellschaftlichen Kräftespiel wahrgenommen, sondern als Bestandteil einer belanglosen Exotik namens „Religion". Die Evangelikalen profitieren davon nicht. Kürzlich war ich in Gotha, einer traditionell protestantischen Stadt von rund 45 000 Einwohnern in Thüringen, in der heute nur noch rund 9000 Evangelische leben. Ich habe mich bemüht zu erfragen, welche anderen protestantischen Gruppen es gibt und wie viele Mitglieder sie haben. Das war wegen der Überschaubarkeit der Stadt gut möglich. Das Ergebnis war, dass alle protestantischen Gruppen außerhalb der Landeskirche zusammen knapp 100 Mitglieder haben, also ziemlich genau 1 % der Landeskirchler und bescheidene 0,2 % der Bevölkerung. Diese Zahlen liegen unter dem Bundesdurchschnitt, das heißt, die freikirchlichen Evangelikalen haben in Gotha noch mehr an Boden verloren als die Landeskirche. Das gilt vermutlich ebenso für die evangelikale Bewegung insgesamt, auch wenn man annehmen kann, dass es in den landeskirchlichen Gemeinden mehr als 100 Mitglieder gibt, die sich selbst als evangelikal verstehen. Die Religionssoziologen scheinen also Recht zu behalten. Wo die Volkskirche sich auflöst, löst sich die evangelikale Bewegung ebenso oder schneller auf. Die Vorstellung vieler Evangelikaler, umso besser missionarisch wirken zu können, je schwächer die Volkskirche ist, wird von der Realität glatt widerlegt. Sie sind durchweg in den am meisten entkirchlichten Regionen im Osten am schwächsten vertreten und überwiegend dort präsent, wo auch die Volkskirche noch präsent ist. Insgesamt konzentrieren sich die Evangelikalen deshalb im Süden und Westen der Bundesrepublik, wo die kirchliche Bindung der Menschen immer noch stark ist. Aber auch dort werben sich die Gemeinden und Bünde zunehmend gegenseitig die Mitglieder ab. Zum Beispiel ging die Gründung einer Gemeinde der modernistischen, erlebnisorientierten International Christian Fellowship (ICF) 2011 in Stuttgart überwiegend auf Kosten des charismatischen Gospel Forums Stuttgart und anderer kleiner Freikirchen.

Die Abwertung der Volkskirche und der Traum, dass amerikanische Verhältnisse bei uns einkehren könnten, sind nach alledem unrealistisch. Es wäre realistischer, wie es der Pietismus immer getan hat, die „korporatistische" Struktur der Volkskirche als Segen und als Chance zu begreifen, und in diesem Rahmen mit Gottes Hilfe zu arbeiten. Man kann der Volkskirche ja kaum vorwerfen, dass sie nicht evangelikal ist. Eine große Kirche muss in sich plural sein, sonst bleibt sie nicht groß. Und woher wissen die evangelikalen Kritiker, dass es in Europa besser stünde, wenn alle Protestanten so wären wie sie? Vielleicht stünde es viel schlechter, vielleicht stünde es in ganz Europa so wie in der ehemaligen DDR, wenn die großen Kirchen die Herausforderung der Moderne nicht positiv aufgenommen hätten. Sie haben dabei Fehler gemacht, aber ein Rückzug in eine fromme Isolation wäre ein schlimmerer Fehler gewesen. Denn soziale Beziehungen bestehen aus Kommunikation. Wenn Beziehungen verloren gehen, gehen Kommunikationsmöglichkeiten verloren, sowohl auf der Ebene alltäglicher, persönlicher Kontakte als auch in den Massenmedien und der Öffentlichkeit. Wenn Gemeindegründer und Freikirchen Ressourcen der Landeskirchen abziehen, vor allem personelle Ressourcen ehrenamtlicher Arbeit, zerstören sie auf lange Sicht ihre eigenen Ressourcen. Das wäre anders, wenn es ihnen gelingen würde, eine erhebliche Zahl glaubensferner Menschen zu gewinnen. Dafür gibt es aber keine Anzeichen, in der Summe ist das Gegenteil der Fall. Dadurch und durch den schleichenden Geltungsverlust der großen Kirchen geraten die Evangelikalen immer mehr in eine direkte Konfrontation mit ihrer religionsfernen Umwelt. Sie befinden sich ebenso in der Defensive wie alle christlichen Gruppierungen. Dadurch wird die Aufgabe immer dringlicher zu unterscheiden, welche Reaktionen hilfreich sind und welche nicht, und aufgrund einer solchen Unterscheidung innere Diskussionen zu führen. Wozu ich selbst neige, dürfte inzwischen deutlich sein: Nur eine stärkere ökumenische Verbundenheit der Evangelikalen mit den anderen Christen im Land und ein Mittragen an dem, was alle Christen hier belastet, passt zur Situation. Wie wäre es, sich bei einem katholischen Priester Rat zu holen?

Es ist jetzt nicht die Zeit,
um zu ernten.
Es ist auch nicht die Zeit,
um zu säen.

An uns ist es,
in winterlicher Zeit uns
eng um das Feuer zu scharen
und den gefrorenen Acker
in Treue geduldig zu hüten.

Andere vor uns haben gesät.
Andere nach uns werden ernten.

An uns ist es,
in Kälte und Dunkelheit
beieinander zu bleiben und,
während es schneit, unentwegt
wachzuhalten die Hoffnung.

Das ist es.
Das ist uns aufgegeben
in winterlicher Zeit.

(Lothar Zenetti, Winterpsalm)

Die Gotteskinder und die Rechthaber

Wenn der Acker der Seelen gefroren ist und weder Saat aufnimmt noch Ernte bringt, gilt es treu beieinander zu bleiben und zu bewahren, was bleibt: die Hoffnung auf den lebendigen und gegenwärtigen Christus. Das ist schwierig, nicht nur für Evangelikale. Auch die sogenannten liberalen Christen verschanzen sich gerne in ihrem eigenen Lager und pflegen eigene Illusionen. Aber auch wenn die großen Erweckungen ausbleiben, hören doch immer wieder Einzelne auf das Evangelium. Diese Einzelnen sind uns anvertraut, und es geht nicht an, dass sie durch die Streitigkeiten abgeschreckt werden, die christliche Rechthaber aller Lager miteinander austragen. Rechthaberei, nämlich die angebliche Vernünftigkeit des mit Gewinnen und Verlusten rechnenden *Homo oeconomicus*, ist das, was sie sowieso schon haben, was unser Bildungssystem und unsere Medien ihnen beibringen. Wie man ein guter Mensch ist, wissen sie ohne uns Christen, und wie man glücklich wird, wissen sie auch. Die Glücksversprechen der modernen Gesellschaft werden zwar nicht dauerhaft eingelöst, aber sie werden zumindest für drei Viertel der Menschen in unserer Wohlstandskultur so weit eingelöst, dass sie plausibel sind. Diese Leute lassen sich nicht von Christen einreden, dass sie ohne den Glauben unglücklich sind. Wenn Christen nicht mehr zu bieten haben als eine weitere Form der Rechthaberei, warum ihnen zuhören?

Ein Grund den Christen zuzuhören wäre, dass sie imstande sind, zuerst selbst zuzuhören. Rechthaber hören nie jemand anderem zu. Es könnte ja sein, dass gerade die, die anders sind, ein Stück der Wahrheit erkennen, das uns Christen weiterhilft. Der andere könnte für Evangelikale der nicht evangelikale Christ sein, für liberale Christen der Evangelikale, für beide der Buddhist, vielleicht sogar der Esoteriker, sicherlich der unreligiöse Mensch, der weiß, wie es in der Welt zugeht und der uns auf das hinweist, was wir übersehen. Es lohnt sich zuzuhören. Nicht dass ich recht habe trägt mich als Christ, sondern die Verbindung zu Christus, die Möglichkeit, alles Denken und Tun im Licht aus der ewigen Welt zu betrachten.

Wer sollte das besser wissen als Evangelikale, die von ihrer persönlichen Gottesbeziehung leben? In diesem Licht sieht der andere anders aus, nicht mehr wie eine Bedrohung, sondern wie eine Ressource. Dann hält man sich im Gespräch nicht mit Rechthaberei auf, es geht um mehr. Aber was könnte dieses „mehr" sein? Eben das findet man heraus, wenn man zuhört. Es gibt eine große Sehnsucht nach Freiheit und nach der Weite des Lebens um uns herum, nach dem, was sich nicht berechnen, planen und machen lässt. Schlagworte wie Selbstverwirklichung, „lebe deinen Traum" usw. sind grässlich abgegriffen, aber sie sind doch Chiffren für Freiheit. Gleichzeitig gibt es eine große Angst vor der Freiheit, eine Sehnsucht nach Ordnung, eine Sehnsucht nach Rechtfertigung, nach Recht und Gerechtigkeit über das hinaus, was Menschen machen können. Die beiden Sehnsüchte widerstreiten einander und sind doch beide tief im Menschen verankert.

Wenn es so ist, ist alles klar: Wir Christen müssen unseren suchenden Mitmenschen nur glaubhaft vermitteln, dass in der Gemeinschaft mit Christus Freiheit und Gerechtigkeit nicht mehr gegeneinander streiten, dass sie sich zur Fülle und zum Frieden verbinden, dass wir Geliebte Gottes sind, und dass diese Liebe nicht einengt, sondern erlöst. Nur das, mehr muss es gar nicht sein. Mehr kann es auch nicht sein, es gibt kein „Mehr". Leider gibt es weniger.

Der Wissenschaftler zieht Bilanz

Der Wissenschaftler aus einem fernen Land schließt seine Forschungen ab. Wie es immer in der Wissenschaft ist, werfen die Antworten, die er findet, neue Fragen auf. Das überrascht den Wissenschaftler nicht, er hat schon einige Religionen erforscht und weiß, dass man damit nie fertig wird. Aber in diesem Fall ist er mit seinen Ergebnissen, so eindrucksvoll sie sind, nicht recht zufrieden. Die Ergebnisse werden in einem Fachjournal erscheinen und sein wissenschaftlicher Ruf wird sich verbessern. Das ist nicht der Grund für sein Unbehagen. Er wird aber das Gefühl nicht los, dass ihm etwas Wesentliches entgangen ist, dass er seinen Forschungsgegenstand zu sehr eingeschränkt hat. Vielleicht hat er die Gründergestalt dieser Religion, Jesus aus Nazareth, doch zu wenig berücksichtigt. Unschlüssig spielt er mit einem Exemplar des Heiligen Buchs, das für sein Archiv vorgesehen ist. Er bleibt bei einer Stelle hängen, die ihm immer noch unverständlich ist. Da heißt es, dass Kindern das Reich Gottes gehört, dass sie also, in seine Fachsprache übertragen, das Heilsziel der Religion bereits erreicht hätten, während Erwachsene dafür erst noch so werden müssten wie die Kinder. Der Wissenschaftler schüttelt den Kopf. „Das hat doch überhaupt keinen Sinn. Dass sich Jesus für eine sozial benachteiligte Gruppe einsetzt, verstehe ich. Dass er das von seiner Anhängerschaft verlangt, verstehe ich auch. Aber dieser Jesus meint damit viel mehr. Und seine Anhänger auch. Ständig haben die Evangelikalen mir gesagt, sie seien Kinder Gottes. Ich hätte dem genauer nachgehen müssen. Nun ja, Forschung ist nie vollkommen." Der Wissenschaftler aus einem fernen Land macht sich daran, seinen gelehrten Artikel zu verfassen.

Literatur zum Weiterlesen

• Sven Grosse, Jochen Walldorf (Hg.), Gotteswort im Menschenwort-zum Verstehen und Auslegen der Bibel, Porta-Studien Marburg 1999.

• Hansjörg Hemminger, Und Gott schuf Darwins Welt, Gießen 2009.

• Friedhelm Jung, Die deutsche evangelikale Bewegung – Grundlinien ihrer Geschichte und Theologie, 3. Auflage Bonn 2001.

• Gerhard Lindemann, Für Frömmigkeit in Freiheit – Die Geschichte der Evangelischen Allianz im Zeitalter des Liberalismus (1846–1879), Berlin 2011.

• Vereinigte Evangelisch-Lutherische Kirche Deutschlands (VELKD), Handbuch religiöse Gemeinschaften und Weltanschauungen, 7. Auflage Gütersloh 2015; dort finden sich zu allen in dem Buch genannten Gruppierungen und Bewegungen einschlägige Hintergrundinformationen.

• Siegfried Zimmer, Schadet die Bibelwissenschaft dem Glauben? 4. überarbeitete Auflage, Göttingen 2012.

Anmerkungen

1   Die englischsprachige Version auf der Homepage der britischen Allianz (Stand September 2015) ist ausführlicher als die deutsche und weicht inhaltlich ab.

2   Friedhelm Jung, *Die deutsche evangelikale Bewegung – Grundlinien ihrer Geschichte und Theologie*, 3. Aufl., Bonn 2001.

3   Zahlenangabe aus der Verbandszeitschrift „Eins – Gemeinsam glauben, Miteinander handeln", 2/2012, S. 32, Berechnungsgrundlage unbekannt.

4   Aus der Schweiz wird eine Verdreifachung der „Freikirchen" von 1980 bis 2010 berichtet, siehe Jörg Stolz, Olivier Favre et al., *Le phénomène évangélique*, Genf 2013. Obwohl die Schweiz traditionell stärker freikirchlich ist als Deutschland, erscheint diese Zahl nicht belastbar zu sein. Zwischen den Volkszählungen 1980 und 1990 verdreifachte sich die Zahl der Menschen, die sich als „freikirchlich" bezeichneten, danach gab es – wenn überhaupt – nur ein langsames Wachstum. Nach Wanderungsbewegungen sieht dieser Befund nicht aus, eher nach methodischen Effekten.

5   Hugh McLeod, Werner Ustorf (Hg.), *The Decline of Christendom in Western Europe 1750–2000*, Cambridge 2003, S. 219.

6   Der Begriff Deismus stammt aus dem England des 17. Jahrhunderts und bezeichnet einen Glauben an Gott mit Vernunftgründen, die das aufgeklärte Denken akzeptieren konnte. Der bekannteste deutsche Deist war der erwähnte Hermann Samuel Reimarus. Ein Glaube aufgrund einer übernatürlichen Offenbarung wird vom Deismus abgelehnt. In der Regel verstanden die Deisten des 17. bis 19. Jahrhunderts die Welt als Schöpfung Gottes, lehnten jedoch ein Eingreifen Gottes in die Naturgesetze ab. Aus dem Deismus gingen im 19. Jahrhundert freichristliche und freidenkerische Bewegungen hervor.

7   Der Kirchenhistoriker Johannes Wallmann, dessen Vorfahr Johann Christoph Wallmann Missionsinspektor war und selbst zur Erweckungsbewegung zählte, teilt sie in drei Phasen ein: Nach der Publikation von Schleiermachers Hauptwerk 1799 war die Erweckungsbewegung zuerst praxis- und erfahrungsorientiert und ökumenisch offen. In einer zweiten Phase etwa von 1815 bis 1830 verzeichneten die Bewegungen ihre größten Erfolge; es gab einen großen Zustrom zu Erweckungsversammlungen und hohe Aufmerksamkeit für Erweckungsprediger. Das Geschehen konnte sich ebenso innerhalb wie außerhalb der Kirchen abspielen. In dieser Phase entstanden zahlreiche Druckerzeugnisse, Bibelgesellschaften und Missionswerke wurden gegründet. In dieser zweiten Phase erhielt die erweckliche Dogmatik mehr Gewicht, man grenzte sich gegen den Gründervater Schleiermacher ab, auch konfessionelle Grenzziehungen wurden wichtiger. Die

dritte Phase reicht bis in die Mitte des 19. Jahrhunderts und endete mit den Unruhen von 1848. In dieser Phase ließ ihre Dynamik als Basisbewegung nach, aber die entstandenen Werke festigten sich und wurden kirchenpolitisch integriert. Die Konfession nahm an Bedeutung zu. Nach der bürgerlichen Revolution 1848 etablierten sich die erwecklichen Organisationen weiter, es gab aber keinen erheblichen Zustrom mehr von der Basis. Siehe Johannes Wallmann, *Kirchengeschichte Deutschlands seit der Reformation*, Tübingen, 7. Aufl. 2012, S. 188 ff.

8   Siehe z. b. Gottfried Walther, *Zum Beginn des Ersten Weltkrieges vor 100 Jahren*, Confessio 2/2014, S. 10-13.

9   Reinhard Hempelmann, „Pfingstbewegung", in: ders. u. a. (Hg.), *Panorama der neuen Religiosität – Sinnsuche und Heilsversprechen zu Beginn des 21. Jahrhunderts*, Gütersloh 2005, S. 462-479; siehe auch ders., „Pfingstbewegung" im *Lexikon der EZW*, http://ezw-berlin.de/html/3_182.php (Zugriff Oktober 2015).

10 In die Vorgeschichte des protestantischen Fundamentalismus gehört unter anderem der Einfluss des Darbysmus (Plymouth Brethren, Brüderbewegung), der in Deutschland eine geringere Rolle spielte als in der angelsächsischen Welt. Daneben ist das Stichwort „Präsuppositionalismus" zu erwähnen, eine einflussreiche Strömung der reformierten Theologie.

11 Der *Internationale Rat für biblische Irrtumslosigkeit* (International Council on Biblical Inerrancy, 1978–1986) formulierte seine Position in drei Texten, die als Abgrenzung sowohl von der „liberalen" Theologie als vom extremen Fundamentalismus verstanden wurden. Deutsch siehe Thomas Schirrmacher (Hg.), *Bibeltreue in der Offensive: die drei Chicago-Erklärungen zur biblischen Irrtumslosigkeit, Hermeneutik und Anwendung*, Bonn 1993; das Zitat stammt aus dem Vorwort.

12 Die Geschichte des deutschen Evangelikalismus wurde 2012 in der kirchenhistorischen Habilitationsschrift von Gisa Bauer dargestellt. Bauer beschreibt die Entstehung und Geschichte des Evangelikalismus zwischen 1945 und 1989 als eine Gegenbewegung zur gesellschaftspolitischen Öffnung der evangelischen Kirche und zur „modernistischen" Theologie und charakterisiert sie als eine „innerprotestantische neue soziale Bewegung".

13 Der Begriff „Mythos" wird in der evangelischen Theologie und auch in Philosophie und Soziologie (z. B. in der „Frankfurter Schule") anders benutzt als in Religionsgeschichte und Literaturwissenschaft. Für Letztere ist „Mythos" eine Ausdrucksform religiöser bzw. existenzieller Weltdeutung, die nicht an ein bestimmtes Weltbild gebunden ist, sondern in allen Religionen und in unterschiedlichen Weltbildern vorkommen kann und auch vorkommt, so zum Beispiel die „urbanen Mythen". Aus religionsgeschichtlicher und literarischer Sicht sind zum Beispiel die neutestamentlichen Wundererzählungen keine Mythen, ein Mythos hat eine andere sprachliche Form und eine andere religiöse Funktion.

(Man könnte jedoch mit Vorbehalt die Schöpfungsgeschichte in 1. Mose 1-3 als Ursprungsmythos verstehen.) Es ist deshalb verwirrend, von einem „mythologischen Weltbild" der biblischen Autoren oder generell in vorwissenschaftlichen Epochen der Geistesgeschichte zu sprechen. Es handelt sich dabei um unterschiedliche Vorstellungswelten, die lediglich gemeinsam haben, dass Immanenz und Transzendenz bzw. natürliche und übernatürliche Wirklichkeit nicht so definiert und unterschieden werden, wie das im aufgeklärten Denken der Fall ist.

14 Friedhelm Jung, a.a.O., Kapitel 2.1.1.1.

15 Wolf-Rüdiger Schmidt, „Fundamente berührt", *zeitzeichen* 11/2015 S. 45-47.

16 Siehe den Gedenkband für Otto Michel: Helgo Lindner (Hg.), *Ich bin ein Hebräer*, Gießen 2003, insbesondere S.48 ff. mit einem Bericht über den Streit um Bultmann in Tübingen; siehe die EZW-Information von Reinhold Lindner, *Streit in der Kirche – über Gegensätze zwischen konservativen und progressiven Kräften in der evangelischen Kirche*, Information Nr. 45, Stuttgart 1971 (online unter http://www.ezw-berlin.de/downloads/Information_45.pdf, Zugriff am 23.03.2016). Reinhold Lindner führt den Konflikt „zwischen konservativen und progressiven Kräften" im ersten Teil seiner Information darauf zurück, dass wissenschaftliche Fragestellungen in den Gemeinden nicht verständlich seien, um sich im zweiten Teil selbst zu widersprechen, indem er berichtet, dass der Konflikt weitgehend zwischen unterschiedlichen theologischen Schulen ausgetragen werde.

17 Die Charakterisierung ist bekannt als das „Bebbington Quatrilateral"; im Original: „conversionism, the belief that lives need to be changed, activism, the expression of the gospel in effort, biblicism, a particular regard for the Bible; and what may be called crucicentrism, a stress on the sacrifice of Christ on the cross", David Bebbington, *Evangelicalism in Modern Britain – A History from the 1730s to the 1980s*, London/New York 1989; David Beddington ist der weltweit führende Historiker, der die evangelikale Bewegung in die neuzeitliche Kirchengeschichte eingefügt hat. Er ist ein aktiver Baptist und insofern selbst mit dem Evangelikalismus verbunden.

18 Svenja Hardecker, persönliche Mitteilung Juli 2015.

19 www.youtube.com/watch?v=UPUgTB95WQF, Zugriff Juli 2015.

20 Im Original: „The dignity of all people, made male and female in God's image to love, be holy and care for creation, yet corrupted by sin, which incurs divine wrath and judgement"; Übersetzung H. Hemminger.

21 Andere neutestamentliche Texte zielen in die gleiche Richtung, z. B. 1. Thessalonicher 4,1-8 und Kolosser 3,1-17.

22 Vgl. Ute Aland, *Die Gottesversprecher*, Gießen 2014. Aland schildert in Romanform Machtmissbrauch in einer freien, neucharismatischen Gruppierung. Die geschilderten Vorgänge beruhen auf wahren Begebenheiten.

23   Kirchliche Dogmatik IV/3, S. 1000; zitiert aus Lindner, *Streit in der Kirche – über Gegensätze zwischen konservativen und progressiven Kräften in der evangelischen Kirche*, Information Nr. 45, Stuttgart 1971 S. 8.

24   Man kann die gegensätzlichen Positionen aus folgenden Internet-Texten entnehmen: www.ead.de/nachrichten/nachrichten/einzelansicht/article/deutschland-kirchentag-messianische-juden-sind-unerwuenscht.html; sowie www.kirchentag.de/service/informiert_bleiben/nachrichten/archiv_stuttgart/judenmission_gespraech.html; Zugriff jeweils Dezember 2015.

25   Gebräuchliche Synonyme sind Allaussage, Universalaussage bzw. allgemeines Urteil: Solche Aussagen gelten für ihren Gegenstandsbereich uneingeschränkt und für alle seine Gegenstände. Eine solche Allaussage ist zum Beispiel der Satz: Lebewesen sind Geschöpfe Gottes.

26   www.ead.de/fileadmin/daten/dokumente/arbeitskreis_politik/SuchtDerStadt-Bestes2014_WEB.pdf; Zugriff September 2015.

27   In den internen Diskussionen des Fundamentalismus wird nicht ganz klar, inwieweit Irrtumslosigkeit (inerrancy) ein schwächerer Begriff ist als Fehlerlosigkeit (infallibility), oder ob sie gleichzusetzen sind. Strittig ist auch die Frage, inwieweit der unfehlbare bzw. irrtumslose Urtext erhalten ist, zum Beispiel in der King-James-Bibel. Die Chicago-Erklärung rechnet z. B. Überlieferungsfehler mit ein.

28   Charles Haddock Spurgeon, *Es steht geschrieben – Die Bibel im Kampf des Glaubens*, 3. Aufl., Wuppertal 1986, S. 31.

29   Nummer 3/2007, S. 15.

30   Adolf Köberle, Karl Heims Schriftverständnis, in: Karl-Heim-Gesellschaft (Hg.). *Evangelium und Wissenschaft. Beiträge zum interdisziplinären Gespräch* Nr. 1 (1980), S. 2-7, persönliche Mitteilung und Hinweis von Matthias Roser (Berlin).

31   Siegfried Zimmer, *Schadet die Bibelwissenschaft dem Glauben?* 4. überarbeitete Auflage, Göttingen 2012.

32   Zweite Psalmvorlesung „operationes in psalmos" von 1519/21, Übersetzung aus WA 5, 379; zitiert nach Johannes Kubik, *Fundamentalismus – eine Herausforderung für den Religionsunterricht*, Religion Heft 19 5, S. 5-10.

33   Heiko A. Obermann, Henry Chadwick, *Studies in the History of Christian Thought*, Bd. III Leiden 1968, S. 328.

34   Christoph Raedel, *Eine Vision von evangelikaler Theologie*, evangelikale Theologie 20/2 2014, S. 2.

35   Siehe www.ead.de/nachrichten/nachrichten/einzelansicht/article/zeit-zum-aufstehen.html, Zugriff Juli 2014.

36   Niklas Bolt, *Wege und Begegnungen*, Stuttgart 1935, S. 41.

37   Silke Petersen, „Grenzen der Bibel", *Zeitzeichen* 2/2016, S. 34-36.

38   Peter Dabrock, „Freiheit als Markenkern", *Zeitzeichen* 2/2016 S. 27-30

39 Eine Übersicht evangelikaler Hochschulen findet sich unter: http://www.afet. de/?page_id=159, Zugriff am 13.04.2016.

40 Rudolf Bultmann, „Neues Testament und Mythologie – das Problem der Entmythologisierung der neutestamentlichen Verkündigung", in: H.-W. Bartsch (Hg.), *Kerygma und Mythos*, Band 1, 4. Aufl., 1948 Hamburg 1960, S. 15–48.

41 Interview mit dem Nachrichtenportal „Quotenmeter": www.quotenmeter. de/n/80034/es-gibt-ein-urmenschliches-beduerfnis-und-wir-nennen-es-religion, 12.8. 2015, Zugriff Oktober 2015.

42 Vorausgegangen war eine sehr wirksame Erweckung (réveil) in der französischsprachigen Westschweiz, 1814/1815 von Genf ausgehend. Die aggressive und herabsetzende Polemik gegen die Kantonskirche, die Jeremias Gotthelf schildert, ist auch von der Genfer Erweckung belegt und scheint mehr oder weniger typisch für viele, wenn auch nicht alle Erweckungsbewegungen gewesen zu sein. Sie führte schließlich zur Gründung einer eigenen Freikirche.

43 Jeremias Gotthelf, *Der Bauernspiegel*, Zürich 1986, S. 480-481, mit einem Essay von Walter Muschg: „Jeremias Gotthelf, sein Leben und seine Dichtung".

44 Aleida Assmann, *Geschichte im Gedächtnis – Von der individuellen Erfahrung zur öffentlichen Inszenierung*, München 2007.

45 – Interviews von Michael Diener unter: www.welt.de/politik/deutschland/ article149946122/Chef-der-Evangelikalen-will-Homo-Verdammung-stoppen. html; und www.evangelisch.de/inhalte/124083/21-08-2015/diener-wirbt-fuer-offenheit-im-umgang-mit-anderen-religionen;
– Erklärung der Ev. Allianz siehe www.ead.de/nachrichten/nachrichten/einzelansicht/article/bestaetigung-bisheriger-beschluesse-und-weiterfuehrung-eines-gespraechsprozesses.html;
– Auszug aus der Erklärung vom 22.12.2015: „Der Geschäftsführende Vorstand der Deutsche Evangelische Allianz (DEA) bedauert die eingetretene öffentliche Auseinandersetzung aufgrund eines Artikels in der Zeitung ‚Die Welt' am 14. Dezember 2015, in dem der Erste Vorsitzende der DEA, Dr. Michael Diener, in seiner neuen zusätzlichen Funktion als Mitglied des Rates der Evangelischen Kirche in Deutschland porträtiert wurde. Wir begrüßen intensive, sachliche und, soweit erforderlich, auch kontroverse Diskussionen zu Sachfragen, z.B. im Blick auf Fragen der Homosexualität, distanzieren uns aber von zum Teil in Inhalt und Form völlig unsachgemäßer und Persönlichkeitsrechte verletzender Kritik, wie sie insbesondere in sozialen Netzwerken zu lesen war und ist. Wir ermutigen stattdessen zur weiteren Versachlichung des Diskussionsprozesses…"

Weitere Quellen:
– zur Vertrauenserklärung des Gnadauer Verbands und des Pietismus: www. pro-medienmagazin.de/gesellschaft/kirche/detailansicht/aktuell/gnadauer-ver-

band-staerkt-diener-den-ruecken-94494/; www.die-apis.de/uploads/media/Gemeinschaft_2011-10.pdf; www.pro-medienmagazin.de/gesellschaft/kirche/detailansicht/aktuell/zeit-zum-aufstehen-wird-nicht-veraendert-94733/;
– Offener Brief Parzany und Konferenz bekennender Gemeinschaften: www.kath.net/news/53321; www.kath.net/news/53375; www.medrum.de/content/enttaeuschung-ueber-michael-diener;
– zum Netzwerk „Bibel und Bekenntnis": www.pro-medienmagazin.de/gesellschaft/kirche/detailansicht/aktuell/netzwerk-bibel-und-bekenntnis-formiert-sich-94762/, ; www.bibelundbekenntnis.de/
(Zugriffe jeweils März 2016).

46 In der Zeitschrift der württembergischen Apis, Gemeinschaft, Nr. 6/2014, publizierte der Vorsitzende folgenden Aufruf, der gekürzt wiedergegeben ist:
„Drei Anliegen will ich als einer der Initiatoren kurz skizzieren:
Wunsch nach Erneuerung der Kirche
Uns bewegt der Wunsch nach Erneuerung der Kirche: Wir wünschen uns einen geistlichen Aufbruch, den freilich nur Gott selbst schenken kann. Er wird aber immer vom Zentrum ausgehen und durch Gottes Wort und seinen Geist getragen sein. Wir wünschen uns eine neue Freude an der Gnade Gottes, am Geschenk des Glaubens und am Schatz der Gemeinschaft der Glaubenden. Bewusst formulieren wir vieles positiv, denn wir haben viel mehr zu sagen, wofür wir stehen als wogegen. Die Initiative ist eine Pro-Initiative: pro Christus, pro Kirche, pro Glaube, pro Bibel, pro Gnade, pro Freude. Wir wollen eine neue Verbundenheit befördern, die in dem gründet, der uns verbindet. Geradeso wollen wir drohenden Spaltungen und Absonderungen entgegen wirken. Das tun wir in tiefer Überzeugung und zugleich in großer Gelassenheit – in dem Wissen: Jesus selbst ist es, der seine Kirche baut.
Sorge um den Weg der Kirche
Uns bewegt die Sorge um den Weg der Kirche bundesweit: Manche Äußerungen von kirchenleitenden Repräsentanten zur Bedeutung des Sühnetodes Jesu, seiner leiblichen Auferstehung oder seiner Wiederkunft irritieren viele Gemeindeglieder. Uns belastet, dass kirchliche Verlautbarungen der letzten Monate und Jahre eine geradezu erschreckende Bibel- und Theologievergessenheit kennzeichnet … Das EKD-Familienpapier ist dabei gewiss nur ein Beispiel und keineswegs der Anlass der Initiative; gleichwohl fügen sich in diese Reihe auch die Eröffnung des Gender-Zentrums der EKD und die dabei geäußerten Perspektiven ein; ebenso die Initiative „Eine Tür ist genug" mit ihrer erschreckend plakativen Propagierung der Gender-Ideologie (www.eine-tuer.de). Selten zeigte sich die Kirche so ideologieanfällig wie an dieser Stelle …
… Sieben Punkte haben wir formuliert:

1) *Jesus Christus ist der Sohn Gottes. Er ist für uns am Kreuz gestorben und auferstanden.*

Wir stehen ein für die Einzigartigkeit von Jesus Christus. Allein an ihm entscheidet sich das Heil aller Menschen. Wir stehen auf für Jesus Christus und gegen alle Lehren, die die Versöhnung durch seinen Tod am Kreuz in Frage stellen und seine leibliche Auferstehung leugnen.

2) *Gott hat diese Welt geschaffen und jeden Menschen als sein Ebenbild mit unverlierbarer Würde.*

Wir stehen ein für die unverletzliche Würde des Menschen in jeder Phase seines Lebens: Auch ungeborene, schwache, kranke, alte, arme, vertriebene, entrechtete Menschen wollen wir schützen und stärken. Wir stehen auf für die Gottesebenbildlichkeit des Menschen und gegen jede Ideologie, die ihm seine Würde und Gott die Ehre nimmt. Wir widersprechen einer eigenmächtigen Verfügung über das Leben, die darin nicht mehr eine anvertraute Gabe Gottes sieht.

3) *Jesus Christus vergibt uns unsere Schuld – gerecht vor Gott werden wir allein durch seine Gnade.*

Wir stehen ein für das Evangelium von Gottes Liebe und Barmherzigkeit. Jeder Mensch hat ein Recht darauf, diese gute Nachricht zu hören. Wir stehen auf für die Verkündigung des Evangeliums in aller Welt und gegen die Behauptung, Menschen bräuchten keine Erlösung.

4) *Die ganze Bibel ist Gottes Wort – durch sie spricht Gott zu uns; er zeigt uns, wer er ist und was er will.*

Wir stehen ein für das Vertrauen in die Heilige Schrift. Gottes Wort und menschliche Worte sind in ihr untrennbar verbunden. Einheit und Vielfalt ihres Zeugnisses finden ihre Mitte in Jesus Christus. Wir stehen auf für die Wahrheit des Wortes Gottes und gegen die Kritik an der Bibel als Autorität für die Lehre der Kirche und das Leben der Christen. Die Bibel ist immer aktueller als der jeweilige Zeitgeist.

5) *Der Mensch ist als Mann und Frau geschaffen; dieses Gegenüber ist Gottes gute Schöpfungsgabe.*

Wir stehen ein für die Ehe von Mann und Frau. Sie ist für jede Gesellschaft grundlegend. Wir wollen das aus dieser Gemeinschaft geschenkte Leben von Familien fördern. Wir stehen auf für die Stärkung der Ehe und gegen ihre Entwertung.

6) *Allen Menschen auf der ganzen Welt steht das Recht zu, in Freiheit ihren Glauben zu leben und zum Glauben einzuladen.*

Wir stehen ein für die Freiheit des Glaubens und des Religionswechsels, insbesondere in muslimischen Ländern und totalitär regierten Staaten. Wir stehen auf für Gewissens- und Religionsfreiheit und gegen jede Benachteiligung und Verfolgung von Christen und Angehörigen aller Religionen weltweit. Wir widersprechen jeder Form von Intoleranz, die Gewissen und Denken zwingen will. *7) Jesus Christus wird wiederkommen. Mit ihm hat unser Leben eine große Zukunft.* Wir stehen ein für die biblische Verheißung auf einen neuen Himmel und eine neue Erde. Wir glauben, dass das Reich Gottes heute schon erfahrbar ist, wo Jesus uns bewegt, anderen in Liebe zu dienen. Wir stehen auf für ein Leben in Hoffnung und gegen jede Form der Resignation, denn unser Glaube erschöpft sich nicht im Diesseits (Zugriff Oktober 2015).

47   Diese und die folgende Kritik bezieht sich nicht auf den Anhang der Broschüre „Suchet der Stadt Bestes" ab Seite 83, eine Stellungnahme der Evangelischen Allianz zur Verantwortung der Christen in Staat und Gesellschaft. Die Stellungnahme ist differenziert und lesenswert. Aber ihr Thema ist nicht, oder nur indirekt, die evangelikale Bewegung selbst.

48   Siehe Eberhard Bethge, „Adolf Stoecker und der kirchliche Antisemitismus – Judenhass und Sozialistenfeindschaft – eine christlich-deutsche Tradition?" In: Peter von der Osten-Sacken, Martin Stöhr (Hg.), *Wegweisung – Jüdische und christliche Bibelarbeiten und Vorträge*, 17. Deutscher Evangelischer Kirchentag Berlin 1977.

49   www.welt.de/politik/deutschland/article136484713/Christen-und-Pegida-eint-die-Angst-vor-dem-Islam.html; Zugriff September 2015.

50   www.faz.net/aktuell/politik/inland/putin-orban-und-afd-rechte-christen-finden-politische-heimat-14043650.html; Zugriff März 2016.

51   Oliver Rezec, „Im Namen des Vaters und des Vaters", *SZ am Wochenende*, 18.5. 2013, S. 70-71.

52   www.love-jesus-more.com, Zugriff Dezember 2014.

53   www.ndr.de/regional/niedersachsen/hannover/freikirchen101.html; Zugriff August 2013.

54   www.weisses-kreuz.de/werte-und-orientierung/antidiskriminierung/; Zugriff Oktober 2015.

55   *Gemeinschaft* 11/2015 Themenheft „Tolerant mit Überzeugung".

56   Grußwort bei der Jahrestagung des Vereins für Freikirchenforschung 2012 (Monbachtal, Bad Liebenzell).

57   Zum Thema „Christliche Religiosität und elterliche Gewalt" siehe http://hpd. de/files/documents/studie_kfn_freikirchen.pdf; zum Forschungshintergrund siehe www.kfn.de/versions/kfn/assets/fb107.pdf; http://kfn.de/versions/kfn/assets/fob109.pdf; Zugriffe September 2015.

58   Siehe zum Beispiel NDR: „Freikirchliche Eltern schlagen häufiger" unter www. ndr.de/regional/niedersachsen/hannover/freikirchen101.html, Zugriff Mai 2013); *idea spektrum* 18/2013, „Eine Studie über Erziehung sorgt für Aufregung" und „Schlagen Freikirchler ihre Kinder öfter?" S. 14-15; Ulrike Heitmüller, „Je christ-

licher die Eltern, desto weniger Prügel fürs Kind?", *Telepolis* (Print) 4.6. 2013, mit Interview Christian Pfeiffer (Direktor des Kriminologischen Forschungsinstituts Niedersachsen).

59   Matthias Roser (Braunschweig) persönliche Mitteilung, Quelle im Archiv des EOK Stuttgart APQ/142.

60   R. J. Berry (ed.), *Christians and Evolution – Christian Scholars Change Their Mind*, Oxford UK, Grand Rapids USA, 2014.

61   Im Original: „… most human beings I know are more like me: a complex mix of insecurities and guilt and fears and shame. We tend to use thinking more to defend our own emotional fortresses than to examine all sides of an issue dispassionately for the sake of arriving at truth. That has been my experience." a. a. O. S. 120, Übersetzung H. Hemminger.

62   Hansjörg Hemminger, *Und Gott schuf Darwins Welt*, Gießen 2009.

63   Der Artikel findet sich in der Zeitschrift für Philosophie und Theologie (AEMAET) mit dem Titel: „Critical reflections on evolutionism as a scientific or pseudo-scientific theory and as an atheist ideology" (Kritische Reflektion über den Evolutionismus als eine wissenschaftliche oder pseudowissenschaftliche Theorie und als eine atheistische Ideologie), siehe unter www.professorenforum. de/newsletters/2014/newsletter-professorenforum-ii2014/; Link zum Artikel von Josef Seifert dort; Zugriff September 2015.

64   Im Original: „In other words, also this only possibly true theory of (limited) evolution is science-fiction, extremely improbable and at any rate absolutely not ‚proven', wherefore every school, University, science department and Biology Institute in the world should have not only the right to teach some doctrine of intelligent design or creation alongside evolution, but the right to refuse teaching (except as an influential curiosity in the history of science) a theory which in most of its forms is downright absurd and silly, and in others pure hypothesis and empty speculation." Übersetzung H. Hemminger.

65   www.kath.net/news/1076 (ohne Datum, Zugriff September 2015). Das Online-Nachrichtenmagazin „kath.net" ist ebenso wie der Kabel-TV-Sender „Gloria TV" dem neuen katholischen Integralismus zuzurechen; vgl. das Interview mit Alma von Stockhausen bei „Gloria TV": http://gloria.tv/?media=478533 (Teil 1–5), Zugriff September 2015; mit Dank für den Hinweis an Matthias Roser (Berlin).

66   Edith Gutsche, Peter C. Hägele, Hermann Hafner (Hg.), *Zur Diskussion um Schöpfung und Evolution*, Porta-Studie 6, Marburg 1998.

67   Horst W. Beck, *Biologie und Weltanschauung – Gott der Schöpfer und Vollender, und die Evolutionskonzepte des Menschen*, Neuhausen-Stuttgart 1979 S. 5.

68   Jörg Pegelow, „Anskar Kirche Hamburg als Gastmitglied in die regionale ACK aufgenommen", *Materialdienst der EZW* 2012, S. 188-190.

69 Einen Bericht dazu siehe bei Reinhard Hempelmann, „Erweckungsprophetien über Europa", *Materialdienst der EZW* 2015, S. 350–352.

70 Die Politisierung des Evangelikalismus in den USA stärkt den Protestantismus nicht. Die Zahl der Evangelikalen nimmt dadurch vermutlich ab und die generelle Ablehnung von Religion wird befördert, siehe: www.norc.org/PDFs/Beliefs_about_God_Report.pdf; Zugriff Dezember 2012; www.nzz.ch/nachrichten/panorama/gottlosere-Welt1.16507962.html; Zugriff Dezember 2012; siehe auch das Jahrbuch amerikanischer und kanadischer Kirchen zu 2011, das bei allen Denominationen außer den Pfingstkirchen Rückgänge dokumentiert und diese mit der starken Entkirchlichung der Generation unter 30 Jahren begründet; siehe dazu auch Konrad Ege, „Image ruiniert", *Zeitzeichen* 8/2014, S. 20–21.

71 David Campbell, Robert Putnam, *American Grace: How Religion Divides and Unites Us*, New York 2010.

72 Armin Nassehi, *Die Organisation des Unorganisierbaren*, in Karle, I. (Hg.) 2009, S. 199-218, speziell S. 206.

Register

235

Hat Ihnen dieses Buch gefallen?
Schreiben Sie's uns auf www.brunnen-verlag.de
Ihre Meinung zählt!